由上海海洋大学专项学科建设经费资助

实用日汉翻译教程

 张秀梅◎编著

U0360983

上海交通大学 出版社
SHANGHAI JIAO TONG UNIVERSITY PRESS

内容提要

本书主要介绍日汉翻译的各种理论、方法和技巧,全书由绪论和四个单元构成。绪论部分介绍翻译必需的一些基础知识;第一单元介绍各种检索方法和技巧;第二单元针对日汉语言文化差异,提出相关翻译策略和技巧;第三单元分析日汉复句构造差异及复杂句的译法;第四单元讲解语篇翻译要领及文体仿写技能。每章一般包括相关理论知识、日汉语言比较、译例分析、内容小结和课后练习等内容。本书旨在培养和提高日语学习者从事日汉翻译所需的各项能力,尤其是检索能力、策略能力和仿写能力。

本书适用于普通高校日语专业本科及辅修专业高年级学生,也可供对日汉翻译感兴趣的普通日语学习者学习使用。

图书在版编目(CIP)数据

实用日汉翻译教程 / 张秀梅编著. — 上海 ：上海
交通大学出版社,2024.5
　　ISBN 978 - 7 - 313 - 30492 - 6

　　Ⅰ. ①实… Ⅱ. ①张… Ⅲ. ①日语－翻译－教材
Ⅳ. ①H365.9

中国国家版本馆 CIP 数据核字(2024)第 062790 号

实用日汉翻译教程
SHIYONG RI-HAN FANYI JIAOCHENG

编　　著：张秀梅
出版发行：上海交通大学出版社　　　　地　　址：上海市番禺路 951 号
邮政编码：200030　　　　　　　　　　电　　话：021 - 64071208
印　　刷：上海新艺印刷有限公司　　　经　　销：全国新华书店
开　　本：880mm×1230mm　1/32　　印　　张：11.125
字　　数：351 千字
版　　次：2024 年 5 月第 1 版　　　　　印　　次：2024 年 5 月第 1 次印刷
书　　号：ISBN 978 - 7 - 313 - 30492 - 6
定　　价：78.00 元

前　言

本教程旨在培养和提高学习者从事日汉翻译所需的各项能力，尤其是检索能力、策略能力和仿写能力。所用译例以实用性语料为中心，兼顾文体多样性并有机融入思政性译例，以培养学习者应对多变的市场需求及妥善处理各类信息的能力。

译界普遍认为翻译能力由一系列相关的单项成分构成，检索能力是其中不可或缺的一项。尤其对于外语专业的学生而言，检索能力的提高可以在很大程度上弥补专业背景的缺乏，有利于学习者今后的工作发展及进一步的学习与研究。检索能力的培养，可帮助学习者充分利用各种工具和资源，更加准确地理解原文和组织译文。

翻译策略能力的提高则基于对日汉语言及文化差异的把握。从翻译的角度审视日汉语言及文化差异，一方面可提高对原文内涵及结构的把握能力，另一方面也能根据这些差异对症下药，运用适当的策略和技巧来组织译文，提高表达能力。

仿写能力是指对平行文本进行仿写的能力。北京外国语大学高级翻译学院教授李长栓在《非文学翻译理论与实践》中指出：对于没有把握的文体和学科领域，可以先通过网络或其他手段查找相关汉语文本，学习其写作风格和表达习惯，然后运用到自己的翻译中。这便是平行文本仿写，是译者应具备的重要能力之一。平行文本检索可帮助我们了解相关专业知识、获得准确的术语，使我们在翻译时事半功倍；不仅如此，平行文本还可为我们提供文体上的参考和语句仿写的范本，使译文表达更加规范、得体。

为培养上述各项能力，本教程主要选择了实用性语料作为载体。在科技发达、人际交往频繁的今天，实用性翻译是翻译活动的主体，它具有明确的目的，要求译文达到预期的功能，并且译者根据翻译的

数量、质量和强度等获取相应的报酬。考虑到学习者今后主要接触的翻译领域，将有限的篇幅集中于实用类文本，可使学习者在有限的课时中受益更多。

本教程由绪论和四个单元构成。绪论部分介绍翻译所必需的一些基础知识；第一单元介绍各种检索方法与技巧；第二单元针对日汉语言文化的各项差异，提出相关翻译策略与技巧；第三单元分析日汉复句构造差异及复杂句的译法；第四单元讲解语篇翻译要领及文体仿写技能。每章大体由五个部分组成，分别是相关理论知识、日汉语言比较、译例分析、内容小结和课后练习。

本教程适用于普通高校日语专业本科及辅修专业学生，建议在第五或第六学期使用。为尽可能覆盖各类使用者和学习者的需求，教程编写时使用译例较多，实际教学中可根据教学目标和学习者水平等，选用其中部分内容。

目 录

第一单元 检索

第二单元　日汉语言文化差异与翻译技巧

第三单元　复句及复杂句翻译

翻译基础知识及翻译能力构成

在我们的生活中，翻译作品可以说无处不在。我们闲暇时观看的外国影视作品、小说、漫画、进口日用品和机器附带的使用说明、去国外旅行时参考的导游手册等，都是翻译作品。它们将一种语言所承载的信息转换为另一种语言，这是狭义上的翻译。广义上的翻译更加无所不包，比如用语言文字来解释数学符号和公式、用白话文来解释文言文等。可见，离开了翻译，我们的学习和工作几乎无法进行。

一、翻译的历史与影响

翻译对人类的生活和生产如此重要，因而它与人类社会的跨文化交际也是同步发展的。就我国而言，最早有文字记载的翻译作品名为《越人歌》。据刘向《说苑》记载：楚康王异父同母的弟弟鄂君子皙"泛舟于新波"，见一越人欣然"拥楫而歌"，鄂君虽知其表达友善之情，却不通越人语言，遂请此越人予以翻译，歌词译意为：

今夕何夕兮，搴洲中流。
今日何日兮，得与王子同舟。
蒙羞被好兮，不訾诟耻。
心几烦而不绝兮，得知王子。
山有木兮，木有枝。
心悦君兮，君不知。

白话译文

今夜是什么夜晚啊,我能操桨于此河中;

今天是什么日子啊,我能与王子同舟。

承蒙大人美意赏识见爱,我无比羞愧。

我多么希望认识王子,今天终于认识了。

山上有树,树木有枝。

您不知道,我心里多么敬慕眷恋您。

可见,翻译活动在春秋时期便已是跨文化交际的必需要素。自古至今,我国对译者的称呼不断演变,对翻译活动也展开过各方面的研究,关于这一点,此处不做赘述。单从翻译活动比较兴盛的时期来看,我国历史上出现过四次翻译高潮,当然,这四个时期也是我国语言、文化、艺术乃至政治、经济得到巨大发展的时期(孔繁明:1):

(1)东汉到唐宋的佛经翻译:推动道教创立,促进佛儒道融合。

(2)明末清初的科技翻译:促进资本主义萌芽与发展。

(3)鸦片战争到"五四"时期的西学翻译:主要为西欧政治思想和文学作品,其中从日语转译者甚多。

(4)改革开放后:作品翻译与翻译理论译介并重。

季羡林在为《中国翻译词典》所作的序言中说:中华文化能够长存至今的原因"就是有新水注入。注入的次数大大小小是颇多的。最大的有两次,一次是从印度来的水;一次是从西方来的水。而这两次的大注入依靠的都是翻译。中华文化之所以能长葆青春,万应灵药就是翻译"。这些翻译活动在高潮时期之后依然长期持续,在数百年甚至上千年的时间长河中,对中国的政治、经济、文化、艺术以及语言文字等各个方面产生着全方位的影响。

这其中,日汉翻译的历史虽不是很长,但影响也十分深远。四百多年的日汉翻译史上,共出现过两个高潮时期(梁传宝、高宁:5),第一个出现在20世纪初,与前述第3个时期部分重合。当时甲午战争失败,大批仁人志士为救亡图存东渡日本,学习先进的知识、技术和制度,从而掀起了这次翻译高潮。这次高潮有两个特点,一是重视政治

思想和科技著作的翻译；二是大量转译西方作品，也就是把已经译为日语的作品再转译成汉语。第二次日汉翻译高潮出现在1978年改革开放后，如前所述，这一时期的译坛百花齐放、百家争鸣，不仅重视作品翻译，也开始重视翻译理论的译介和研究。

这些日汉翻译活动在对我国各个领域的发展起到促进作用的同时，也使大量"和制汉语"逆输入汉语中，渗透到了人们生活的方方面面，比如"科学""革命""共产党""电话""杂志""银行""哲学""理念""速度"等等，不胜枚举。

二、翻译的定义与译文评价标准

翻译是我们了解世界并进行跨文化交流的桥梁与工具。如何才能将翻译做好，什么样的翻译才是好的翻译呢？

首先谈谈翻译的定义。翻译理论家从不同的角度对翻译活动做出了不同的定义，语言学派将其定义为两种语言之间的转换，认为它是"一种语言的文本内容被替换成另一种语言的文本内容的过程"；语义学派认为翻译就是"最大限度地重现原文的意义"，是"信息的等值传递活动"；文化学派则认为翻译是一种复杂的跨文化交际活动。可见，翻译活动不仅是语言行为，也是一种跨文化交际行为，翻译的策略和方法取决于翻译的目的和译文的功能。那么翻译活动应遵循怎样的标准？如何评价译文的好坏？本书着重介绍以下三种翻译理论。

（一）"信、达、雅（faithfulness，expressiveness and elegance）"

这是中国译界众所周知的一个译文评价标准，出自清末启蒙思想家、翻译家严复的译著：

"译事三难：信、达、雅。求其信已大难矣！顾信矣，不达，虽译，犹不译也；则达尚焉。"（严复《天演论·译例言》）

这是严复对其翻译心得的一个总结，后来被译界用作了评判译文优劣的标准。这一标准在当时分别是指：

信：内容上要忠实于原文，信息传达要准确。

达：译文明白晓畅，没有翻译腔。

雅：指译文有文采、文字典雅。

经过后世翻译家的种种诠释、补充和发展，这一标准至今仍然适用于大多数文本，只是"雅"变成了"得体、与原文的文体和风格一致"之意。

（二）"功能对等论（functional equivalence theory）"

又称"动态对等论"，由美国语言学家尤金·奈达于1969年提出。这一理论指出翻译传达的信息既包括表层词汇信息，也包括深层文化信息，认为"意义是最重要的，形式其次"。比如日本有个习语「腐っても鯛」，译为汉语时一般译为"瘦死的骆驼比马大"，而不直译成"就算臭了也是真鯛"。这是因为日本是个岛国，惯用鱼类作比，而大陆国家的人们则难以领会这种文化意象，所以要套用中国固有的俗语，用中国人熟悉的陆地动物作比，才能使译文读者获得与原文读者同等的信息或意象，这便是一种功能对等。再如：

例1. お客様のご都合による返品はご遠慮ください。

这种语句一般出现在使用说明或用户手册中，「お客様のご都合による返品」的字面意思是"由于顾客的原因所造成的退货"，即因顾客使用不当、造成商品损坏等原因而提出的退货；「ご遠慮ください」则是委婉的说法，表示"请勿"，所以此句直译便是"请勿因个人原因提出退货"。这在汉语同类文本中，一般会措辞为"非产品质量问题，恕不退货"等。若能这样翻译，便实现了功能对等。

（三）"翻译目的论（skopos theory）"

这一理论由德国功能派翻译学家赖斯及其弟子弗米尔在1970年代提出，强调"翻译的目的决定翻译的策略和方法"。该理论注重的不是译文与原文是否对等，而是强调译者在翻译过程中应从译文的预期功能出发，根据各种语境因素来选择最佳处理方式。这是因为，一般翻译活动都是有目的的行为，比如说明书翻译是为帮助使用者了

解和使用该产品；广告翻译是为宣传产品、促进销售；影片名翻译是为帮助人们了解影片主旨并激发其观看欲；等等。为更好地实现这些目的，译者应对翻译策略和方法加以选择。以影视作品翻译为例，近年来日本电视台在引进我国热门影视作品时，常常通过加副标题的方式来阐释剧情、吸引观众。

> 比如《琅琊榜（琅琊榜～麒麟の才子、風雲起こす～）》《延禧攻略（瓔珞～紫禁城に燃ゆる逆襲の王妃～）》《花千骨（花千骨～舞い散る運命、永遠の誓い～）》等。在副标题的"帮助"下，普通观众可以第一时间把握故事主题，进而点播观看或是购买DVD。(《新京报》百家号)

还有许多电影名甚至会舍弃原题，重新起个能够让观众看懂的名字。比如，《追捕》(高仓健主演)是哪部日本电影的汉语译名？「さらば、わが愛」「ラブソング」「グリーン・ディスティニー」又分别是哪几部中国电影的日语译名？答案是分别是：「君よ、憤怒の河を渉れ」《霸王别姬》《甜蜜蜜》《卧虎藏龙》。

从某种意义上说，本地化翻译(localized translation)也是翻译目的论的体现。本地化是指对外部引进的事物进行改造，使之满足特定客户群的需求并与特定区域的文化背景相吻合，目的是克服产品本身的文化障碍，从而吸引更多的本地用户，如网站、软件、游戏等的翻译和引进都需本地化。从以下这篇报道中也可看出本地化的重要性：

> 《深夜食堂》再回归，这次满满中国味
> 由梁家辉自导自演的电影《深夜食堂》日前宣布定档8月30日。(中略)此次并不是中国第一次翻拍《深夜食堂》。2017年，国内就曾翻拍过电视剧版的《深夜食堂》，但浮夸的演技、泛滥到令人厌恶的植入、为讲道理而讲道理的生硬感为观众们积攒了满满的"槽点"。
> 该剧最大的"硬伤"还是出在了本土化改造不到位上。对原版作品毫无创新的"复制粘贴"让观众们觉得既无神韵，又充满违和。不少网友指出，该剧不仅在店面装潢、主人公形象、食物上

模仿了日版,甚至连发生的故事也基本原封照搬,其美食里衍生出的精神几近成了摆设,为故事而故事,脱离了本意。

其实,出现"水土不服"的不仅是《深夜食堂》,国内很多翻拍剧都惨遭"翻车"。翻拍剧往往无法回避"社会文化背景差异"这一问题。一些在日本非常普遍的行为或传统,在中国并不存在。一些翻拍剧为了还原某个经典场景而进行了生搬硬套,让人觉得奇怪又可笑。在专家们看来,只有吃透原剧精髓并进行恰当的本土化改造,才能成就一部优秀的翻拍剧。剧方在翻拍时一定要清楚该剧的核心价值观是什么,并同时兼顾中国的文化和社会制度。(人民中国 2019-07-17)

综上所述,翻译不仅仅是一种语言活动,也是一种跨文化交流活动。翻译不仅是信息的传递,对于某些类型的文本而言,还要追求功能上的对等,根据翻译的目的来选择翻译策略和方法。

三、译文的审校

提出"翻译目的论"的德国翻译学家赖斯将文本归纳为三种类型:信息型、表情型、感染型。信息型文本是表现事物和事实的文本,如新闻、说明书、商务信函、科技文本等;表情型文本是创造性的写作,功能是表达作者的情感与态度,如文学作品;感染型文本是旨在引起行为反应的文本,功能是感染文本接收者并使其采取某种行动,如商业广告。赖斯认为"应根据文本类型来选择翻译方法"。

本书所探讨的主要是其中的第一种"信息型文本",或称应用型文本,包括新闻报道、商贸信函、商务条约、法律文书、政府文件、告示、科技论文、科普读物、产品说明书、使用手册、广告、旅游指南等各类文本。在科技发达、人际交往频繁的今天,信息型文本的翻译(或称应用翻译)是翻译活动的主体,它具有如下特点:

(1) 具有明确的目的,要求译文达到预期的功能。比如翻译商贸文件是为了业务往来,翻译广告是为了宣传或推销产品,翻译科技文

本是为了传达科技信息，等等。

（2）译者根据翻译的数量、质量和强度等获取相应的报酬。

（3）很多情况下因工作量大、交货时间短而需团队合作、编审统稿、翻译公司统筹安排。

可见，应用翻译本质上属于（语言）服务业，目的不是检验外语能力，而是向客户提供服务。所以，作为译者必须具备的一点意识是：翻译是一项服务，对使用它的读者来说，译文是唯一的文本，是对他们的生活或工作发挥一定功能的文本。一定要抱着这样一种责任感来从事翻译活动，站在译文读者的立场上审视自己的译文，使之既能准确传达信息，又具备一定的可读性。事实上不仅应用文体如此，文学作品也是一样，我国科幻巨著《三体》的翻译便是一个成功的范例，从以下报道中可以看出，审校在其中发挥了重要作用。

> 7月4日，由日本最大科幻图书出版社早川书房发行的《三体》（第一部）（日文版）在日本全国公开发行。上市第一天，首印1万册全部告罄。为满足日本读者的需求，早川书房开足马力，现已进入第5次印刷。（中略）
>
> 《三体》除了精彩的故事、深刻的思想以外，囊括了历史、科技、人文等多领域广博的知识。在山田真史看来，此次早川书房在翻译方面下的功夫，某种程度上成了《三体》热销的有力助推器。
>
> "此次早川书房一共启用了3名译者。首先，由两名译者根据中文原著翻译成日文。然后，第三位译者对照《三体》英文版，对日文初稿进行了再梳理。最终出炉的日文译本既忠实于原文，又符合日本人的阅读习惯，好读易懂。"
>
> （mp.weixin.qq.com/s/BpKPZh22fYAkXTH9lTUCRQ）

可见，审校译文应分两步走，第一步是将它作为译文，对照原文来审校，看它是否"信"；第二步是将它作为一篇独立的文本，摆脱原文来审校，看它是否"达"和"雅"，是否符合译入语的表达规范和读者的接受习惯。

四、翻译能力构成

一般认为,翻译能力包括五个方面:双语能力、语言外能力、翻译专业知识、翻译策略能力、检索能力。

第一是双语能力,这是各项翻译能力中最核心的能力,此处不做赘述。

第二是语言外能力,由百科知识和文化能力两部分组成。百科知识是关于某专门领域的知识,或辞典上难以查到的天文地理、风俗人情、方言俚语、作品人物等知识。文化能力则指对文化的敏感性和翻译文化的能力。敏锐地发现原文中隐含的文化意义,并以译文读者能够理解和接受的方式将其传达出来,是翻译这一跨文化交流活动所必须具备的一项能力。

第三是翻译专业知识,它指的是翻译中所涉及的相关理论知识,包括翻译的目的、过程、译文质量评价标准及相关翻译理论等。了解这些专业知识、在翻译中有意识地运用它们,以理论指导实践,有助于提高翻译效果和译文质量。

第四是翻译策略能力,指在翻译过程中遇到语言转换等方面的问题时,寻求解决方法的能力。翻译策略能力的提高基于对日汉语言及文化差异的把握。了解日汉语言及文化的差异,便能知其所以然,这一方面可提高对原文语义及句子结构的把握能力,另一方面也能根据二者间的差异对症下药,运用适当的策略和技巧来组织译文,提高表达能力。

第五是检索能力,这是一项很重要的能力,特别是对外语专业的学生而言。因为外语专业的学生较之其他专业,虽然外语能力较强,但知识面较窄、专业知识欠缺。检索能力的培养,可帮助学习者充分利用各种工具和资源,更加准确地理解原文和组织译文。

在上述五项能力中,可以通过翻译教学获得较大提高的,是检索能力和翻译策略能力。这两项能力的提高,反过来也能在某种程度上提高我们的双语能力和语言外能力。

五、语境的重要性

日汉两种语言不仅在语言本身的层面存在差异,而且在语言所反映的文化层面也存在诸多差异。作为译者,一方面要全面、准确地把握原文信息;另一方面还要站在译文读者的立场上审视自己的译文是否真正传达出了原文信息、是否符合汉语表达习惯。换句话说,译者要发挥好跨文化交流的桥梁作用,既要把握好原文语境,也要把握好译文语境。

语境在狭义上说,便是上下文语境,即上下文的内在连贯与逻辑关系。广义上说,还包括情景语境和文化语境等。翻译时需考虑的语境是广义的语境,包括两方面,一是原文所处的语境,即原文读者基于其文化背景从文本中所能获得的信息;二是译文所处的语境,即译文读者的文化背景、思维方式、审美习惯、接受能力等。总之,对原文的理解和译文的表达都要在语境中进行,词义的选择和句意的把握决不能脱离语境。例如:

例2. あるいは直子が僕に対して腹を立てていたのは、キズキと最後に会って話をしたのが彼女ではなく僕だったからかもしれない。こういう言い方は良くないとは思うけれど、彼女の気持ちはわかるような気がする。僕としてもできることならかわってあげたかったと思う。しかし、結局のところそれはもう起ってしまったことなのだし、どう思ったところで仕方ない種類のことなのだ。(村上春樹『ノルウェイの森』)

译文 直子对我心怀不满,想必是因为同木月见最后一次面说最后一次话的,是我而不是她。我知道这样说有些不好,但她的心情似可理解。可能的话,我真想由我去承受那次遭遇。但毕竟事情已经过去,再怎么想也于事无补。

这段的问题主要在于对「かわってあげたかった」的理解。这是村

上春树《挪威的森林》里的一段,之前的情节是主人公的好友木月自杀了,木月的女友直子未能见上他最后一面。这里的「かわってあげる」的对象是谁,木月还是直子,需要根据语境来理解。从上文来看,直子生我的气是因为木月死前最后见面的人是我而不是作为女朋友的她,我也能够理解她的这种心情。再者,木月的死是自杀,旁人是不可能替他"承受那次遭遇"的。所以译文这一句有误,根据语境应该译为"如果可能,我也想把见最后一面的机会换给她"。

例3.「フランスの科学者が国際会議でフランス語を使わないのは、フランス語を裏切るものである。」と、ドゴール大統領が自国の科学アカデミーをしかったという。わたしはフランス文化の偉大な姿の一コマをここにみる。(中略)愛国心の形を説く政治家たちは、ドゴールのようには日本語への愛を口にしたためしがない。(中略)流行作家たちの作品も、日本語の手本にすることはできない。(高宁《日汉翻译教程》)

译文1 戴高乐总统批评本国的科学家说:"法国的科学家在国际会议上不使用法语就是背叛法语。"我在这里看到法国文化伟大形象的一个镜头。(中略)日本大谈爱国之心的政治家们没有像戴高乐一样把对日语的爱用语言表达出来。(中略)流行作家的作品也不能作为日语的范本。

译文1的问题出在"像戴高乐一样把对日语的爱用语言表达出来"这句上,戴高乐是法国总统,当然不会有"对日语的爱"。原文这里省略了一些成分,补充完整的话便是「…政治家たちは、ドゴールがフランス語への愛を語るようには日本語への愛を口にしたためしがない」。在原文语境中这样省略,可使语句更简洁而并不影响意思的表达。但在汉语语境中,照此直译便会造成错误的理解。需通过加译将省略的成分补充出来(见译文2)或通过意译的手法将信息正确传达出来(见译文3)。

译文2 ……我从这里看到了法国文化的一个伟大侧面。(中略)日本大谈爱国之心的政治家们从未像戴高乐表达对法语的热爱一样

把对日语的爱表达出来。(中略)流行作家的作品也无法成为日语的范文。

译文3 ……我从这里看到了法国文化的一个伟大侧面。(中略)奢谈爱国心的日本政治家们却从没有像戴高乐一样谈到过对母语的爱。(中略)流行作家的作品也无法成为日语的范文。

例4. けちな奴等だ、自分で自分のした事が云えない位なら、てんで仕ないがいい。証拠さえ挙がらなければ、しらを切る積りで図太く構えていやがる。おれだって中学に居た時分は少しはいたずらもしたもんだ。然しだれがしたと聞かれた時に、尻込みをする様な卑怯な事は只の一度もなかった。仕たものは仕たので、仕ないものは仕ないに極ってる。おれなんぞは、いくら、いたずらをしたって潔白なものだ。(夏目漱石『坊ちゃん』)

译文1 没出息的东西!自己做事不敢承认,干脆别做的好。人家拿不出证据,就假装糊涂死乞白赖。本人读初中时也干过一些顽皮的事,但是有人问起谁干的时候,我从来不装熊、打怵。干就干了,没干就是没干。本人不管如何淘气,都是光明正大的。

「潔白」在词典上的译词确实是"无辜""光明正大",但这里译作"光明正大"是否符合语境呢?从原文来看,主人公并非说自己做捣蛋的事情做得"光明正大",而是说他做了捣蛋的事情之后,如果被人追究,会勇于担责,不会做缩头乌龟。所以这里应译为"敢作敢当"才符合语境。

例5. 今年は英国の新車市場の転換点となる可能性がある。EVが単なる目玉商品ではなくなり、多くの人々にとって現実的な交通手段となるかもしれない。それは自動車産業と消費者にとって、何を意味するのだろうか。(雅虎日本新闻)

例6. キテネ食品館といえば、激安の目玉商品をX(旧Twitter)で紹介しているのを日々見ているのですが、激安の目玉

商品の紹介は、ごく一部。安くても紹介されていない商品がいっぱいあります。入口を入ってすぐにあった丸ほしいもが298円だったので、即カゴに入れました。(雅虎日本新闻)

这两例中都有「目玉商品」一词,但从语境来看,二者意思显然不同。辞典对它的释义是「商店の特売などで、客寄せのために特別に用意した超特価品。また一般に、売り込みの中心に据えるもの」(デジタル大辞泉)。

可见它有两个义项,一是"用来招徕顾客的超低价商品",二是"主打产品"。在根据语境正确把握词义的基础上,这两例可分别翻译如下:

例5译文 今年有可能成为英国新车市场的转折点。EV 也许不再只是用来吸引眼球的主打产品,而有可能成为普通百姓现实中的交通工具。对于汽车产业和消费者而言这将意味着什么?

例6译文 说到"KITENE 食品馆"(日本一家大型平价超市,意为"来买哟"),社交平台 X(原"推特")上常常可以看到关于它超低价特卖商品的推介,但那只是其中很小一部分,其他还有很多很便宜很划算的商品。我一进超市就看到门口的红薯干只要298日元(约合15元),果断拿起一袋放入购物篮。

例7. 多様な桜を残すことに生涯をかけた船津静作の切なる願いは、船津の死後も一本のロウソクのごとく小さな灯をともし続け、幾度か消滅の危機に直面しながらも乗り越えて、ついに戦後の日本の発展の中で、大きな実を結ぶことになった。(英格拉姆:第179页)

译文1 船津静作为了使多样化的樱花留存下来奉献了一生,他的这一深切愿望在他死后仍像一根蜡烛般继续燃烧着小小的火焰,虽然几度面临灭绝的危机,但都顽强地挺了过来,终于在战后日本的

发展中结出了丰硕的果实。

译文2　船津静作为了使多样化的樱花留存下来而奉献了一生，他的这一深切愿望在他死后仍像一根蜡烛般继续保持着小小的火焰，虽然几度面临熄灭的危机，但都顽强地挺了过来，终于在战后日本的发展过程中燃成了一片熊熊野火。

对比译文1和2，我们会发现译文2对画线部分的修改与前面的核心词"火焰"呼应、衔接得更好，更符合汉语的表达习惯。这也是一种对于语境的考虑，这个语境指的是译文语境，即译文读者所处的语言文化语境。

可见，语境决定着我们对原文的理解（例2），也决定着译文的具体表达（例3）。对于词语的意思，要根据原文语境来理解和把握（例5、例6）；对译词的选择，要根据译文读者所处的语境来斟酌和确定（例4）；甚至句子成分的搭配，也要根据译文语境来组织和安排（例7）。

课后练习

一、找出译文中不恰当或错误之处并加以修改。

1. 岡倉天心先生が「茶の本」をボストンで書かれ、アメリカで大変好評を得たのが明治の後半でございました。英語で書かれた本でしたから、すぐに日本語で出版されるものと思っておりましたところ、先にドイツ語に訳され、英語版とともにヨーロッパで大好評を得て、その後やっと昭和4年、私が生まれた頃に日本語に訳され、出版されたという経緯がございました。

译文　冈仓天心先生的著作《茶之书》于波士顿出版并在美国大获好评，是在明治时代后半期。此书是用英文写成的，我本以为它马上能被翻译成日文出版，但是，此书先是被翻译成德文，与英语版一样在欧洲大陆得到了好评。之后，直至1929年，也就是我出生的时候才被翻译成日文出版。

2. 私が三度目に帰国したのは、それからまた一年経った夏の取付でした。私はいつでも学年試験の済むのを待ちかねて東京を

逃げました。私には故郷がそれほど懐かしかったからです。

译文 我第三次回故乡,是自那以后又过了一年的夏初。我总是等不到学年考试结束就逃离东京,故乡于我便是那样的亲切。

二、将下列句子翻译成中文。

1. 第5章では、環境教育を生業とするインタープリターたちと研究者たちとが協働して葛西海浜公園で開催した海の環境教育プログラムを紹介し、協働によるプログラムの充実ぶりと、それでもなお残る課題を示す。

2.「お前は実にけちなやつだ。けちな奴だということが俺にもだんだんわかってきた。お前は強そうな人間の前へ出たら散々ぺこぺこして、弱いやつの前では威張り散らすようなやつだ。……」

3. 県外に進学した本県出身大学生の就職の受け皿を作ろうと、県は新年度、県内企業の株式上場支援に乗り出す。県内の金融機関と連携して上場を目指す若手経営者に株式上場の利点を紹介するほか、手続き経費を補助する。

4. バスの中は、人いきれと湿気とで息がつまりそうであった。ワイパーの単調な、それでいてせわしない動きだけが、車内の蒸し暑い、よどんだ空気をよそに涼しげである。

三、翻译下文画线部分。

1. それにしても、母はなんとのんびりした人なのだろう。黄疸が激しいという理由だけで、自分の子どもに1ヵ月間も会えないなどという話があるだろうか。しかも、まだ見ぬ我が子だ。

译文 ＿＿＿＿＿＿＿＿＿＿＿＿＿＿＿＿＿＿。试想,只以"黄疸严重"为借口,就能让一位母亲与自己的亲骨肉一个月都不能见面吗?

何况是生下来还未曾看上一眼的亲骨肉。

2. 金力についても同じ事であります。私の考えによると、責任を解しない金力家は、世の中にあってならないものなのです。（中略）自分は今これだけの富の所有者であるが、それをこういう方面にこう使えば、こういう結果になるし、ああいう社会にああ用いればああいう影響あると呑み込むだけの見識を養成するばかりでなく、その見識に応じて、責任をもってわが富を所置しなければ、世の中にすまないと云うのです。（中略）　これをほかの言葉で言い直すと、いやしくも倫理的に、ある程度の修養を積んだ人でなければ、個性を発展する価値もなし、権力を使う価値もなし、また金力を使う価値もないという事になるのです。それをもう一遍云い換えると、この三者を自由に享け楽しむためには、その三つのものの背後にあるべき人格の支配を受ける必要が起って来るというのです。もし人格のないものがむやみに個性を発展しようとすると、他を妨害する、権力を用いようとすると、濫用に流れる、金力を使おうとすれば、社会の腐敗をもたらす。

第一单元　检索

第一章

检索的基本方法

检索是翻译不可或缺的一项技能。再博学、再高明的译者，也不可能无所不知。要做好翻译工作，除了注意积累专业知识和百科知识外，还需要养成良好的检索习惯、掌握有效的检索方法。在翻译中，何时需要检索，该如何进行检索呢?

一、何时需要检索

作为一名译者，应具备检索的意识，养成检索的习惯。什么情况下需要检索呢?来看几个例子:

例1. 日本では、漢語や漢文は長い間、知識階級・支配階級のものであり、一般庶民には縁のない言葉だった。一般庶民の目には、漢語が多用される文章は「立派には見えるが意味はよく分からない」ものが多い。

译文 在日本，长期以来汉语和汉文都是知识阶层和统治阶层的专属，和普通百姓无缘。在普通百姓的眼中，大量使用汉语的文章多是"不明觉厉"。(人民中国公众号《日语词汇大发现 忖度》，有改动)

这个译文总体来说准确、优美，但有一处错译，会误导读者，那便是「漢語」一词的译法。这个词在日语中的意思是"音读汉字词"，或者简单地说就是"汉字词"。这里并不是说知识阶层和统治阶级使用汉语，而是说他们会在文章中大量使用汉字词。所以这里应改译为"汉

字词"。

例2. 相本さんが歌手デビューをしたのは、74年、16歳のときだった。大きな瞳と天衣無縫な笑顔で、歌や司会、グラビアやドラマやバラエティ、CMなどでも活躍するマルチタレントとして一時代を築く。(jisin.jp/entertainment/interview/1616091)

汉语中的"天衣无缝"有为人圆滑、做事周到之意,这与原文语境是否相符呢?试想一个初涉社会的16岁小姑娘能圆滑到哪里去?带着这个疑问,对「天衣無縫」加以检索发现,这个词在日语中是"天真烂漫"之意。

译文 相本小姐作为歌手出道是在1974年,她16岁时。凭着一双大眼睛和天真烂漫的笑容,她不仅活跃在歌坛,还频频出现在主持、杂志彩页、电视剧、综艺节目以及商业广告中,作为一名多栖艺人开创了一个属于自己的时代。

从例1、例2可见,日汉同形汉字词有时会成为翻译中的"陷阱",对于不熟悉的同形汉字词,应积极检索确认。

例3. MSCは、海洋生物資源の乱獲や枯渇について世界中で積極的に活動する自然保護団体・世界自然保護基金(World Wildlife Fund:WWF)が英国の大手食品企業ユニリーバ社と共同で一九九七年に設立した非政府機関である。(川辺みどり『海辺に学ぶ』第186頁)

译文1 MSC 是一个非政府组织,由积极对抗海洋生物资源过度捕捞及枯竭的自然保护组织——世界自然保护基金会(World Wildlife Fund:WWF),与英国领先的食品公司联合利华合作,于1997年设立。

这个译文的主要问题在于「世界自然保護基金」这一专有名词的翻译,这个组织是中日两国以外的第三国设立的组织,其名称也是来自第三国语言,中日两国可能有不同的译名,翻译时要小心求证,以免搞错。检索发现,该组织的汉语译名为"世界自然基金会"。

译文2 MSC(海洋管理委员会)是一个非政府组织,由世界自然基金会(WWF)和英国大型食品公司联合利华(Unilever)于1997年联合建立,世界自然基金会是一个活跃在全球的自然保护组织,致力于解决过度捕捞和海洋生物资源枯竭的问题。

例4. 本取り決めの第1年度(1991年)から第5年度(1995年)まで、中国側から日本側に毎年、原油を880万ないし930万トン、原料炭を140万ないし180万トン、一般炭を250万ないし350万トン輸出する。(吴大纲《日语笔译实务2级》第66页)

译文1 在本协议第一年度(1991年)到第五年度(1995年),中国每年向日本出口原油880至930万吨,原料炭140至180万吨,一般炭250至350万吨。

这个译文的问题出在「原料炭」「一般炭」这两个专业术语的翻译上。通过交叉检索(下章介绍)可知其对应的汉语译词为"炼焦煤"和"动力煤"。

由3、4两例可见,专有名词和专业术语的翻译切不可想当然,尤其是用汉字词表示的专有名词和术语,千万不能掉以轻心,要勤于检索。

例5. 多くの場合、顔は記号として知覚される。幼児の描く絵では、顔の造作が見事なまでにしてレオタイプであるのと同じように、大人の場合の顔の知覚は、その表情の認知がとても定型的である。うれしい、たのしい、かなしい、くるしい、おもはゆい、はずかしい、いらだたしい……そういう感情にぴったりと対応する顔つきがある。そうして互いの表情を読み取りながら、私たちは交わるのである。(《新经典日本语高级教程》第二册第113页)

此例中「造作」一词有两个读音,分别对应不同的意思,这里应读「ぞうさく」。若想当然地按照「ぞうさ」这个读音的意思来翻译,可就是"霸王硬上弓"了。

译文 多数情况下,"脸"是作为一种符号被感知的。在幼儿所画

的画中,人的长相惊人地千篇一律。同样,在成人对人脸的感知中,对表情的认知也是十分固定的,开心、愉快、悲伤、痛苦、害羞、惭愧、不耐烦等等,这些感情都有与之完全对应的表情。就这样,我们通过读取彼此的表情,进行着人际交往。

例6. その後忠司は知友や先輩に勧められて、再婚することになった。(中略)八月、忠司はこの妻と離婚した。わずか半年、それも、彼女を世話してくれた先輩たちに義理を立てて、ようやく持ちこたえてきた半年の縁であった。

|译文1| 后来,在朋友和学长们的劝说下,他决定再婚。(中略)到了8月,忠司就与这位妻子分手了,前后也就半年时间,就连这半年,也是看在照顾她的学长们的面子上才勉强维持下来的。

这个译文中有一处"硬伤",它在哪里呢?就在「世話」一词的翻译上。对于这个词,我们可能会自以为知道它的意思而不去查证。事实上我们所熟悉的「世話をする」「世話になる」等用法中,「世話」都是名词,这里却是动词。而且译成"照顾",意思上也不符合逻辑——为什么自己的妻子却要别人来照顾?又为什么别人照顾自己的妻子,自己就不好意思离婚呢?经过检索,我们发现「世話」作动词的意思是"牵线搭桥",这才符合语境。

|译文2| 后来,在朋友和学长们的劝说下,他决定再婚。(中略)到了8月,忠司就与这位妻子分手了,前后也就半年时间。就连这半年,也是看在学长们为自己张罗婚事的份儿上才勉强维持下来的。

例7. そんな友人は、見えすいたお世辞や賞賛は口にしない。ときには耳に痛い忠告や苦言を呈してくれるが、それが素直に受け取れる。また、世間や会社の正確な情報をもたらしてくれるのも、そういう友達である。こんな友を持っていれば、さきごろ世間をにぎわした「ある日突然、取締役を解任」というようなことは間違っても起こるまい。そうした真の友達をつくるには、やはりこちらから意識的にアプローチしていくことが必要だろうと思

う。（岡本常男『心の危機管理術』）

译文1 这样的朋友是不会说那些露骨的恭维话和赞美之辞的，有时还会进以刺耳的忠告和规劝，但你要能诚心诚意地接受下来。此外，给你带来有关社会和公司方面的准确信息的，也是这样的朋友。若有这样的朋友，即便你有什么差错，也不至于会发生像不久前社会上为之哗然的"某日，突然解除董事职务"这一类事情吧。我想，为了结交这样的真正朋友，也必须主动地有意识地去接近他们吧。

这个译文中有两处错误，一处比较明显，即「それが素直に受け取れる」的翻译，另一处则需要有检索求证的意识才能确定。

先来看第一处，「それ」是指「耳に痛い忠告や苦言」，「受け取れる」是可能态，所以这句意思是说"这些忠告和规劝是能让人真心接受的"。

再来看另一处错误，即「間違っても起こるまい」的翻译。很多同学读到这里会觉得译得有问题，但又不知道问题出在哪里。这时需静下心来仔细分析句子结构、修饰关系等。「間違っても」显然是修饰「起こるまい」的，但「間違う」是"做错、有差错"的意思，这个修饰关系似乎无法成立，莫非是原文表达有误？有些同学为了使译文合乎逻辑，便将它硬译成译文1这样。但如果我们有良好的检索意识，有疑问就检索，并且打开思路以多种方式检索的话，就会发现「間違っても」并非「間違う」的活用形，而是另外一个词，意为：

> どんなことがあっても。絶対に。決して。下に打ち消しや禁止の語を伴って用いる。（『大辞林』）

基于以上检索和分析，可将译文1改译如下：

译文2 ……有时还会进以刺耳的忠告和规劝，但都是令人心悦诚服的。……若有这样的朋友，便绝不会发生像前不久社会上为之哗然的"某日，突然被解除董事职务"之类的事情。……

由例5～7可见，对于看似熟悉却不符合语境、不合逻辑的词句，一定要积极检索，而且要打开思路、以多种形式检索。

例8. しかしながら、この神性の伝説的主張は、西欧人が考えるほど重要なものではなかった。こういう主張をまるで否定してかかっていた日本の知識階級も、それだからといって、天皇に「忠」を捧げることになんの疑いをも抱かなかったことは確かであるし、神の裔であると本気に信じていた多数の一般民衆にしてからが、神の裔ということを、西欧人とは違ったふうに解釈していたのである。(『菊と刀』)

译文 然而,天皇是神的后裔这一传说在日本人的心目中并不像西欧人认为的那么重要。日本的知识分子压根儿就不相信这种传说,但他们并不因此而对"效忠"天皇存有任何疑问;＿＿＿＿＿＿＿

＿＿＿＿＿＿＿＿＿＿＿＿＿＿＿＿＿＿＿＿＿＿。

画线部分的「にしてからが」看上去是「にしてから」和「が」的奇怪组合,但这既不合乎语法,也不合乎语境。如果我们抱着认真求证的精神,打开思路,将它作为一个词进行检索,就会发现这是一个固定表达形式,意为「でさえも」。所以,画线部分可译为:

即便是对此说深信不疑的普通民众,对神的后裔的理解也与西欧人大相径庭。

TIPS

(1) 日汉同形汉字词常常是翻译中的"陷阱",决不能掉以轻心,需小心求证之后再根据语境翻译。

(2) 对于专有名词和专业术语,翻译时一般需要通过检索来确定其专业、规范的译法。特别是用汉字表示的专有名词和专业术语,有时在日语和汉语中意思完全不同,翻译时一定要积极检索,避免望文生义。

(3) 对于不合乎逻辑或不符合语境的词句以及任何有疑问、不确定的地方,切不可想当然,一定要积极检索,并且在检索时要打开思路,不仅查该词语或表达方式的原形,必要时也要以它在原文中出现的形式来进行检索。

二、检索的工具

检索的工具主要是辞典和网络。

辞典包括线下的纸质和电子词典,也包括线上的网络辞典。

辞典从内容来分,大体有语言辞典和专业翻译辞典两类。语言辞典包括日语原文辞典、日汉辞典、日英辞典、英汉辞典、近义词辞典以及汉语辞典等;专业翻译辞典则根据原文所涉及的领域细分,如日汉水产辞典、日汉机械工业辞典、日汉医药学辞典、世界人名翻译大辞典等。

辞典检索一般用于词语、短语及搭配的检索。网络检索则不仅可检索词语的意思、用法和搭配,还可检索相关百科知识,必要时还可对相关官方网站或学术文献数据库进行检索,尤其在对专业术语或专有名词的规范性加以确认时,这一方法十分有用。以下是一些免费的网络辞典、日本网站和学术文献数据库:

沪江小 D(dict.hujiang.com)

单词乎(www.dancihu.com/rihan)

必应国际版(www.bing.com)

雅虎日本新闻检索(news.yahoo.co.jp)

知网(www.cnki.net)

若能充分利用上述网站,便可满足翻译中的大部分检索需求。

三、检索的基本方法

以下介绍检索的基本方法,即通过词典和网络进行检索的方法。

(一)辞典检索的误区

如前所述,辞典包括各种纸质辞典、电子辞典及网络辞典。关于这些辞典的使用,以下哪些说法是错误的?

(1)原文辞典上查不到的词,日汉辞典上也许会有。

(2)日汉辞典上查不到的词,原文辞典上也许会有。

(3)原文辞典上没有的义项,日汉辞典上也许会有。

(4)日汉辞典上没有的义项,原文辞典上也许会有。

(5)各种辞典内容都差不多,没必要重复查找。

答案是(5)。各种辞典在编纂原则、收录词条多少、释义详尽程度等方面各有不同,比如同为中型辞典,广辞苑为百科知识型,新明解则是语言知识型,因而前者收录词条的范围更广,而后者对词语用法和搭配的解说更详尽。

另一方面,日汉辞典和日语原文辞典的内容也不尽相同。虽然日汉辞典多以日语原文词典为基础编译而成,但编者依据的可能并非某一种辞典,而是多种辞典;并且在翻译、整合的过程中会根据编写目的及读者需求,在内容的取舍和表达上做出选择和调整,有时也会加入自身的一些<u>诠释</u>和补充。所以原文辞典上所收的词条和义项,日汉辞典上未必全盘收录;原文辞典上未收的词条和义项,日汉辞典上或许却能找到。总之我们在查辞典时,原文辞典上查不到的,可以再查查日汉辞典;日汉辞典上查不到的,可以再查查原文辞典;一本辞典上查不到的,可以再查查其他词典。这样才能准确、全面地把握该词语或用法的意思。下面看几个例子。

例9. 内臓のどこかが痛むとかいうようなハッキリした病気なら、病院で治療すればすむ。しかし、私のはただ食欲がない。どんなご馳走を前にしようと食べる気がしない。"食べられない"という原因不明の病いにジワジワと追いつめられながら、<u>気力</u>だけでビジネス戦場を這いずりまわっていたわけである。(岡本常男『心の危機管理術』)

画线的「気力」一词从语境来看,肯定不是"气力"或"力气"之意,因为此人长期缺乏食欲,身体已经十分虚弱。通过检索,会发现不同的辞典对它的释义也不尽相同:

(1)精力。气力。(日汉大辞典,上海译文出版社)

(2)气力,精力;魄力,毅力。(沪江小 D)

（3）物事をなしとげようとする精神の力。（kotobank.jp/word/気力-480461）

这三个检索结果中，日汉辞典（1）上的译词不符合语境，日汉词典（2）的最后一个译词符合语境。结合原文辞典（3）的释义，可确定此处的「気力」应译为"毅力"或"意志的力量"。可见，如果只查一种辞典，有时可能查不到合乎语境的译词或义项，这种情况下应多查几种辞典，以全面把握该词的译词或义项。

译文 假如是明确的病症，比如内脏哪里疼痛等，那只需去医院治疗即可。但是，我只是没有食欲，不管面前放着什么样的美味佳肴，也丝毫引不起食欲。其间，我一边为这种原因不明的"食欲极度不振"的疾病所折磨，身体日益虚弱；一边凭着毅力继续在商业战场上四处奔波、顽强战斗。（潘金生等译《顺应自然的生存哲学》，有改动）

例10. 相手に媚を売るためには、その人の自尊心を<u>くすぐる</u>のが効果的です。自分と接することで相手が自尊心を満たすことができると、その相手は自分によい印象を持ちます。

对于「くすぐる」这个词，日汉辞典上的译词为：

（1）唤起。唤醒。（沪江小D）

（2）逗起。引起。「自尊心を～/激发起自尊心。」（日汉大辞典）

但从语境来看，这些译词都不合适，它的意思应该与下文中的「（自尊心を）満たす」近似。有了这一判断，我们可通过进一步检索来确认该词有无这一义项。原文辞典上对「くすぐる」的释义是：

（3）人の心を軽く刺激して、そわそわさせたり、いい気持ちにさせたりする。（kotobank.jp/word/擽る-483528）

可见这个词确实有"迎合""满足"之意。所以此句可译为：

译文 讨好别人的有效做法是迎合他的自尊心。如果他感到跟你打交道能使自己的自尊心得到满足，对你就会留下好的印象。

综上所述，进行辞典检索时，如果一下子找不到合适的译词或义项，可以多查几种辞典。有时日汉辞典上没有的，原文辞典上可能会

有,反之亦然。词义虽要根据语境来确定,但还是要在词典释义的范围之内,绝不能随意编造。

(二) 辞典检索与网络检索的结合

如果通过辞典检索无法获得符合语境的译词或义项,可进行网络检索,通过一些相关文本和实际用例来找到合适的释义。

例11. 念のために、いちおう覗いておくことにした。下半分に磨りガラスをはめた腰高の窓なので、天井しか見えなかった。スタンドらしい下からの照明が、放射線を描いて斜め奥に広がっている。それ以上を確かめるにはなにか足場が必要だ。(安部公房『箱男』第68页)

译文1 为保险起见,我决定还是去看一看。这窗户下半截是毛玻璃,齐腰高,从外面只能看见天花板。像是下面的台灯发出的光线划出一条抛物线,照到房间的最里头。要想看得更清楚,必须在脚底下垫东西。(竺家荣译《箱男》第45页)

这个译文将画线部分译为"这窗户下半截是毛玻璃,齐腰高"。但如果只有"齐腰高",何以会"从外面只能看见天花板"呢?通过检索发现,这个译法是错误的。「腰高」词典释义为:

①狂妄。高傲。②高脚器具。③「腰高障子」的略语。(日汉大辞典)

这三个义项中,①②显然不符合语境,③经检索意为"下半部带有护板的格子窗",也不符合语境。

其他辞典检索也未能提供更多的参考,接下来转入网络检索。在必应(国际版)搜索框内输入「腰高」,会自动出现「腰高窓」等相关词语,选择「腰高窓」作为关键词进行检索,结果为:

窓の下端の高さが人の腰の高さ程度の窓。(kotobank.jp/word/腰高窓-1127982)

可见,「腰高窓」是指窗台高度大致齐腰的窗户,所以这句可译为

"这窗户下半截是毛玻璃,窗台齐腰高"。若能再调整下语序,改作"这窗户下缘齐腰高,下半截是毛玻璃"则更加易懂。

译文2 为保险起见,我决定还是去看一看。这窗户下缘齐腰高,下半截是毛玻璃,因此从外面只能看见天花板。下方有台灯之类的东西发出的亮光斜着照到房间最里头。要看得更清楚,就得在脚底下垫东西了。

例12. 多くの人の目には、日本社会が公正さや透明さを保っていく上で、検察の存在は欠かせぬものと映ったに違いない。金融関連の公的機関の長にOBが続けて起用されているのも、一面で検察に寄せる信頼と期待の現れと言えるだろう。けれども、こうした状況が長く続く社会は必ずしも健全とは言えまい。刑事司法だけに浄化を頼るのは、政界や経済界に自浄能力が乏しいことを示す。検察OBが引く手あまたなのも、清廉な人材が見つけにくいことの裏返しである。(大野晋『日本語練習帳』第116-117页)

译文 在多数人看来,要维护日本社会的公正透明,检察机构的存在不可或缺。＿＿＿＿＿＿＿＿＿＿＿＿＿＿＿＿＿。然而这种情况若在一个社会长期持续,这个社会也许不能说是健全的。只能依靠刑事和司法来净化社会,说明政界和商界缺乏自净能力。＿＿＿＿＿＿＿＿＿＿＿＿＿＿＿＿＿＿＿＿＿。

从语境来看,两处画线部分的「OB」均为「検察OB」,「OB」是什么意思呢?辞典上的释义是:

(1)(old boy)(在校生に対して)卒業生。先輩。(広辞苑)

(2)(同校)毕业生。校友。(日汉大辞典)

以上释义显然均不符合语境。通过网络检索,我们发现它还有以下用法:

企業の退職者などにも使われる。

(whitebear0930.net/archives/22140,检索时间2022/7/1)

可见,日语中的「OB」一词还有"退休人员"之意,结合语境可以

判断,这里的「OB」是指退休的检察官。

译文 在多数人看来,要维护日本社会的公正透明,检察机构的存在不可或缺。公共金融机构连续起用退休的检察官担任最高领导,一方面也反映出社会对检察部门的信赖与期待吧。然而这种情况若在一个社会长期持续,这个社会也许不能说是健全的。只能依靠刑事和司法来净化社会,说明政界和商界缺乏自净能力。退休检察官之所以抢手,正是清廉人才匮乏的证明。

(三)检索记录的写法

以上译例分析中均有对检索过程的描述。事实上,翻译中有时需要对检索过程加以记录,特别是比较复杂的检索,为之后追溯或校对用,最好对检索过程加以记录。记录方法因人而异,以下为笔者常用的记录方法:

```
「○○○」检索记录:
Step1. 关键词/辞典名或网址:
→ 检得的有用信息及其链接
→ 相关分析
Step2. 关键词/辞典名或网址:
→ 检得的有用信息内容及其链接
→ 相关分析
……
StepN. 结论:(略)
```

关键词可以是一个词,也可以是几个词的组合,如果是几个词的组合,中间最好以空格分开。检得的有用信息写在该步骤下面,必要时附上相关链接,以备追溯。若能注明检索日期则更好(参见例12等),因为网络上的内容并非永久存在的。

(四)对检索结果的确认

对于检得的译词,如果属于自己不熟悉的领域,应当确认一下该

词在汉语中是否常用或规范。

例13. 歴史上の人物の表情を思い浮かべることは、どこかモンタージュ写真を作る作業に似ている。めいめいがその人物の特徴と信じる印象を持ち寄って全容を"造顔"する技術である。(『花の忠臣蔵』第102页)

对于画线部分,可能有同学检索了「モンタージュ」的意思后,想当然地把「モンタジュー写真」译作"蒙太奇照片"。但"蒙太奇照片"是什么,是不是符合语境,其实并不清楚。检索可以发现,"蒙太奇照片"的意思与原文语境并不相符。进一步以「モンタージュ写真」为关键词进行检索,可找到它在汉语中对应的译词。具体过程如下:

> 【检索记录】
> Step1. モンタージュ/日汉大辞典＆広辞苑:
> 电影剪辑。蒙太奇。
> Step2. 蒙太奇照片/百度:
> 蒙太奇是音译的外来语,原为建筑学术语,意为构成、装配,可解释为有意涵的时空人为地拼贴剪辑手法。最早被延伸到电影艺术中,后来逐渐在视觉艺术等衍生领域被广为运用……(baike.baidu.com/item/蒙太奇原理/5400791?fr=ge_ala)
> 所谓的蒙太奇效果,就是指用很多张小图片"拼组"成一张全新的图片。也有人叫作马赛克拼图……(www.163.com/dy/article/D7HFS8T00524HTQ2.html)

以上意思显然均不符合语境。

> Step3. モンタージュ写真/必应国际版:
> 特に目撃者などの証言を取り集め…合成して作り上げる犯人の似顔写真。(kotobank.jp/word/モンタージュ写真-143213)
> Step4. 目撃者犯人 合成照片/百度:合成照片;模拟画像

以上检索记录中,step2—4便是对译词加以确认的步骤。通过确

认,我们发现「モンタージュ写真」不能照字面意思翻译,而应译为"合成照片"或"模拟画像",才符合语境。

译文 描绘历史人物的形象有些类似制作模拟画像,也就是将各人认为是该人物特征的印象汇集到一起、"绘制出"脸部全貌的技术。

例14. ところで、あの大学者本居宣長に「赤穂義士伝」という著述があることを読者はご存知だろうか。もちろん学問的著述ではない。宣長がまだ十五歳の少年だった延享元年(一七四四)に、伊勢松坂の菩提寺樹敬寺の住職をしていた実道(じつどう)和尚から聞いた説法の聞書(ききがき)である。(『花の忠臣蔵』第130页)

读完这段文字,大家想必有个疑问:「菩提寺樹敬寺」是一个寺还是两个寺?我们来检索一下。

```
【检索记录】
Step1.菩提寺/日汉大辞典:
菩提寺。代代皈依佛教的家庭举办丧葬仪式和佛事的寺院。
Step2.菩提寺/现代汉语大词典:无
Step3.菩提寺/百度:有很多链接,但都指具体寺庙名称。
Step4.「菩提寺」/広辞苑:
代々その寺の宗旨に帰依して、(先祖の)位牌を納めてある
寺。檀那寺。
Step5.「檀那寺」/日汉辞典:家庙。其家皈依、成为施主的寺院。
Step6."家庙"/百度:家庙即儒教为祖先立的庙,是儒教徒祭祀祖
先和先贤的场所。(百度百科)
```

Step1对日语「菩提寺」进行辞典检索,得到汉语译词"菩提寺"和相应的释义。释义符合语境,但"菩提寺"一词在汉语中是否有相应用法需确认。

Step2和3分别对"菩提寺"进行辞典和网络检索,发现该词在汉语中并无相应用法。

Step4通过原文辞典检索,找到了同义词「檀那寺」。

Step5顺藤摸瓜,以「檀那寺」为关键词进行检索,得到译词"家庙"。

Step6对"家庙"在汉语中的意思进行检索,确定其意思大体符合原文语境,可作为译词。

译文 各位或许知道,大学者本居宣长有部名为《赤穗义士传》的作品。当然这并非一部学术著作,而是在延享元年(1744),当宣长还是个十五岁的少年时,听本居家族的家庙(伊势松坂的树敬寺)住持实道和尚宣讲佛法时所做的笔记。

以上译例的检索记录中都有对译词加以确认的步骤,缺少了这些步骤,我们就无法获得准确的译词,甚至会做出错误的翻译。可见,对译词的意义和用法加以确认的步骤是检索中不可缺少的一部分。

> **TIPS**
>
> 【辞典与网络检索方法小结】
>
> (1)不同类型、不同性质的辞典所收录的词条和义项也不尽相同,如果一本辞典上查不到合适的义项或译词,可以多查几种辞典,以全面了解它的意思和用法,绝不能凭空臆造译词。
>
> (2)检索时可以多尝试几种关键词的组合,多尝试几种该词的活用形式。
>
> (3)对于检索到的译词或义项,有时需通过辞典或网络等加以确认,与原文意思是否一致、与语境是否相符、用法是否规范等等。
>
> (4)网络上的内容鱼龙混杂、泥沙俱下,并非都是正确、规范的,所以对于在网上检索到的译词等相关信息,需根据网站可信度、该词使用频率等加以判断取舍。

课后练习

一、找出译文中不恰当或错误之处并加以修改。

1. 少年期の私は、何事をも疑ってみる時期があった。あらゆる存在に対する不信の思いに堪えられない自己を持て余していたこともある。しかし、ある諦念ともいうものが、私の中に根ざしてきて、私の支えになったのだと思う。

译文 少年时代的我，有一个时期是怀疑一切的，也曾对一切的存在抱有一种无法忍受的不信任感，但是，某种绝望却在我心中扎下了根，成为我的支柱。

2. 現在世界では毎年九千万人の人口が増えているが、食糧生産は頭打ちの状態である。人口増や都市化による耕地の減少、森林の開発による水資源の減耗、土壌の浸食など食糧生産をめぐる環境は悪化の一途をたどっている。(中略)この課題を解くための本書の提言は明快である。何より人口増加を抑制するために家族計画を普及させ、人口急増地域における初等教育を充実させなければならない。

译文 现在世界人口每年增加9000万，但粮食产量已达极限。人口增长及城市化进程带来的耕地减少、森林开发造成的水资源耗减和土壤侵蚀等阻碍粮食生产发展的环境要素不断恶化。(中略)本书对解决此问题的提议十分简单明确：必须普及家庭计划以抑制人口增长，同时完善人口急剧增长地区的初等教育。

3. 私の泊っていたのはアルノ川に面した宿で、滞在中のある晩花火を見たのも思いがけない楽しみだった。花火を見に夕涼みの人たちは川のふちを歩いてゆく。どこの国も人情は同じで、家族連れがくつろいで花火に興じるのをみると、異国という気がしなかった。花火は日本と同じ玉屋鍵屋であった。

译文 我住的是面对着阿诺川的旅馆。在我逗留期间的一天晚

上，没想到还看到了焰火。乘凉的人们沿着河边走去看焰火。无论哪个国家，人情都是一样，看到人们全家出动兴高采烈地观看焰火的情景，自己也不觉得身处异国他乡了。连焰火的品种都跟日本是一样。

二、将下列句子翻译成中文。

1. いじめが絡む事件では、警察が上半期に摘発・補導した小中高生は180人と、前年同期比で79人減った。

2. 重力波は、巨大質量をもつ天体が光速に近い速度で運動するときに強く発生する。例えば、ブラックホール、中性子星、白色矮星などのコンパクトで大きな質量を持つ天体が連星系を形成すると、重力波によってエネルギーを放出することで最終的に合体すると考えられている。

3.

①大統領を迎えるため、空港は厳重な警戒態勢がしかれていた。

②死亡事故が続発するので、警察では、厳重な取締りを行っている。

③製品を出荷するときには、不良品が出ないように厳重な検査を行っている。

4.「美少女ゴルファー」と呼ばれることに対しても、彼女の中で変化があった。

「そう呼ばれるのは、今でもちょっと重いんですけどね（苦笑）。でも、アイドルゴルファーみたいに書かれるのは正直イヤではあるんですけど、開き直れるようになって。記事に取り上げていただけるのはありがたいことですし、私の成績次第で、きっと記事の内容も変わるはずなんで。結局、私次第なんだって、プラスに捉えられるようになりました」

　　5. ある日系コンビニが江蘇省無錫市に位置する県級市で「下沈市場」に当たる3級都市の江陰市に進出したときの話です。大都市で売れ行きの良い弁当を目玉商品として出したところ、最初の2、3日の売上は好調だったのですが、その後は伸び悩んでいました。

　　その理由を調べたところ、江陰市の昼休み時間は2時間前後もあり、急いで弁当を買って食べる人はほとんどいないことが明らかになりました。最初は弁当のおいしさを知りたいという興味から買った人が多かったのですが、その多くの人は一度食べれば十分だと思ったそうです。

　　この事例はローカライズの重要性を示すと同時に、「下沈市場」への攻略の難しさも浮き彫りにしています。「下沈市場」で成功したければ、1級都市などでの成功体験を真似すれば良いという考え方をまず捨てるべきです。(雅虎日本新聞)

　　6. MDGの期間中、中国の貢献が最大であったことは世界に広く知られている事実である。国連が2015年に発表したMDGs達成に対する最終評価においても、世界的に見れば1990年には、開発途上国の半数に近い人口が一日1.25ドル以下で生活していたのが、2015年にはその割合が14％まで減少した。

　　7. 試みに、何種類もの市販の「おいしい水」を買ってきた。水道水は沸騰させたものを冷やし、名水も同様に冷やして、30個ほどのコップに入れた。利き酒ならお手の物だが、とためらう同僚たちと一緒に飲み比べてみた。これは水道水だと当てた人もいた。だが、全く当たらず、水道水を名水といい、名水を水道水だという人も少なくなかった。これだけで結論めいたことを言うのは避けたいが、東京の水道水でも、煮沸して冷やしさえすれば、そう捨てたものではないと思った。

　　8. 世界保健機関（WHO）は世界各国に平等にワクチンが普及するための「COVAX」を推進しており、中国はこのプロジェクト

に積極的に関わっている。アメリカも、バイデン政権に変わってから、同プロジェクトへの協力を表明した。しかし、多くの発展途上国では、ワクチンの普及は依然として進んでいない。

交叉检索

交叉检索是一种跨语种的检索方法,使用英语等作为中介语进行检索。就日汉翻译而言,最基本的交叉检索方法是:先在日语网站上检索该词的英语译词,再以英语译词为关键词,在汉语网站上检索对应的汉语译词。这一检索方法对于专有名词和专业术语的检索特别便捷有效。下面介绍交叉检索的具体方法和技巧。

一、专有名词

专有名词是表示特定的、独一无二的人或物的名词,如人名、作品名、组织机构名等。日语的专有名词中,有些是日本固有的事物名称,有些则来自其他国家和其他语言。在翻译时,首先要确定它们有无固定的中文译名,检索的方法多为交叉检索,即先在日语网站上检索其英语译词,再以此为关键词,在中文网站上检索其汉语译词。

例1. コリングウッド・イングラムは絵も上手だった。才能は父親の新聞「イラストレイテッド・ロンドン・ニュース」で働いていたプロの人気挿絵画家、ルイス・ウェインに認められ、彼の指導と励ましの下で写生画の腕を磨いた。

这例中画线的三个专有名词都可以通过交叉检索的方法找到对应的汉语译名。以「コリングウッド・イングラム」为例。

【检索记录】
Step1.コリングウッド・イングラム/必应国际版：Collingwood Ingram
Step2.Collingwood Ingram/百度：科林伍德•英格拉姆

如上，先在日语网站上检得原文拼写（Step1），再以此为关键词，在中文网站上检索对应的中文译词（Step2），这就是交叉检索的基本方法。另外两个词的检索方法也大体相同，此处不做赘述。

要注意的是，如译文画线部分所示，对于外来语专有名词，应在该词首次出现时，将原文拼写注在译词后面，供读者参考或确认之用。再出现时则无须标注。

译文 科林伍德•英格拉姆（Collingwood Ingram）绘画也很拿手。他的才能得到当时极受欢迎的专业插图画家、曾在他父亲主编的《伦敦新闻画报》（The Illustrated London News）工作过的路易斯•韦恩（Louis Wain）的认可，并在韦恩的指导和鼓励下掌握了扎实的写生功底。

例2. 日本ペイントは住宅やビル、マンションなどの建築物・橋梁・プラント・タンクなどの大型構造物用塗料や、自動車の補修塗装向け塗料の開発・製造および販売を展開しています。（www.nipponpaint.co.jp）

日本企业或机构的名称有多种表记方式，有全用汉字的，有全用假名的，也有二者混用的，当然还有一些用外语字母的。不管是哪一种，首先要检索确定它在汉语中有没有固定译法。一般来说，较有名气的企业和机构，特别是跨国企业，都有英文名称，可通过交叉检索检得其中文译名。以下为「日本ペイント」的检索记录。

Step1. 日本ペイント/必应国际版：Nippon paint
Step2. Nippon paint/必应国内版：

> 立邦涂料（Nippon Paint）是世界最早的涂料公司……（www.
> nipponpaint.com.cn）

译文 立邦涂料（Nippon Paint）专业从事各种涂料的开发、制造和销售，涂料种类包括住宅、楼房、高层建筑等建筑物涂料，桥梁、成套设备、油气储存罐等大型结构物涂料，汽车维修与喷漆涂料等。

与上例一样，为便于读者参考或确认，"立邦涂料"的后面附上了英文拼写。当然像"东芝""松下"这样已经家喻户晓的可以不注。

例3. ダフニーは植物が好きで、農場の一角に好きな花や花木を植えてガーデニングを楽しんでいた。そんな義理の娘にイングラムは庭園にあった野生のシクラメンやギンバイカ（銀梅花）、ゴジアオイ（午時葵）など沢山の花を分け与えた。（『チェリー・イングラム』第163頁）

译文1 达芙妮喜欢植物，在农场的一角种了些自己喜爱的花草树木以享受园艺的乐趣。英格拉姆把院中野生的仙客来、银梅花、午时葵等许多花分给了这个媳妇。

这个译文乍一看似乎没什么问题，但其实有两个"陷阱"，"银梅花""午时葵"这两个译词是错误的。它们在汉语中另有其名，如果不假思索地照搬，便会落入"陷阱"。这两个专有名词也可以通过交叉检索找到对应的中文名称，具体方法是先在日语网站上检索其拉丁文学名，再通过学名检索汉语名称。

译文2 达芙妮喜欢植物，在农场的一角种了些自己喜爱的花草树木以享受园艺的乐趣。英格拉姆便把院中野生的仙客来、香桃木、白毛岩蔷薇等许多开花植物分了一些给这个媳妇。

【附:检索记录】

(1)「ギンバイカ」

Step1.ギンバイカ 学名/必应国际版:Myrtus communis

Step2.Myrtus communis/百度:香桃木

(2)「ゴジアオイ」

Step1.ゴジアオイ 学名/必应国际版:Cistus albidus

www.flower-db.com/ja/flowers/cistus-albidus

Step2.Cistus albidus/必应国内版＆百度:

灰白叶岩蔷薇 https://www.flower-db.com/zh/flowers/cistus-albidus

白毛岩蔷薇

(www. plant. nsdc. cn/details? guid ＝ photo:cfh@97de280d-c391-45a3-8e51-54082e8089cd,2022/7/6检索)

从网站权威性来看,"白毛岩蔷薇"这一译名更权威。

可见,不仅外来语专有名词可通过交叉检索获得译词,日本固有的一些专有名词也可通过此法确定中文译名,特别是企业名称、科学名词等。

例4.工場の汚染排水で水俣病を引き起こした「原因企業」はチッソ(56年当時の社名は「新日本窒素肥料」)です。

这例中的「チッソ」虽然是个道地的日本企业名称,却以片假名表记,这种情况在日语中并不少见。在翻译时,可通过交义检索来确定它在汉语中有无固定译名。另外,「新日本窒素肥料」这个纯汉字的名称也需检索确定一下。以下译文中的"新日本氮肥"经过中文网站确认,是常用译名。

译文 因旗下工厂排放废水而引发水俣病的罪魁祸首,是日本智索株式会社(Chisso Corporation),在1956年该事件发生时,公司名称为"新日本氮肥"。

二、专业术语

日语中的专业术语多为片假名或汉字表记，二者都要注意检索。特别是汉字词，常常成为"陷阱"。

例5. 海の生物は、その生態から三つのカテゴリーに分けられる。ネクトン（遊泳生物）、ベントス（底生生物）、プランクトン（浮遊生物）である。プランクトンは、流れに逆らって泳ぐ遊泳力を持たない生物と定義されているが、ウイルス、細菌、植物プランクトン、動物プランクトンからクラゲ、魚種のマンボウなども含んでいる。（『イワシと気候変動』第54-55頁）

这例中的几个水生生物术语都可通过交叉检索检得译词，其中有几个在汉语中的说法与日语有细微的不同，需要注意。

译文 海洋生物根据其生态可分三类：游泳生物（nekton）、底栖生物（benthos）和浮游生物（plankton）。浮游生物的定义是不具有逆水游动能力的生物，不仅包括病毒、细菌、浮游植物、浮游动物，也包括水母和一些鱼类，如翻车鱼等。

例6. 沿岸生態系に課せられる汚染物質の77パーセントは陸域起源のものである。うち44パーセントは未処理の排水や流出水による。（『海辺に学ぶ』第33頁）

从语境来看，「流出水」应为专业术语，可通过交叉检索确定其中文译词。如果检得的译词不止一个，应通过进一步检索确定其中最为规范者（参见 Step2、3）。

译文 排放到沿海生态系统的污染物中有77％来自陆地，这其中44％来自未经处理的排水和城市径流。

【附:检索记录】

Step1. 流出水/www.bing.com:

都市流出水:Urban Runoff(都市部から流出する汚水)

(beachapedia.org/都市流出水,2023/7/8 检索)

Step2. urban runoff/百度:

城市径流;城市地表径流

Step3. 城市径流/百度:

大气降水沿城市地面或地下运动的水流。按其流经途径,可分为地表径流和地下径流;按其来源⋯⋯由于城市地表绝大部分为人工不透水地面(沥青与混凝土)所覆盖,大气降水很难渗入地下,城市径流主要表现为地表径流。

(wiki.cnki.com.cn/HotWord/1110851.htm,2023/7/8 检索)

例7. 図1から指摘できることの一つは、地価も株価はほぼ一巡してバブル発生前のレベルに戻ったといえないだろうか、ということである。<u>過剰負債</u>の発生の結果として、地価、株価の悪循環的な低落が止まらない間は、確かに不況の長期化は不可避だった。しかし、長期間にわたる<u>下方修正</u>が一巡し、それがほぼ完了した状況に入れば、長期不況も最終局面に移行することは決定的となる。

这段文字中画线的两个专业术语看上去似乎可以照抄原文,但初步检索发现汉语中并没有同样的说法(「過剰負債」检索记录 step1),需进一步检索确定译词。检索方法也是交叉检索(step2、3)。与上例一样,对于不熟悉的领域,对检得的译词要加以确认,看看它们在汉语中的意思和用法是否符合原文语境(step4、5)。

【「過剰負債」检索记录】

Step1.

过剩负债/百度:

有"过度负债""债务过剩"等说法,有的出自日本文章,无法确定哪个与语境相符。

Step2.過剰債務　英語/www.so-net.ne.jp：

debt overhang；excess indebtedness；excessive debt

（ja.ichacha.net/english/％E9％81％8E％E5％89％B0％E5％
82％B5％E5％8B％99.html）

Step3.

debt overhang/百度：债务悬置。债务积压。

excess indebtedness/百度：过度负债

excessive debt/百度：过度负债

Step4.

债务悬置（Debt overhang）一词最初是用来描述一家公司的财务状况，在这种情况下，一家公司深陷债务，无法着手新的项目，因为这些项目的收益将很快被债权人拿走。公司没有动力推进投资，因为这些项目不会产生利润，但它也无法偿还债务，因为它没有足够的资金来偿还债务。经济学家还将这一模型应用于各国政府及其经济体，表明债务过剩如何成为经济发展的重大障碍。（www.iiiff.com/article/380631）

债务积压：指国家的债务超出其未来偿还能力的情况。
（www.jinrongbaike.com/doc-view-41217.htm？ivk＿sa＝
1024320u）

过度负债是指债务人负债过重一直不能清偿本息，缺乏流动性保证债务链的持续。（百度百科）

Step5.過剰負債/www.so-net.ne.jp

「過剰債務」とは、金融機関からの借入金や社債発行による負債がその企業の返済能力に比べて大き過ぎる状態のこと。

（www.smd-am.co.jp/glossary/YST3210/）

Step6.结论：通过交叉检索及译词含义确认，发现"过度负债"最为准确。

译文 从图1可以看出一点，那就是地价、股价大体上经历了一个周期，可以说又恢复到泡沫经济发生之前的水平。作为过度负债导

致的结果,在地价股价的恶性循环性下跌没有停止期间,萧条的长期化的确是不可避免的。但是,经一个周期之后,如果这种下跌态势大致已进入尾声的话,那么长期萧条进入最后阶段也就确定无疑了。(《日语学习与研究》2006.4,75-76页,有改动)

【附:「下方修正」检索记录】

Step1. 下方修正/www.so-net.ne.jp:

企業が従来業績見通しとして公表していた数字をマイナス方向に修正すること。

Step2. 下方修正とは/必应国际版:→Downward revision

Step3. Downward revision/百度:→向下修正

Step4. 向下修正/必应国内版:→

向下修正就是向下调整。(jintianxuesha.com/?id=87932)

转股价向下修正(baike.baidu.com/item/转股价向下修正)

向下修正美国国内生产总值(www.huiwai.net/article/128338.html)

向下修正半年度业绩预期(jxdeyey.com/n10333878.html)

Step5(结论):汉语中"向下修正"的意思和用法与原文相符(见Step1),可使用,亦可像参考译文那样意译。

　　对于专有名词和专业术语的翻译来说,交叉检索的方法便捷而有效,但当然也并非万能,有时还需结合使用其他技巧。

　　例8. コリングウッドは、午前中の家庭教師との勉強が終わると、毎日海辺や沼地に出かけて探検した。特に、新しい鳥の巣を発見するのが何よりも楽しみであった。また、家の近くには、地元の富豪、パウェル・コットン家が一九世紀に植林して造った七三〇ヘクタールに及ぶ森林公園「ケックス・パーク」があり、鳥類が豊富に生息していた。コリングウッドはここにも足を延ばし、時間を忘れてウグイスやツグミの鳴き声に聞き入り、その生態を観察し、スケッチにふけった。(『チェリー・イングラム』第9頁)

　　此例中两个画线的专有名词，若不具备外网条件，可能无法顺利进行交叉检索，这时可结合使用一些技巧。首先看「パウェル＝コットン」这个人名，可能无法直接搜到英文拼写，因而也无法进一步检索其中文译名。这种情况下，可将此人名拆开来分别检索英文拼写，然后再将英文拼写组合起来，去检索中文译名，具体如下：

【检索记录1】

Step1. パウェル＝コットン/必应国际版：→无果。

Step2. パウェル 人名/必应国际版：Powell

Step3. コットン 人名/必应国际版：Cotton

Step4. Powell-Cotton/百度：→鲍威尔科顿

Step5. 鲍威尔-科顿/百度：

检得关于"鲍威尔-科顿博物馆"的多个链接，相关介绍符合原文语境。

www.dianping.com/review/827881024?source＝m_jump

(biu.qyer.com/p/X6Q1ZvdWLDADZM03ypj14Q.html)

　　再来看「ケックス・パーク」这个地名。同样，不具备外网条件的话，很难直接检得其英文拼写，此时可结合语境中给出的相关词语，通过多关键词检索的方法来缩小检索范围（Step2）：

【检索记录2】

Step1.ケックス・パーク/必应国际版：无果。

Step2.ケックス・パーク powell cotton/必应国际版：

Quex Park & Powell Cotton Museum

Step3. Quex Park/百度：

检得一些相关景点介绍，但无固定中文译名，可查阅《世界地名翻译大辞典》《世界人名翻译大辞典》，若未收录，可参考对应语言的译音表自行音译并附上原文拼写。

　　译文 每天上午家庭教师的课一结束，科林伍德便跑去海边和

沼泽地探险,特别是发现新的鸟窝是他最大的快乐。他家附近有一片占地达730公顷的森林公园,名为"奎克斯公园(Quex Park)",是当地富豪鲍威尔-科顿(Powel-Cotton)家族在19世纪造林修建的,有丰富多样的鸟类栖息于此。科林伍德有时也会走得远一点,来到这里倾听树莺和斑鸫的鸣叫,观察它们的生态,沉浸在写生中而忘记时间的流逝。

以上详细介绍了交叉检索的方法及其在专业名词和专业术语翻译中所发挥的作用,最后看一个以平假名表记的专有名词的例子。

例9. 滋賀県米原市日光寺地区特産の干し柿「あまんぼう」づくりが最盛期を迎えている。高床式のわらぶき小屋「柿屋(かきのや)」に約5千個の柿がずらりとつるされ、日々冷たさを増す風に揺れている。

此例中的专有名词「あまんぼう」是柿饼的品牌,以平假名表记。检索发现它并无英语译词,也无对应的汉语译法,这种情况下该如何翻译呢?最简单稳妥的方法,就是根据罗马拼音音译。当然在此基础上,也可结合意译等方法进一步传达出其含义。

译文 日本滋贺县米原市日光寺地区的特产"甜宝(Amanbo)"柿饼迎来了加工旺季。晾晒柿饼的"柿子棚"底部架高,棚顶覆盖稻草,约5000只柿子一串串密密麻麻地挂在棚下的架子上,在日渐凛冽的寒风中摇晃着。

TIPS

（1）翻译专有名词或专业术语时，译词一定要统一。也就是说，同一个文本中的某个专有名词或专业术语，从头到尾都要使用统一的译词。

（2）对于并非众所周知的专有名词和专业术语，在文本中首次出现时，应在译名后加括号附上其原文拼写。

（3）检得汉语译词后，有时需在中文网站上对其意义和用法加以确认，看是否符合原文语境，表述是否规范等等。

（4）对于无法直接检索到的外国人名，可对姓和名分别进行检索，检得其常用英文拼写后，再组合到一起。具体方法可以该名或姓加上"人名"二字作为关键词进行检索，如"パウェル　人名/必应国际版"。同样地，对于英语人名的汉译，如果直接检索无果，也可将其拆开检索，分别检得中文译词后再组合到一起，如"Powell 人名/百度"。

（5）对于汉语中尚无固定译法的外国地名，可使用音译加原文拼写的方式。

（6）以平假名表记的日本专有名词，经检索尚无固定译法的，可音译并加注罗马拼音。

课后练习

一、将下列文字翻译成中文。

1. 一方、イギリス国内では、王立キュー植物園に二〇世紀の初めにはある程度、日本の桜が植樹されており、イングラムは植物園から栽培品種「手鞠」などの穂木をもらっていた。

2. Windows 8でホームボタンを廃止したり、またOfficeでプルダウンメニューに代えてリボンインターフェイスを導入したりと、同社はこれまでもユーザが使い込んで習得した「慣れ」を反故にし、新たに操作方法を覚え直すことを要求する傾向がありました。

3. 海洋鉱物資源として主なものに、海底石油・ガス、海底熱水鉱床、マンガン団塊、それにマンガンクラストがある。海底石油のほとんどは水深300メートル以浅にあり、水深の増加につれて資源量は急速に減少している。

石油の探鉱は、地下構造、主として背斜構造の摘出に始まる。海洋の場合には物理探鉱船からエアガンによって強力な音波を送り、海底および海底下の各地層からの反射波を、船尾後方に多数曳航(えいこう)されているハイドロフォンで受信し、震動データを得る。弾性波の伝播(でんぱ)理論に基づいて、このデータをコンピュータにより解析し、地下断面のシミュレーションを行う。

4. 血液脳関門は、脳環境を体循環系の環境と隔離する構造で、脳内外への物質の行き来を制限することで脳内の環境を一定に保つ働きがあり、感染症や自己免疫疾患などの全身性の炎症によりこの機能は低下することが知られています。しかしながら、全身性の炎症によって血液脳関門の機能がどのように破綻していくのか、その詳細な経過およびメカニズムはこれまで明らかではありませんでした。

5. クールジャパンの呼び名は米国人ジャーナリストのダグラス・マッグレイ氏が「日本のグロス・ナショナル・クール」という論文を2002年に発表してから定着したようです。

6. 北太平洋の高緯度水域は、サケ類の宝庫である。ここでは、日本、ロジア、アメリカ、カナダが、古くからサケ類を利用してきた。分布はベーリング海、アラスカ海、オホーツク海を含む高緯度水域全体である。漁獲される主なサケ類は、カラフトマス、シロザケ、ベニザケ、マスノスケ、ギンザケの五類であるが、前の三種で漁獲量の大部分をしめ、とくにカラフトマスが多い。サケ類はそれぞれ母川を持ち、そこで産卵する。

7.日本の医療機関で処方される医療用医薬品には 、新薬(先発医薬品)とジェネリック医薬品(後発医薬品)の2種類があります。新薬は、新しい有効成分・使い方が開発されて最初に発売される薬で、価格は高いです。

8.地球表面に達する太陽の放射エネルギー量は、低緯度(赤道域)で多く、緯度が高くなるにつれて少なくなる。赤道域で暖められ軽くなった空気は上昇して高緯度に向かって流れ、緯度二〇～三〇度付近で下降する。地表面ではこれを補うために高緯度側の冷たい空気は赤道に向かって流れ、一つの循環が形成される。この大気の南北循環をハドレー循環という。赤道に向かって大気の流れは、後に述べるような地球自転の影響を受けて、西向きの風となる。

9.食い倒れの街として知られている大阪府で外せないグルメといえば、やはりたこ焼きやお好み焼き、いか焼きなどに代表される「粉もの」。本場のたこ焼きは、外も中もふんわりとした味わいを楽しむことができ、いつでも作り立てを食べる事ができます。また、「二度漬け禁止」という言葉が有名な串カツや、ホルモン焼きやちりとり鍋など、さまざまなご当地グルメが楽しめます。

二、将下面的菜单翻译成中文。

バーのカクテルメニュー

STANDARD COCKTAIL		
マティニ	ジンベースの辛口の代表。日本と米国で一番人気。	1540円
ギムレット	ジンとライムの酸味が爽やか。	1540円
サイドカー	ブランデーベース。甘酸っぱいものの代表。	1760円
ジャックローズ	カルバドスとグレナデンシロップ、ライムの甘酸っぱいカクテル。	1540円

マルガリータ	スノースタイルで甘酸っぱいカクテル。	1320円
モッキンバード	ミントリキュールが入ったさっぱりカクテル。	1540円
ジントニック	ジンとトニックウォーターのシンプルな組み合わせ。	990円
ジンリッキー	ジンとフレッシュライムの炭酸割り。	1430円
スプモーニ	カンパリ、グレープフルーツ、トニックウォーターの爽やかなロングドリンク。	1320円
チャイナブルー	ライチリキュール、グレープフルーツ、ブルーキュラソーのカクテル。	1430円

第三章

平行文本检索

在翻译时,常常需要对自己不熟悉的学科和领域进行相关内容检索,以正确理解原文并准确表达译文。这种检索称为平行文本检索。平行文本(parallel text)原指并排放在一起、可以逐句对照阅读的原文及其译文。本章所指的平行文本则是广义上的,也包括与原文内容相近的译入语和译出语资料。

平行文本检索一般针对原文中的疑难信息进行,比如翻译该文本所必需的专业知识或背景信息等。进行平行文本检索时,常常不是以单个词语而是以多个词语的组合作为关键词,这样能更好地体现文本核心信息,更精准地找到相关资料。

平行文本对翻译的帮助是多方面的,不仅可以了解专业知识和术语,还有助于模仿其写作风格、改进表达方式。以下通过具体译例介绍其检索方法。

例1. プロ野球のキャンプ情報です。広島の日南キャンプで、ベテランの黒田博樹投手が始めてブルペンで投球練習しました。黒田投手はキャッチャーを座らせて50球を投げました。

不懂棒球的人看到这段报道可能会觉得奇怪:「キャッチャーを座らせる」是让捕手坐着吗?为什么要坐着呢?莫非这个「座る」另有他意?还有,「広島の日南キャンプ」照字面翻译是"广岛的日南集训","广岛的日南"是地名吗,是哪个球队在这里集训呢?通过检索,我们得到了出乎意料的答案。请看检索记录:

【「キャッチャーを座らせる」检索记录】

Step1. キャッチャーを座らせる/www.bing.com

キャッチャーの基本的な構え方：

（crazy-for-baseball.com/defense-theory-of-the-catcher/three-point-stance-and-how-to-hold-the-mitt）

　　显然，棒球捕手所采取的姿势是"蹲"而不是"坐"，为进一步明确该术语的规范说法，可在汉语网站加以确认。

Step2. 棒球捕手 姿势/百度：

捕手的蹲捕姿势……有两种，分别是垒上无人的"基本蹲姿"与垒上有人的"待命蹲姿"

（www.sohu.com/a/214591935_495652）

【「広島の日南キャンプ」检索记录】

Step1. 日南キャンプ/必应国际版：

宮崎県日南市で行われる広島東洋カープキャンプ

広島東洋カープ春季日南キャンプ（sports-nichinan.com/carp）

Step2. 広島東洋カープ/百度：

广岛东洋鲤鱼队（Hiroshima Toyo Carp）为日本职棒球团（百度百科）

> Step3.结论：「広島の日南キャンプ」指是广岛东洋鲤鱼队（为广岛县代表队，可简称广岛队，检索过程略）在宫崎县日南地区进行的春季集训。

显而易见，以上所举两项检索并非对某个词语的译词或义项的检索，而是对相关领域的专业知识、事件背景、文化要素等方面所进行的检索，目的在于帮助译者正确理解和准确传达原文信息。检索到的有用信息一般是与原文内容相关或相近的译入语或译出语资料。这就是平行文本检索。

译文　以下是关于职业棒球集训的报道。广岛队的日南（宫崎县）集训中，身经百战的黑田博树投手进行了赛前首次热身区（bullpen）训练。他让捕手采取蹲捕姿势，进行了50次投球练习。

> 【附：ブルペン检索记录】
> Step1.交叉检索：bullpen
> Step2."bullpen 棒球"/百度：（检索作为专业术语的译法）
> 牛棚（棒球投手上场前的热身区域）（必应词典）
> Step3."牛棚 棒球"/百度或必应国内版：
> 牛棚（bullpen）一词来自美国职棒大联盟，是球场边中继投手或救援投手下场之前热身的场地。……通常先发投手在先发前也会在牛棚做最后的热身。（百度百科：棒球场）

例2. 患者自身から採取した体細胞よりiPS細胞を樹立する技術が確立されれば、拒絶反応の無い移植用組織や臓器の作製が可能になると期待されている。ヒトES細胞の使用において懸案であった、胚盤胞を滅失することに対する倫理的問題が根本的に無いことから、再生医療の実現に向けて、世界中の注目が集まっている。（ja.wikipedia.org/wiki/人工多能性幹細胞）

这例涉及医学领域，通过初步的术语检索（见最后的"检索记录"），可大致把握原文信息，但文中画线部分有些令人费解。「滅失」

一词在辞典上的意思是：

> ほろんでなくなること。
>
> 法律で、災害によるか人の行為によるかを問わず、物がその物としての物理的存在を失うこと。

按这个释义来看，画线部分该如何理解呢？它又为何会引发伦理上的问题？要解决这些疑问，需要进行一些相关知识的检索。以下为关于「胚盤胞を減失することに対する倫理的問題」的平行文本检索记录：

Step1.胚盤胞　減失　倫理/必应国际版：

ヒトES細胞（Embryonics Stem Cell: 胚性幹細胞）とは、受精後5～7日程経過したヒト胚の一部から取り出された細胞を、特殊な条件下で培養して得られる細胞のこと。（中略）人の体のあらゆる細胞に分化する可能性（多能性）や、ほぼ無限に増殖するという高い増殖能力を持つことから、医療への応用が期待。一方、「人の生命の萌芽」であるヒト胚を減失させる、配偶子への分化を通して個体の生成にも結びつき得るという生命倫理上の問題を有するため、慎重な配慮が必要。
（ www. mhlw. go. jp/stf/shingi/2r9852000001ysu0-att/2r9852000001ysyh.pdf）

可见，这里的「胚盤胞を減失すること」实为"（为提取胚胎干细胞）将囊胚杀死并丢弃"之意。因"囊胚"是胚胎的初级阶段，可以认为是有生命的，所以这一行为涉及伦理问题。以下进一步检索，以获取更多相关知识和术语。

Step2."胚胎干细胞 囊胚 伦理"/百度：

干细胞研究的伦理问题及其争论，……主要源于胚胎干细胞的获取过程。由于获得胚胎干细胞的过程会破坏胚胎，由此引出对生命尊严和胚胎伦理地位的讨论，构成了相关研究所面对的主要伦理压力。

（baike. baidu. com/tashuo/browse/content? id＝51917f417859
fb5470672f04）

step3. 结论：通过以上检索，可以确定「胚盤胞を滅失すること
に対する倫理的問題」意思是"（因获取胚胎干细胞而）破坏胚胎
所产生的生命伦理问题"。

译文 利用患者自身体细胞培育 iPS 细胞的技术一旦确立，便有
望培养出没有排异反应的组织和脏器用于移植。而且这一方法不会
因提取人类胚胎干细胞而破坏囊胚，完全不存在生命伦理方面的问
题，所以在推动再生医学发展方面受到全世界瞩目。

【附：检索记录】
（1）IPS：诱导性多能干细胞（百度百科）
（2）胚盤胞→ blastocyst → 囊胚（交叉检索）
（3）ES 细胞：胚胎干细胞，是早期胚胎或原始性腺中分离出来的
一类细胞，它具有体外培养无限增殖、自我更新和多向分化的特
性。（百度百科）
（4）再生医療→regenerative medic→再生医学（交叉检索）

例3. 大西洋においては、プランクトン量の調査は古くから行
われている。その方法は上記のような顕微鏡を用いての細かい手
法ではなくて、ＣＰＲ（連続ブランクトン記録計）を用いる方法で
ある。ＣＰＲというのは航走中に船尾から曳航する器機で、一九
四〇年代の末から使われてきた。これはプランクトンを濾して、
繰り出される絹のガーゼに展開する方法で、動物プランクトンと
大型の植物プランクトンのバイオマスを記録することができる。
通常は定期航路を航走する商船に委託して調査し、海洋観測船の
調査がそれを補っている。

译文1 在大西洋，很早就开展了浮游生物量的调查。使用的方
法并不是之前说的那样用显微镜的那种细致手法，而是 CPR（连续浮

游生物记录计)的方法。CPR 是航行中从船尾拖带的器械,从1940年代末开始使用的。它过滤出浮游生物,铺在推出的真丝纱布上,可以记录浮游动物和大型的浮游植物的生物量。通常委托行驶定期航线的商船来调查,海洋观测船的调查起着补充作用。

这个译文的画线部分有些让人摸不着头脑,这可能是因为译者缺乏相关知识,只能照字面翻译的缘故。通过平行文本检索,可了解CPR 仪器的工作原理,使译文表达更加准确、专业:

译文2 在大西洋,很早就开展了对浮游生物量的调查。所用方法不是前述那种用显微镜进行的细致观察,而是CPR(连续浮游生物记录器)。CPR 是航行中在船尾拖曳的一种仪器,从1940年代末开始使用。它的工作原理是将水体中的浮游生物过滤到被滚轴不断送出的丝绸带上,通过这一方法来记录浮游动物和大型浮游植物的生物量。这一调查通常委托行驶定期航线的商船进行,海洋观测船的调查则起着补充作用。

> 【附:检索记录】
> "CPR　浮游生物"/百度:
> 连续浮游生物记录器(CPR)⋯⋯通过将水体中的浮游生物过滤到丝绸带上的方式来进行长距离的连续采样。丝绸带安装在CPR 内部组件上,并通过推进器、齿轮以及滚轴等部件来带动其运作。CPR 内部组件就像是一盒独立的磁带,丝绸像磁带条装入磁带盒一样被装入 CPR 内部组件。(www.oceanen-tech.com/shuishengshengwu/cpr.shtml)

由上可见,平行文本检索可帮助我们了解相关专业知识、获取术语信息、提高译文的准确性和专业性。不仅如此,平行文本还可为我们提供文体上的参考和语句仿写的范本,从而使译文表达更加规范、得体。另外,平行文本检索还能帮助我们避免一些因望文生义而造成的误译。

例4. 更年期障害:卵巣機能の低下によるエストロゲン欠乏、

特にエストラジオールの欠乏に基づくホルモンバランスの崩れにより起こる症候群です。生理不順、不眠、イライラ、不安、ホットフラッシュ、頭痛、めまい、動悸、息切れなどの症状があります。(丁海萍《实用医疗日语》)

这是一段关于更年期症状的介绍,以下是以"更年期障碍"为关键词在百度或必应(国内版)上进行的平行文本检索结果:

> 女性更年期综合征是指女性在绝经前后,由于性激素含量的减少导致的<u>一系列精神及躯体表现</u>,如自主神经功能紊乱、生殖系统萎缩等,还可能出现一系列生理和心理方面的变化,如焦虑、抑郁和睡眠障碍等。临床表现多种多样,一般可分为:……潮红、潮热、出汗、心悸、头痛、头晕……忧虑抑郁,易激动,失眠,烦躁……月经紊乱……(百度百科)
> 女性更年期综合征(climacteric syndrome)是女性在更年期由于生理和心理改变而出现的一系列临床症状。更年期妇女,由于<u>卵巢功能减退</u>,垂体功能亢进,分泌过多的促性腺激素,引起自主神经功能紊乱,从而出现一系列程度不同的症状,如月经变化、面色潮红、心悸、失眠、乏力、抑郁、多虑等。(医学百科,yixue.com/更年期综合征)

从以上平行文本中,可获得"更年期障碍"及相关症状的规范术语表达,比如"焦虑""心悸""潮热"等;还可获得一些遣词造句方面的参考,如画线部分的表达便可用于译文。

译文　更年期综合征:因卵巢功能减退引起雌激素不足、特别是雌二醇不足,造成内分泌失调从而引发的一系列精神及躯体表现。主要有月经紊乱、失眠、烦躁、焦虑、潮热、头痛、眩晕、心悸、气促等症状。

例5. マグロ類はいろいろな漁法によって漁獲される。主要な漁法は、はえ縄とまき網で、他に一本釣りやひき縄漁法がある。はえ縄漁法は、太い幹縄のところどころに浮標を付けて長い距離

を水平に張り、そこから多数の枝縄を海中に降ろし、その先についている釣鈎にサンマやイカなどの餌をつけて魚を獲るものだ。

此例讲的是金枪鱼的捕捞方法及其中「はえ縄漁法」的具体做法，翻译时可通过平行文本检索来获得相关术语及表达方式。

【检索记录】

Step1. 金枪鱼捕捞方法/必应（国内版）：

一本钓、延绳钓、围网、拖网捕捞
（www. 360doc. com/content/20/0905/18/71418057 _ 9341357 95.shtml）

围网、延绳钓、传统竿钓（Pole and Line）（www.sohu.com/a/ 322314085_315147♯）

延绳钓、围网、竿钓和曳绳钓（zhidao. baidu. com/question/ 921411843237939659.html）

Step2. 延绳钓/必应（国内版）：

延绳钓的方法，是从船上放出一根长达一百公里的干线于海中，上面隔一定间距系有支线和浮子，借助浮子的浮力使支线上的鱼饵悬浮在一定深度的水中，诱引鱼上钩，从而达到捕捞的目的。（baike.sogou.com/v70157364.htm）

译文　金枪鱼的捕捞方式多种多样，主要方法是延绳钓和围网，此外还有竿钓和拖网捕捞。延绳钓的方法，是从船上向海上水平放出一根极长的粗大的干线，上面隔一定间距系有许多支线和浮子，支线从干线向海中垂下，下端的钓钩挂上秋刀鱼或鱿鱼等饵料以捕获金枪鱼。

例6. ASEANは名目 GDPがこの10年間で2倍以上になるなど成長の著しい地域である。各国の実質 GDP 成長率は2010年以降、安定的な成長を維持している。ASEAN 事務局は、1976年2月にジャカルタ（インドネシア）に設立（現在の本部には1981年に移転）。主要業務は、ASEAN 関連条約、プロジェクト等の実施促進

及び進捗管理、各種年次報告書の作成、ASEAN 関連会議への参加、関連文書の管理、対外広報等。ASEAN 事務総長は、ASEAN 各国のアルファベット順により<u>輩出され</u>、ASEAN 首脳会議において任命される任期5年(再任不可)の閣僚級ポスト。現職は、ブルネイ出身のリム・ジョクホイ(H.E. Mr. Lim Jock Hoi)事務総長。(www.mofa.go.jp/mofaj/area/asean/page25_001325.html)

　　本例为说明性文本,介绍 ASEAN 这一机构的基本情况。翻译此类文本时,可通过平行文本检索获得专有名词、专业术语等方面的参考,并通过平行文本仿写使译文表达更加规范、得体。以下为部分检索记录。

【检索记录】

ASEAN/百度:

东南亚国家联盟,简称东盟(ASEAN)。秘书处设在印度尼西亚首都雅加达。……首脑会议是东盟最高决策机构,……东盟峰会是东盟最高决策机构,由各成员国国家元首或政府首脑组成,东盟各国轮流担任主席国。……东盟秘书长是东盟首席行政官,向东盟峰会负责,由东盟各国轮流推荐资深人士担任,任期5年。东盟秘书处设在印度尼西亚首都雅加达。现任秘书长林玉辉(Lim Jock Hoi,文莱前外交与贸易部常秘)……(百度百科)

　　参考以上平行文本检索结果,可明确许多词语的译法,如"秘书处""秘书长""首脑会议(东盟峰会)""林玉辉"等;还明确了原文中语焉不详、难以翻译的内容,如「輩出される」。不仅如此,还可为我们提供文体写作上的参考,在组织译文时,可以参考其中一些语句结构和措词,使译文更加简洁、流畅,更符合此类文本的写作规范。

　　译文 ASEAN(东盟)地区经济发展迅速,近10年来名义 GDP 增长了1倍以上。2010年以来各成员国的实际 GDP 持续稳定增长。东盟秘书处于1976年2月在印度尼西亚首都雅加达成立(1981年迁至现在的总部所在地),主要工作为促进东盟相关条约及项目等的实施、管理其进度、编制各种年度报告、参加东盟相关会议、管理相关文件、

对外宣传等。东盟秘书长为部长级行政长官，由东盟各国轮流推荐资深人士担任，经东盟首脑会议任命，任期5年（不得连任）。现任秘书长林玉辉（Lim Jock Hoi）（文莱籍）。

平行文本检索有时还能避免因望文生义而造成的错误，特别是用汉字表示的专业术语和专有名词等。

例7. 生態系サービスという用語は、近年、自然の恵みを表すためによく使われている。（中略）生態系サービスの重要性を世間に広めたのは、「国連ミレニアム生態系評価」（The Millennium Ecosystem Assessment）であろう。（中略）国連ミレニアム生態系評価は、生態系サービスを、供給サービス（provisioning services）、調節サービス（regulating services）、文化的サービス（cultural services）、基盤サービス（supporting services）の四つに区分している。（『海辺に学ぶ』第21-23页）

通过平行文本检索，我们了解到：

> 生态系统服务（ecosystem services）是指人类从生态系统获得的所有惠益，包括供给服务（如提供食物和水）、调节服务（如控制洪水和疾病）、文化服务（如精神、娱乐和文化收益）以及支持服务（如维持地球生命生存环境的养分循环）。（百度百科）

如果未经平行文本检索，可能会不假思索地按照原文的汉字表述，将生态系统服务的最后一项译成"基础服务"，事实上规范的表述应为"支持服务"，更多的检索也说明了这一点。

译文 近年来，生态系统服务这个词经常被用于表示自然的惠益。（中略）生态系统服务的重要性得以为世人所知，应归功于"联合国千年生态系统评估"（The Millennium Ecosystem Assessment）。（中略）联合国千年生态系统评估将生态系统服务分为四大类：供给服务（provisioning services）、调节服务（regulating services）、文化服务（cultural services）、支持服务（supporting services）。

　　例8. 生態学に栄養段階という言葉がある。植物プランクトンは、光合成をして水と二酸化炭素から炭水化物を作る、つまり無機物から有機物を作るので、生産者と呼ばれる。それを食べる動物ブランクトンを一次消費者、さらにそれを食べる小型魚を二次消費者というふうに呼ぶ。このようにしてエネルギーや栄養が下の段階から上の段階に移っていくが、この各段階を栄養段階という。動物を食べる二次消費者から上を、捕食者という。そしてそれが食べるものはいるがそれを食べるものがいない捕食者のグループを、栄養段階がもっとも高い捕食者という意味で、最高位捕食者という。マグロ類は最高位捕食者である。(『イワシと気候変動』第63頁)

　　这段文字是关于「栄養段階」的介绍，通过交叉检索可得到它的汉语译词"营养级"，进一步以"营养级"为关键词进行平行文本检索，可获得更多的相关术语及语句表达的参考，如以下检索记录中画线部分：

Step1. 营养级/百度：

……沿着食物链，这些能量和营养逐级传递。……营养级可分为：由无机化合物合成有机化合物的生产者，直接捕食初级生产者的初级消费者(次级生产者)；捕食初级消费者的次级消费者，以下顺次是三级消费者以及分解这些消费者尸体或排泄物的分解者等级别。(百度百科)

Step2. 最高捕食者/百度：

顶级捕食者：有的动物以捕捉另一种动物为食，前者称为捕食者，后者称为被捕食者，位于食物链最高位置的动物，称为顶级捕食者。

　　译文　生态学上有个词叫营养级。浮游植物通过光合作用将水和二氧化碳合成碳水化合物，也就是说能利用无机物合成有机物，因此被称为生产者。以浮游植物为食的浮游动物称为初级消费者，以浮游动物为食的小型鱼类称为次级消费者。就这样，能量和营养沿着食

物链逐级向上传递,这样的各个级别就叫作营养级。从以动物为食的次级消费者往上称为捕食者。有的动物只会捕食其他动物而不会被其他动物捕食,可以说位于营养级的最高位置,因而被称为顶级捕食者。金枪鱼类就是顶级捕食者。

TIPS

(1) 平行文本所含范围极广,可以是专题性文章,也可以是百科全书的词条,还可以是辞典上的释义和例句。简单地说,平行文本就是与原文内容相关或相近的参考资料。

(2) 平行文本检索主要有三点功能:①有助于准确理解原文;②有助于准确、规范地翻译专有名词和专业术语;③通过平行文本仿写,可使译文表达更加规范、得体。

课后练习

一、找出译文中不恰当或错误之处并加以修改。

1. フォーラムは、二〇〇五年に愛知県で開催された「愛・地球博」に関わったプロデューサー福井昌平さんたちが、万博終了後に環境教育を継続して行おうと立ち上げた、インタープリター、NPO法人や企業などからなる団体である。

译文 论坛是由2005年在爱知县举办的"爱·地球博览会"相关制作人福井昌平等人,在世博会结束后为了继续推行环境教育而创办的由讲解员、NPO法人和企业等组成的团体。

2. 川崎健:東北大学名誉教授,農学博士。1950年東北大学農学部水産学科卒。(中略)現在、日本科学者会議代表幹事、那珂川関係漁業協同組合協議会の設置した「那珂川の魚類・生態系影響評価委員会」委員長。著書は「浮魚資源」(恒星社厚生閣)、「魚の資源学」(大月書店)など多数。2007年「畑井メダル」受賞。

译文 川崎健:日本东北大学名誉教授,农学博士。1950年毕业于日本东北大学农学部水产学科。(中略)现任日本科学家会议代表

干事，以及那珂川渔业协同组合协议会设置的"那珂川的鱼类·生态系影响评价委员会"委员长。著书有《浮鱼资源》（恒星社厚生阁）、《鱼类资源学》（大月书店）等多部。2007年被授予"畑井奖牌"。

二、将下列内容翻译成中文。

1. システマEXハミガキ

（販売名：システマEXE）

3つの特長で歯周病を予防：

①薬用成分IPMPが歯周ポケットにひそむ歯周病プラークに浸透して徹底殺菌

②抗菌バリアで歯周ポケットに菌を寄せ付けない（IPMP＋コーティング剤）

③歯ぐきの炎症を抑える（イプシロン－アミノカプロン酸）

2. 中国配車サービス大手の滴滴出行は2020年、日本でアプリを使った食事宅配サービスを始める。人工知能（AI）を活用したタクシーの配車アプリで培ったマッチングサービスのノウハウを出前に生かす。共働きや単身世帯の増加などを背景に食事の宅配需要は伸びている。米ウーバーテクノロジーズに次ぐ海外勢の参入で出前市場の競争が激しくなりそうだ。

3. ヒトの体内でがん細胞は、栄養、酸性度（pH）、酸素濃度など様々な厳しい環境の中でも異常に増殖することが知られています。特に、栄養が限られた（栄養ストレス）環境でがん細胞は、周囲の環境から効率よく栄養を取り込むよう適応する必要があります。研究グループは乳がん細胞が栄養ストレス環境に適応し増殖するためには、LLGL2とSLC7A5の2つのタンパク質の働きによるアミノ酸「ロイシン」の細胞内取り込みが鍵となることを見出しました。さらに、LLGL2とSLC7A5の2つのタンパク質は乳がん治療の薬が効かなくなることに関連することも発見しました。

4. デジタルマンモグラフィー装置は、乳がんの早期発見に役立つ検診用の最新機器です。小さな腫瘍の陰影や微小な石灰化部分も捉える圧倒的な高画質の性能を有し、早期乳ガン発見に有用です。

5. 変質者とは、生活に対する能力及び形質の点で、常人すなわち健康者に比べ劣っていたり、あるいは変質した先天性の素質者という意味である。ゆえに変質者は、これを理由に直ちに疾病ということはできない。そこが従来、健康と疾病の中間状態と見なされているゆえんである。

6. 川崎市川崎区の多摩川河川敷で昨年2月、中学1年上村遼太さん＝当時(13)＝が殺害された事件で、傷害致死罪に問われた無職少年(18)の裁判員裁判の論告求刑公判が7日、横浜地裁(近藤宏子裁判長)で開かれ、検察側は懲役4～8年の不定期刑を求刑した。

7.このようにして南半球の低緯度帯では常時東側の気圧が高く、東から西へ向って風が吹いている。これを南東貿易風というが、この風は南米大陸沿いに海水を北に運びフンボルト海流をつくり出す。地球上を大気や海水のような流体が動くと、地球が自転しているために、北半球では進行方向に右向きに、南半球では左向きに直角に力が働くが、これをコリオリの力という。大陸の西側を赤道に向かって風が吹くと、このコリオリの力によって表面の海水が西向きに押し出され、その後に下層から冷たくて栄養に富んだ水が湧き上がる。これを湧昇流という。したがって、東側では常に西側より水温が低い。ペンギンや海獣類は通常は寒冷な高緯度域に棲息している。しかし東太平洋の低緯度地域では、赤道直下のガラパゴス諸島に、ガラパゴス・ペンギンが棲息している。カリフォルニアの海岸には、アザラシが棲みついている。

　　8. 東京オリンピック・パラリンピックの大会組織委員会が発注した各競技のテスト大会に関連する業務の入札をめぐっては、組織委員会が関与する形で電通など複数の企業が談合を行った疑いがあるとして、東京地検特捜部と公正取引委員会が独占禁止法違反の疑いで捜査を進めています。

　　容疑の対象は、テスト大会の計画立案の委託先を選ぶために2018年に実施された26件の入札で、電通など9社と1つの共同事業体が総額5億円余りで落札していましたが、組織委員会側がこれらの入札の前に作成した説明用の資料に「落札した企業が原則として本大会までの業務を受注する」という内容の記載があることが関係者への取材で分かりました。落札した企業はそれぞれ随意契約を結ぶ形で、同じ競技の本大会の運営業務なども受注し、総額はおよそ400億円に上るということです。（NHK 新闻）

第四章

学术文献检索

　　对于不熟悉的学科领域，有时仅凭词典和网络检索无法确定某些译词或表达方式是否专业、规范，这种情况下可以通过学术文献检索来确认。学术文献检索用得较多的网站有中国知网、万方数据、维普网等。高校图书馆一般都会购买这些网站的文献下载服务，从校园网登录图书馆网站，便可全文下载其中的大部分文献。

　　学术文献检索属于数据库检索，检索时以一个或多个词语的组合作为关键词进行，可根据需要设定检索的学科范围，还可进行篇名检索、篇关摘检索等。以下介绍其基本方法。

　　例1. 北極海で生じているのは、氷─アルベド・フィードバックといわれるサイクルである。温暖化が進行すると、海面を覆う氷が解けて、アルベド（太陽光線の反射率）が低下し、太陽熱が北極海に蓄えられる。夏の海氷が覆う面積は、過去三十年間に一〇年あたり八％の速度で縮小している。（中略）グリーンランドでは、氷床の縁が後退している。（中略）このようにして北極海とグリーンランドから淡水がノルディック海に流れ出すと、それが表層に広がって、図4─14に示したコンベアベルトの沈降域に蓋をする形になり、コンベアベルトが停止するおそれがある。（『イワシと気候変動』）

　　例1中有多个专有名词和专业术语需要检索。有的通过交叉检索等即可获得准确的译词，比如「北極海」「氷床」「コンベアベルト」等。也有的需要进一步确认，比如「氷─アルベド・フィードバック」等，大

体过程是：首先通过交叉检索得到两个译词，但不确定哪个更规范，在此基础上分别以二者为关键词，在中国知网上进行学术文献检索（"篇名"检索），最终确定译词。具体如下：

【检索记录】
Step1. 交叉检索：
Ice-albedo feedback 冰反照律反馈效应；冰反射率回馈
Step2. "冰反照率反馈""冰反射率回馈"/百度：
→"冰反照率反馈"使用较多
Step3. 学术文献检索：
分别以"冰反照率"和"冰反射率"为关键词，在知网上进行"篇名"检索。
冰反照率/篇名：9
冰反射率/篇名：0
Step4. 结论：译为"冰反照率"

译文 在北冰洋发生的是一种被称作冰反照率反馈（Ice-albedo feedback）的循环。随着温室效应加剧，覆盖海面的冰会融化，反照率（阳光反射率）降低，太阳的热能会积蓄在北冰洋中。过去30年间，夏季的海冰覆盖面积正以每10年8％的速度在缩小。（中略）在格陵兰岛，冰盖的边缘在后退，（中略）像这样来自北冰洋和格陵兰岛的淡水流入北欧海域，可能会在表层扩展开来，盖住图4-14所示的海洋传送带的沉降区域，造成大循环停止。

例2. 魚の探索方法についてはおおきく2つの方法があります。
ハネ群れ：カツオが餌となる小魚を探すために海深くから勢いよく浮上してくる際に海面が白く波立つ様子、または群れの上空を鳥が旋回している様子から魚群を発見する方法。
流れ物：カツオやマグロは海上に浮かぶ浮遊物の周囲に集まる習性があるので、浮遊物の周辺を探索し魚群を発見する方法。
（touyougyogyou.co.jp/kaneibussan/kaneibussan_sub30）

关于「ハネ群れ」一词,通过交叉检索和平行文本检索(step1、2)可大致明确是"(鱼群翻起的)水花",为确定有无更加专业的说法,可进一步进行学术文献检索(step3～5)。具体过程如下:

【检索记录】

Step1.ハネ群れ/必应国际版:

未检得英文译词,只检得相关解释:

これはカツオが漁場において、表層付近を遊泳している餌生物を索餌するため、表層付近まで勢いよく浮上し海面が白波立ち、カツオがはねる様子を言います。

(www.kyokuyo-suisan.co.jp/service/makiami.html)

Step2.搜索鱼群的方法/百度:

通过观察水花,亦可判断鱼群大小。鱼群的大小,直接影响海面水花的形状。因此,从水花形状上即可辨别鱼群情况……通过观察海面上海鸟、海兽的动态,也可判断出鱼群的位置。如果海鸟成群在空中盘旋不散,并且时而下降水面,说明此海域有中、上层鱼群。

(blog.sina.com.cn/s/blog_a576ab440102vxiq.html)

Step3.学术文献检索("全文"检索):

鱼群 水花/中国知网(全文):

《如何在黄海侦察起水鲐鱼群　陈忠柱》(海洋渔业1980-08-28)

相关内容摘录:

1974年后黄海鲐鱼每年产 t 在3～6万吨,其中相当部分产 t 是靠捕捞起水鱼群所获

如发现海面有太平洋磷虾(俗称眼子虾)和鳗鱼成群时,可能有鱼群起水

Step4.学术文献检索:

鱼群 起水/中国知网(全文)

《中西太平洋金枪鱼围网鲣鱼起水鱼群种群结构分析》许柳雄;王学昉;朱国平;叶旭昌;王春雷,海洋湖沼通报2010-06-15

《飞机侦察中上层鱼群的试验》水产科技情报1978-03-02

《在网围生产中，如何探测鱼群？》水产科技情报1973-04-01

Step5.结论：通过浏览上述文献，确定「ハネ群れ」可译为"鱼群起水"。

译文　搜寻鱼群的方法主要有两种：

鱼群起水：通过观察鲣鱼从海洋深处快速游向水面搜寻小鱼时在海面掀起的白色水花，或是聚集在有鱼群的海面上方盘旋不去的水鸟，来找到鱼群。

漂浮物：鲣鱼和金枪鱼有聚集在海中漂浮物周围的习性，所以可通过在漂浮物四周进行搜索来寻找鱼群。

例3．北西太平洋（赤道以北・北緯四〇度以南、東経一六〇度以西）で行われている日本の小型はえ縄漁業によるクロマグロ、ビンナガ、メバチ、キハダ四種のCPUE（一航海当たり漁獲量）の経年変動を見ると、四種とも同じ時期に、バイオマスのレジーム・シフトが生じている。ここで注目されるのは、温帯性マグロであるクロマグロ、ビンナガと熱帯性マグロであるメバチ、キハダとは、変動の方向が逆であることである。つまり、マグロ群集のシフトが起こっているのである。同じようなシフトは中央太平洋でも生じており、一九七六年と一九九八年にカツオとビンナガの加入量レベルのシフトが起こっている。（『イワシと気候変動』）

这段文字中的「加入量レベル」一词，在交叉检索和平行文本检索的基础上，通过学术文献检索最终确定了译词。具体如下：

【检索记录】

Step1. 平行文本检索：

「加入量レベル」/必应国际版：

2019年の南西諸島海域及び日本海生まれについての<u>加入量水準</u>…

（加入とは）生まれた個体が成長、生残して新たに漁業の対象に加わることをいいます。太平洋クロマグロでは、ふ化後2～3ヶ月、体長20センチメートル程度から漁業の対象となります。（www.jfa.maff.go.jp/j/press/sigen/200529_28.html）

Step2. "金枪鱼 加入量"/百度：无相关用例

Step3. 交叉检索：

"加入量レベルとは　英語"/必应国际版：加入量→recruitment（kokushi.fra.go.jp/index-1b.html（2022/10/29）

Step4. 学术文献检索：

"recruitment"/中国知网(中文,关键词检索,学科限定为"环境科学与资源利用""水产和渔业"):134条结果,例如：

龚彩霞——未来气候变化情景下西北太平洋<u>柔鱼</u>资源补充量预测

陈丽芝——健跳港上游湾区牡蛎潮间带分带格局和资源补充研究

通过对其中几篇相关度较高的文献的关键词进行英中对照,初步判断"recruitment"对应的汉语译词应为"补充量"。

Step5. "补充量水平"/中国知网(中文,全文检索,学科限定为"环境科学与资源利用""水产和渔业"):2045条结果,许多是符合本例语境的用法。

译文　从日本在太平洋西北海域(赤道以北、北纬40°以南、东经160°度以西)进行的小型延绳钓所捕获的太平洋蓝鳍金枪鱼、长鳍金枪鱼、大眼金枪鱼、黄鳍金枪鱼这四种鱼类的CPUE(单位努力渔获量)的长期变化,可以看到四种鱼类都在同一时期发生了生物量的稳态转换。这里需注意的是,太平洋蓝鳍金枪鱼、长鳍金枪鱼这两种温带性金枪鱼和大眼金枪鱼、黄鳍金枪鱼这两种热带性金枪鱼变动的方向是相反的,也就是说发生了金枪鱼种群的转换。同样的转换也发生在太平洋中部,1976年和1998年发生了鲣鱼和长鳍金枪鱼补充量水平的转换。

【附：「群集」检索记录】

Step1.「群集　英語」/必应国际版：多个译词，有指人类的，也有指其他生物的。

Step2.「群集　生物　英語」/必应国际版：

生物群集（biocoenosis）とは、ある一定区域に生息する生物種の個体群をまとめて考えるときの概念（https：//ejje.weblio.jp/content/生物群集）

Step3. Biocoenosis/百度：

biocoenosis 一般指生物群落。

生物群落：相同时间聚集在同一区域或环境内各种生物种群的集合。它虽由植物、动物、和微生物等各种生物有机体构成，但仍是一个具有一定成分和外貌比较一致的组合体。（百度百科）

从 Step3检索结果来看，"群落"是多种生物"种群"的集合，本文中的金枪鱼虽然可分多个品种，但总体来说应属于一种生物，该用"种群"还是"群落"呢？

Step4. "金枪鱼群落"/百度：→金枪鱼种群

　　例4. 一九七〇年一二月の公害国会で日本の環境行政の基礎が作られ、それから半世紀近くが過ぎた今、工場からの有害物質の排出が環境問題にまで発展することはめったにない。だが、油濁事故、磯焼け、海岸侵食、海岸ゴミ、さらには原子力施設からの放射性物質……と海の環境問題が尽きることはない。（『海辺に学ぶ』第11页）

　　这例中「磯焼け」一词通过交叉检索（Step2、3）可获得几个译词，但哪个符合语境，需要通过平行文本检索（Step4、5）来确认。确认发现，这些译词都不符合该词在日语中的定义（见 Step1）。

　　Step6转换思路，从「磯焼け」在日语中的定义推断该词应为日本独有，于是分别以"矶烧"和"isoyake"为关键词进行检索，检得几个英文译词。Step7以这些英文译词为关键词进一步交叉检索，得到中文译词"海藻森林枯竭"，但无法确定是否准确、规范（Step8）。

Step9～11转入学术文献检索，通过浏览相关论文内容，找到对应的译词并加以确认。

【检索记录】

Step1.「磯焼け」/必应国际版：

　磯の水質の激変によって，そこに生えている海藻が生理機能を失った結果枯れてしまい，海底の岩礁が広く露出して焼け野原のようになる現象で…（コトバンク）

　浅海域に生えているコンブやワカメ、その他多くの種類の海藻が減少し、サンゴモ（石灰藻）と呼ばれる、うすいピンク色をした硬い殻のような海藻が、海底の岩の表面を覆いつくした状態を「磯焼け」と言う。（www.eic.or.jp/ecoterm/?act＝view&serial＝2909）

　磯焼けという言葉はもともと伊豆半島の方言で、大型の海藻の大部分が沿岸の一部で枯れてしまいウニやアワビなどの漁獲量が激減することを意味します。磯焼けは北海道から沖縄県まで太平洋岸から日本海岸を問わず日本各地で起こり、その見た目から英語では「海の砂漠」と呼ばれます。（mikata.shingaku.mynavi.jp/article/3613）

Step2.「磯焼け　英語」/必应国际版：

rocky-shore denudation；sea desertification；

Step3.

"rocky-shore denudation"/百度：岩石海岸剥蚀

"sea desertification"/百度：海洋沙漠化

Step4."海岸剥蚀"/百度：

海岸侵蚀灾害是指海岸在海洋动力作用下，沿岸供砂少于沿岸失砂而引起的海岸后退的破坏性过程。（百度百科）

Step5."海洋沙漠化"/百度：

①海洋沙漠化效应是指由于漏油在海面扩展成油膜，抑制海水的蒸发，阻碍潜热的转移，从而引起海水温度和海面气温的上升；同时，由于水分蒸发受阻，海面上的空气也变得干燥，失去对气候的调节作用，形成类似于沙漠气候的特征，因此被人们称为"海洋沙漠化效应"。

人类以各种方式向海洋中排放大量石油，并使海洋表面漂浮一层很厚的油层所产生的。该油层可以强烈吸收太阳辐射，使自己本身强烈增温，抑制氧气的溶解和海水的蒸发，阻止上下层海水之间热量的交换，导致了海洋上的油层表面像沙漠一样炎热而干燥，人们把这种现象称为海洋沙漠化效应。海洋沙漠化可使海洋水生生物因为得不到氧气而大量死亡，使沿岸地区气候变得更加炎热干燥，干旱面积将会扩大。（百度百科）

②人们常说的海洋荒漠化有广义和狭义两种。广义的海洋荒漠化是指由于海洋开发无度、管理无序、酷渔滥捕和海洋污染范围扩大，使渔业资源减少，赤潮等危害不断，海洋出现了类似于荒漠的现象。狭义的海洋荒漠化是指由于海洋石油污染形成的油膜抑制海水的蒸发，使海上空气变得干燥，使海洋失去调节气温的作用，产生"海洋沙漠化效应"。

（fangtan.china.com.cn/zhuanti/2017-09/03/content_415231 40.htm）

从上述内容来看，"海洋沙漠化"在广义上也包括「磯焼け」的情况，但不仅是这一种情况，而且一般是指石油污染所致的一种现象，

与本文语境不符。

Step6.从前面的检索发现,该词可能是日本独创的(「磯焼けという言葉はもともと伊豆半島の方言で」),所以可试着以此为关键词直接进行学术文献检索。

分别以"磯焼け"和"isoyake"为关键词进行全文检索,前者无果,后者有9项链接。对其中几篇从标题来看相关度较高的论文全文下载后,找到其中相关部分加以分析,具体如下:

(1)博士论文《海洋酸化背景下经济海藻龙须菜与坛紫菜的生物学特性》,从目录寻找相关章节浏览后,未找到相关内容,转存为"TXT"格式后,搜索"isoyake",发现是在注释中,并无对应的中文译词。

(2)硕士论文《不同保护强度对南麂列岛潮间带大型底栖藻类生物多样性的影响》(伍尔魏,浙江海洋大学硕士论文2019年5月),篇幅较短,从目录寻找相关章节浏览后,找到了相关内容:

在南麂列岛海域,食藻动物的增多也是导致海藻场衰退的原因。近年来,紫海胆(Heliocidaris crassispina)的数量十分惊人,它们需要摄食的大量的藻类,而且它们啃食藻类的根部会导致整个藻体流失。通常海胆大量出现的地方,周围几乎没有大型海藻,出现秃礁现象(日语叫矶烧 Isoyake)。

这篇论文中「磯焼け」的译词是"秃礁现象",原因在于海胆啃食造成的海藻流失,与语境是否相符,需进一步确认。在必应国际版再次检索「磯焼け」,发现这确实是原因之一,与语境相符:

磯焼けの引き金となる海藻の消失原因としては、海流の変化、藻食動物(ウニなど)による食害、大量の河川水の流入、海岸の環境汚染等による海水の濁りがもたらす海藻の光合成作用障害など様々な要因が指摘されているが、これまでのところそのメカニズムは解明されていない。(www.eic.or.jp/ecoterm/?act=view&serial=2909)

（3）《海藻场生态系统及其工程学研究进展》（章守宇），论文较短，大致浏览发现 isoyake 与第一篇一样出现在注释中，而文中相应的表达为"海藻场衰退"。

Step7. 综合以上检索结果，Step6（2）的译法最为直观、准确，可作为译词。

译文　1970年12月召开的"公害国会（注）"建立了日本环境施政方针的基础，在近半个世纪后的今天，工厂排出的有害物质已经极少发展至环境问题。但是，石油污染事故、秃礁现象（日语称"磯烧"，isoyake）、海岸侵蚀、海岸垃圾，乃至原子能设施排放的放射性物质等等，海洋环境问题层出不穷。

（注：此次临时国会对公害问题相关法令做出了根本性完善，因而被称作"公害国会"。）

TIPS

通过一般检索手段无法确定译词的专业术语等，可通过学术文献检索来确定其准确性和规范性。当然，如果有条件查阅相关专业的翻译词典或请教专业人士，则更加事半功倍。除此之外，还可通过相关专业网站检索来获得相关知识或译词。实在找不到的，可以参考例4检索记录 Step6（2）的译法，照抄原文汉字并注上罗马拼音。

第五章

回译与原文错误的处理

回译(back translation)狭义上指这样一种训练方法:将一篇文本译为外语后,再将其译回原语,然后将最后的译文与原文本相对照,分析其中的问题点与差异。作为一种翻译训练方法,回译可使译者对两种语言在词、句、语篇等各个层次上的差异有直观而深入的认识,有效促进译者的双语能力和实际翻译能力的提高。

本章所说的,则是更加广义上的回译,不仅仅是语言上的"原文复现",更涉及语言背后的文化。

一、回译

先来看两个译界典故。

安东尼·吉登斯(Anthony Giddens)的名著《民族——国家与暴力》由胡宗泽和赵立涛翻译,王铭铭校对,生活·读书·新知三联书店1998年5月出版。此书中有如下一段文字:

门修斯(Mencius)的格言"普天之下只有一个太阳,居于民众之上的也只有一个帝王",可以适用于所有大型帝国所建立的界域。

乍一看"门修斯",以为又是国人很陌生的一位外国大师级学者。译、校者显然不知 Mencius 即中国先秦思想家孟子。而所谓"格言",即"天无二日,民无二王",实出自孔子之口。

某网站上，署名为"高山杉"的网友以一篇题为《"门修斯"之后又见"常凯申"》的批评文章再度"炮轰"中国学界。文章指出中央编译出版社2008年10月出版的清华大学历史系副主任王奇所著《中俄国界东段学术史研究：中国、俄国、西方学者视野中的中俄国界东段问题》一书中几十处名字谬误，其中费正清、林同济、夏济安等学术名人纷纷被误译为"费尔班德""林 T.C""赫萨"等让人摸不着头脑的"洋名"，而最为荒唐的是，蒋介石（Chiang Kai-shek）也被改名为"常凯申"，引起网上一片哗然。"高山杉"不禁质疑作者和出版方："是不是太不珍惜清华大学和中央编译出版社的招牌了？"

以上内容摘自"百度百科"词条"常凯申"和"门修斯"，这两个"经典"错译的原因便在于未加检索，未能回译。

所谓回译（back translation），是将已经翻译成其他语言的文本再译回源语的过程。其中专有名词的回译是一个重要部分，如人名、地名、作品名、官职头衔名等。此外还包括引用的作品内容、讲话内容等。

就日译汉而言，回译主要包括两种：一是将原文中来自汉语的词句再译回汉语；二是将来自英语等第三国语言的词句译为汉语。第二种情况一般使用交叉检索的方法进行，即先将其译回源语，再根据源语来检索中文译名，已有定译的依照定译，尚无定译的可自译。

（一）源语为汉语的情况

例1. 『ラヴソング』は、1996年制作の香港映画。中国の人々に今でも愛されるテレサ・テンの数々の曲を背景に、中国大陸から香港に渡った男女の10年にわたる恋愛を描いた恋愛映画である。1997年の香港電影金像奨では最優秀作品賞、最優秀監督賞（ピーター・チャン）、最優秀主演女優賞（マギー・チャン）、最優秀助演男優賞（エリック・ツァン）など9部門を、また1997年台湾金馬奨でも最優秀作品賞、最優秀主演女優賞（マギー・チャン）を、それぞれ受賞した。

这是一段关于中国电影「ラブソング」的介绍，其中提到的电影名、演员名和奖项名都译自汉语，翻译时需回译才能让读者看懂，否

则就会闹出像"常凯申"和"门修斯"那样的笑话。通过交叉检索（Step1）可轻松检得影片的原名；进一步的平行文本检索（Step2）可帮助我们了解影片内容，有助于更准确地组织译文；Step3的平行文本检索更有针对性，可以找到更多的相关用语和专有名词。

译文 《甜蜜蜜》是1996年拍摄的一部香港影片，讲述了从内地来到香港的一对男女之间跨越10个年头的爱情故事。片中主题曲及多首插曲均由至今仍广受中国人喜爱的邓丽君演唱。该片获得1997年香港电影金像奖的最佳影片、最佳导演（陈可辛）、最佳女主角（张曼玉）、最佳男配角（曾志伟）等9个奖项，还获得1997年台湾金马奖的最佳影片奖、最佳女主角奖（张曼玉）等。

【附：检索记录】

Step1. ラブソング 香港映画/必应国际版：

原题：甜蜜蜜（ラヴソング（映画）-Wikipedia）

Step2. 甜蜜蜜 香港电影/百度：（内容略）

Step3. 甜蜜蜜 香港电影金像奖/ 百度：

最佳电影	《甜蜜蜜》
最佳导演	陈可辛《甜蜜蜜》
最佳女主角	张曼玉《甜蜜蜜》
最佳男配角	曾志伟《甜蜜蜜》

　　例2. マカオ特別行政区政府と珠海人民政府は22日、「マカオタワー」と珠海横琴金融島が向かい合った海上で「マカオ祖国復帰20周年祝賀花火の饗宴」を開催し、30分間で16万発の花火が打ち上げられた。花火の演目は「美しき中国で団らんを祝う」「歳月は歌の如くマカオとの約束」「マカオと珠海は一家、親近の情深し」および「互いに助け合い、共に大湾区（Greater Bay Aria）の建設を」の4章で構成された。（雅虎日本新闻）

　　这是一篇关于庆祝澳门回归的烟花表演的报道，显然是根据中

国的报道整理、翻译而成。翻译时要注意将其中的专有名词等回译成汉语。以下为平行文本检索记录。

> 【检索记录】
> 澳门回归祖国20周年 庆祝 烟花/百度：
> (1)"庆祝澳门回归祖国20周年澳珠烟花汇演"12月22日晚9时在澳门旅游塔和珠海横琴金融岛对出海面举行,这是澳门与珠海首次联合举行烟花汇演。
> (baijiahao.baidu.com/s?id＝1653631482084711895&wfr＝spider&for＝pc)
> (2)12月22日晚9时,澳珠两地在澳门旅游塔及珠海横琴金融岛对出海面首次联合举办烟花汇演活动,共同庆祝澳门回归祖国20周年。16万发壮美礼花竞相绽放,与澳珠两地的璀璨灯火交织辉映,擘画了一幅生机盎然的盛世美景。(中略)本次烟花汇演时长为30分钟,分为"美丽中国、欢庆家园""岁月如歌、相约澳门""澳珠一家、邻里情深""守望相助、共建湾区"4个篇章。演出期间,在澳门西湾大桥两旁各设一个烟花燃放点,每个燃放点布置2艘大泊船及8个特效燃放平台,全场演出共计燃放各类烟花数量约160000发。
> (difang.gmw.cn/gd/2019-12/23/content_33427012.htm)

　　从以上检索结果中,我们不仅得到了相关专有名词原本的说法,还可以仿写一些词句,使译文更加准确、流畅,更符合汉语新闻报道的文体特点。比如给时间状语"12月22日"加上一个"晚"字,变成"12月22日晚",并将其置于句首;再如"对出海面""本次烟花汇演时长为30分钟""共计燃放各类烟花数量约160000发"等语句,都可以借用。

　　译文　12月22日晚,澳门特别行政区政府与珠海人民政府在澳门旅游塔和珠海横琴金融岛对出海面联合举行"庆祝澳门回归祖国20周年澳珠烟花汇演"。本次汇演时长30分钟,共计燃放各类烟花16万发。演出由"美丽中国、欢庆家园""岁月如歌、相约澳门""澳珠一家、邻里情深""守望相助、共建湾区"4个篇章构成。

例3. 伍家崗長江大橋は国務院による「長江経済ベルト総合立体交通回廊計画」の一環で、湖北省で19本の長江を渡る交通路の一つ。絶滅危惧種のカラチョウザメ自然保護区にあたり、ヨウスコウイルカやえんじ魚などの生息地でもある。長江の希少生物やその多様性を守りながら、距離1160メートル、幅33メートルの六車線道路の橋を架けるために、つり橋型にし、川にまず先導ロープをかけて空中で工事を行う施工法を採用した。この建設法はつり橋上層部を先につくり、その後に橋の部分をつくるというこれまでの工法の発想を逆転させたもので、中建三局が自主知財権をもつ「空中建」機技術を使用している。(www.afpbb.com/articles/-/3262976)

本例也是关于中国的报道,素材来自中国,其中引用的专有名词和术语等需要回译。通过平行文本检索,可以找到许多参考资料:

【检索记录】
伍家岗长江大桥 长江经济 综合立体/百度:
(1)传统的悬索桥钢箱梁施工中,一般为吊装完成后再进行焊接工作。伍家岗大桥为了最大限度提高效率,创新开展了焊接与吊装同步实施的特殊工艺……据了解,宜昌伍家岗长江大桥项目地处长江中华鲟自然保护区缓冲区,以及江豚、胭脂鱼活动密集区,为保护长江珍稀生物及生物多样性,大桥主桥采用了主跨1160米悬索桥一跨过江的方案,并按城市快速路、双向六车道标准设计建造。
(baijiahao. baidu. com/s? id = 1689233315210141268&wfr = spider&for=pc)
(2)伍家岗长江大桥……为主跨1160米的一跨过江悬索桥。……大桥建设过程中,中建三局研发使用了全球首创的"桥梁造塔机"。……建设过程中,项目创造性地提出主桥钢箱梁两两焊接技术;先在地面把钢箱梁"合二为一"焊接起来,再将30米长的组合体吊升至桥面,依次边吊装边焊接……宜昌伍家岗长江大桥是国务院确定的《长江经济带综合立体交通走廊规划》中湖北省19条过江通道之一……(中建三局供稿)

（www.cscec.com.cn/xwzx_new/zqydt_new/202108/3374452.
html）

　　通过以上检索,可明确原文中一些专有名词和术语的回译方法。
若仍有不明之处,应在此基础上进一步检索(参见后附检索记录),以
解决疑惑、准确传达原文信息。

　　译文　伍家岗长江大桥是国务院制定的"长江经济带综合立体
交通走廊规划"中湖北省19条过江通道之一,该项目地处长江中华鲟
自然保护区缓冲区以及江豚、胭脂鱼活动密集区,为保护长江珍稀生
物及生物多样性,大桥主桥采用了悬索桥一跨过江的方案,通过先在
江上架设导索、然后在空中进行施工的方法来建造这座长1160米、宽
33米的六车道大桥。这一施工方法颠覆了以往先完成悬索桥上部结
构、再进行桥面系施工的思路,使用了中建三局自主研发的"桥梁造
塔机"技术。

【附:检索记录】
悬索桥施工/百度:
悬索桥施工一般包括以下四大步骤:
(前略)(3)上部结构安装。即缆索系统安装,包括主、散索鞍安
装,先导索施工,猫道架设,主缆架设,紧缆,索夹安装,吊索安
装,主缆缠丝防护等。(4)桥面系施工。即加劲梁和桥面系施工,
包括加劲梁节段安装,工地连接,桥面铺装,桥面系及附属工程
施工,机电工程等。(baijiahao. baidu. com/s? id ＝
16941719565521 15641&wfr＝spider&for＝p)

　　例4.「香港の戦い」開戦の12月8日からイギリス軍が降伏した
25日までの間に、香港の各所で日本軍による残虐行為があったこ
とは、生存者の証言や戦後の国際軍事裁判、関係各国の調査、多
数の研究者の調査研究などで明らかになっている。中でもイギリ

ス軍が降伏した「黒いクリスマス」の日に<u>聖スティーブンス中・高等学校</u>で起きた虐殺・強姦事件は、最も残忍な事件の一つとして戦後、国際社会で広く知られるところとなった。香港島最南端の<u>スタンレー地区</u>にあったこの学校は、開戦直前に野戦病院となっていた。香港東北部からの日本軍の猛攻勢によって、イギリス軍は南部へ後退を迫られ、やがて戦闘は病院近辺にまで及んだ。（『チェリー・イングラム』第165-166頁）

　　这例中划线的两处地名需回译。香港的地名和建筑名由于历史原因，多有中英文两种表记，回译时最好将两种表记都写出。检索方法为交叉检索，此处不做赘述。

　　译文　从12月8日"香港之战"开始到25日英军投降，这期间日军在香港各处犯下了种种残酷的罪行，这一点已通过幸存者的证言、战后的国际军事审判、相关各国的调查以及众多研究者的调查研究等得到明确。这其中尤以英军投降的"黑色圣诞节"那天发生在<u>圣士提反书院</u>（St Stephen's College）（注：香港最大的中学）的屠杀和强奸事件，作为最残忍的事件之一在战后广泛为国际社会所知。这所位于香港岛最南端<u>赤柱</u>（Stanley）地区的学校，在即将开战时成为野战医院。随着日军从香港岛北部发起猛攻，英军被迫向南部撤退，不久战斗便打到了医院附近。

　　例5. 世界はかつての垂直分業から途上国も加速度的にグローバルバリューチェーンの競争に加わるという水平的分業の時代に変わってきている。それだけに、「　帯　路」にこめられた、共に支え合い、共に力を発揮して、共に繁栄を享受するという思想こそが21世紀の新たな世界秩序となるべき思考であり戦略である。（人民中国訓練営：「新時代の特色ある社会主義」と世界）

　　译文1　世界正从以往的垂直分工进入水平化分工的时代，发展中国家也在以加速度加入全球价值链的竞争。正因如此，我认为"一带一路"中所包含的互相支持、共同努力、共享繁荣的思想正是构建21世纪世界新秩序所需要的理念和战略。

此例节选自原 NHK 主播木村知义在中国共产党建党一百周年之际写下的一篇文章。文中引用了"一带一路"的理念这一中国要素。"一带一路"的核心理念是"共商、共建、共享",检索发现我国的外宣翻译一般将其译为「ともに話し合い、ともに建設し、ともに分かち合う」,与这篇原文中的表述略有差异。但通过检索可以确定,"一带一路"并无其他的核心理念,所以可以判断,原文中的表述是原文作者站在日本人的角度对这一理念做出的解读,翻译时应加以回译。

译文2 当今发展中国家正在飞速加入全球价值链的竞争,世界从过去的垂直型分工逐渐转变为水平型分工。正因如此,"一带一路"所包含的共商、共建、共享理念,才是符合21世纪新时代世界秩序的思考和战略。

(二) 源语是第三国语言的情况

源语为第三国语言的专有名词等有些以片假名表记,有些则以汉字或平假名表记,本章要介绍的是后者,即以非外来语形式表记的专有名词等。这种情况严格地说并非单纯的回译,但其中也包含了译回源语的过程,而且学习者常常会因这些词语并非外来语而忽视检索,想当然地将其直接作为日本专有名词来翻译,所以有必要专门列出讲解。

例6. 人工甘味料アスパルテームはヒトに対して発がん性がある可能性があるものの、定められた許容摂取量を守れば安全性は保たれる——。世界保健機関(WHO)傘下の国際がん研究機関(ＩＡＲＣ)や、WHOと国連食糧農業機関(ＦＡＯ)の合同食品添加物専門家会議(ＪＥＣＦＡ)がそれぞれ示した最新の見解を踏まえると、こうした結論が得られる。(雅虎日本新闻)

这段报道中提到的几个国际机构名称源语均为英语,它们在汉语和日语中的译名有所不同。翻译时需通过交叉检索先找到其原名,再根据原名确定其对应的汉语译名。

译文 人工甜味剂阿斯巴甜对人体有潜在致癌性,但如果遵守

规定的每日允许摄入量,仍然是安全的。根据世界卫生组织(WHO)下属的国际癌症研究机构(IARC)以及 WHO 和联合国粮农组织(FAO)下属的食品添加剂联合专家委员会(JECFA)的最新研究结果,可得出这一结论。

例7. スペイン科学研究高等会議(CSIC)は25日、H5型高病原性鳥インフルエンザが南極大陸本土で初めて確認されたと明らかにした。同大陸に生息するペンギンへの感染リスクも出ている。

(雅虎日本新闻)

与上例一样,此例中画线的两个专有名词也源于第三国语言,需检索并回译。

译文 25日,西班牙国家研究委员会(CSIC)首次确认南极大陆出现 H5型高致病性禽流感病毒,南极大陆上栖息的企鹅也面临感染的风险。

例8. ビジネスの危機や困難な事態に直面したとき、とるべき心構えについて、デール・カーネギーは、その著書『道は開ける』(創元社)の中で、こう書いている。(中略)これを転機として、最悪の事態を少しでも好転できるように、冷静に自分の時間とエネルギーを集中させること。(岡本常男『心の危機管理術』)

译文1 面临商业的危机和困难的情况时,应具有哪些精神准备呢?卡耐基就此问题在他的著作《打开通途》(创元社)中,是这样写的。(中略)以此为转机,冷静地集中自己的时间和精力,尽力使最坏的事态能向好的方面转换。(潘金生、潘钧《顺应自然的生存哲学》)

这个译文乍一看似乎没什么问题,但细看之下就会发现有个该回译的地方没有回译,而是直接从日语翻译的,那便是『道は開ける』这个书名。其作者卡耐基的作品曾被译成多国文字,长期热销,我们需要检索一下它的中文译名,而非简单地将日译名转译成中文。

译文2 面临商务危机和困难事态时,应采取怎样的心态呢?卡耐基就此问题在其著作《人性的优点》中这样写道:(中略)以此为转

机,冷静地集中自己的时间和精力,尽力使最坏的事态有所好转。

【附:检索记录】

Step1:カーネギー　道は開ける/so-net:

该书英文名为 How to stop worring and start living

Step2:How to stop worring and start living/百度:

中文译名《人性的优点》

例9. 米国の経営学者ピーター・センゲは、著書『学習する組織（注）』の中で、私たちにとって最善の学習は経験を通じた学習だが、最も重要な意思決定がもたらす結果を直接経験できない、と述べた。確かに、私たちは未来を経験することはできない。だが、過去の、誰かの体験を今に生きる人々が共有し、そのコンフリクトの擬似体験を通して学ぶことはできる。ケース・メソッドはそういう方法である。

（注:　ピーター・M・センゲ著,　枝廣淳子・小田理一郎・中小路佳代子訳（2011）『学習する組織』,　英治出版,　東京.　)（『海辺に学ぶ』第133页）

译文1 美国管理学者彼得·圣吉在他的《学习型组织》一书中说,对我们来说最好的学习是通过经验,但我们无法直接体验我们最重要的决定的后果。当然,我们无法体验未来。然而,我们可以通过与生活在当下的人们分享别人过去的经验,以及通过模拟该冲突的经验来学习。案例法就是这样一种方法。

与例8一样,这段原文中提到的著作需检索确定是否有中文译本,若有,则应使用其中文译名。

译文2 美国管理学家彼得·圣吉（Peter Senge）在他的《第五项修炼》一书中说,对我们来说最好的学习方法是通过体验来学习,但我们无法直接体验最重要的那个步骤——决策——所带来的结果。的确,我们无法体验未来,但我们可以分享别人过去的经验,并通过对相关冲突的模拟体验来进行学习。案例法就是这样一种方法。

例10.「ジャポニズム」が起きると、浮世絵に大きな影響を受けたゴッホやモネ、ロートレックらが、絵画に富士山や桜を描くようになり、「富士山」「桜」という言葉が知られるようになる。そして19世紀末から20世紀初めにかけて、西洋人訪問者による日本紹介記が相次いで出版され、日本の桜の美しさが記述されるようになったことから、桜への関心は飛躍的に高まる。中でも、ラフカディオ・ハーン（小泉八雲、1850-1904）が1894年に書いた『知られぬ日本の面影』の桜の描写は、西洋人の持つ「サクラ」のイメージに、大きな影響を与えた。（『チェリー・イングラム』第30頁）

小泉八云这个名字在日本文化史上可谓影响深远，但他其实是个英国人，只是后来归化了日本。他的作品也都是以英文撰写，再译为日语和其他语言的。与上面两例一样，要注意检索并回译。

译文 "日本主义"兴起后，一些受到浮世绘巨大影响的画家，如凡高、莫奈、土鲁斯-劳特累克（Henri de Toulouse-Lautrec）等，开始在他们的画作中描绘富士山和樱花，"Fuji Mountain""sakura"等词语逐渐为西方人所知。并且从19世纪末到20世纪初，一些到过日本的西洋人介绍日本的书籍相继出版，其中开始有了关于日本樱花之美的描述，这使得西方对于樱花的兴趣迅速高涨。其中，拉夫卡迪奥·赫恩（小泉八云，1850—1904）于1894年创作的《稀奇日本瞥见记》（Glimpses of Unfamiliar Japan）中对于樱花的描写，对西方人心目中的"樱花"形象影响尤为巨大。

【附：检索记录】

通过交叉检索，检得其原名为 Glimpses of Unfamiliar Japan，对应的汉语译名有以下三个，均为公开出版的译本。这三个译名中选择任何一个使用均可，但要注意务必注上英文原名，以便读者查证。

稀奇日本瞥见记,(《怪谈》),小泉八云,捧读文化出品,沈阳出版社2019年11月

陌生日本的一瞥,王延庆,乐小燕译. 万卷出版公司2020年12月

日本魅影,邵文实 译,鹭江出版社2011年10月

例11. 日本で商品経済が盛んになった元禄年間になぜそのような事態が生じたのだろうか。それは決して日本の元禄だけのことではなく世界普遍の——それこそグローバルな——原理的背景を持っていた。フランスのアナール派に属する歴史学者ブローデルは、大著①『物質文明・経済・資本主義』の中でこう論じている。

②貨幣は、交換を増大させる働きを持つので、つねに不足する。(中略)悪貨は長期的に見れば良貨を駆逐する。そして蓄財という深淵が常に口を開いている。この事態に対する解決法は、ほかの商品がそれに自らの姿を映しそれで自らを図る商品としての貨幣に勝るものを作り出すこと、記号としての貨幣を作り出すことである。(③「交換のはたらき」1)(『花の忠臣蔵』第27-28頁)

译文1 在日本商品经济蓬勃发展的元禄年间为何会出现这种情况呢?其实这并非日本元禄政府一家的情况,而是以放之四海而皆准——真正是全球化——的普遍性法则为背景的。法国年鉴学派(École des Annales)历史学家费尔南·布罗代尔(Fernand Braudel)在其大作《15至18世纪的物质文明、经济和资本主义》中这样论述道:

货币具有扩大交换的功能,因而总是处于不足状态。(中略)劣币从长期来看会驱逐良币,而且蓄财是无止境的。要解决这一事态,方法是制造出一种更加优越的、作为价值符号的货币,能胜过现在这种作为商品的、可与其他商品对比并衡量出后者价值的货币。(第一卷《形形色色的交换》)

此例中画线的①为第三国作品名,②为其内容引用,③为引文具体出处。译文1对①和③进行了回译,但引文部分却是自己译的。对于这类学术性著作或经典名著,严谨的做法是引文部分也按照中译本翻译:

译文2 在日本商品经济蓬勃发展的元禄年间为何会出现这种情况呢?其实这并非日本元禄时期独有的情况,而是以放之四海而皆准——这才是全球化——的普遍性法则为背景的。法国年鉴学派(École des Annales)历史学家费尔南·布罗代尔(Fernand Braudel)在其大作《15至18世纪的物质文明、经济和资本主义》中这样论述道:

作为交换的乘数,货币历来显得太少:贵金属破产量不敷应用,劣币陆续驱逐良币,积蓄更是一个无底洞。解决的办法最好是创造一种商品货币,充当衡量其他货币的镜子和反应其他货币的符号。(第二卷《形形色色的交换》)(注1,注2)

注1:这段引文出自第二卷,原文误作第一卷。

注2:译文引自费尔南·布罗代尔《15至18世纪的物质文明、经济和资本主义》,顾良、施康强译,商务印书馆,2017,第113页。

最后来看两个特殊的例子。

例12. この異人の男は、エンゲルベルト・ケンペルというドイツ人である。後に、その一部が「鎖国論」という名前で日本では有名になる『日本誌』の著者として知られる博物学者・旅行者だといえば読者もご存知だろう。(『花の忠臣蔵』第11页)

译文 这名外国男子名叫恩格尔伯特·肯贝尔(Engelbert Kaempher),来自德国,是一位博物学家兼旅行家。如果说到在日本颇有名气的《锁国论》,诸位应该不陌生吧。《锁国论》正是出自他所著的《日本志》一书。

这个译文问题出在哪里呢?注意这个「異人」是德国人,所以名字也要按德语的发音来翻译。而译文的"恩格尔伯特·肯贝尔"是按英语的发音译的。如果该人物并不著名,网络辞典上给出的中文译名一般都是按英语发音来的,这种情况下,若是需要严谨地翻译,需使用专业翻译辞典,如《世界人名翻译大辞典》《德语人名译名手册》等进行检索。正确的译名应为"恩格尔伯特·坎普福尔(Engelbert Kaempher)"。当然,如果已有约定俗成的译名,则遵照该译名即可,

无须考虑语种问题。

　　例13. 荻生徂徕の高弟、太宰春台の作と信じられている『三王外記』には、日光東照宮の参詣の予算が足りませんといわれた綱吉の反応がこう書かれている（原文はキマジメな四角四面の漢文体で書かれているから、綱吉の幼児退行的言動とのチグハグさが猛烈におかしい。）

　　綱吉は泣きながら言った。

　　「余は将軍であるのに、たった二、三日の旅もできないのか。将軍であったって、なんにもならないじゃないか。

　　すっかり落ち込んでしまって、食事もノドを通らない。老中も側用人も諸有司もみなたいへん心配した。

　　そこへ勘定奉行の萩原重秀が進み出て言うには、

　　「国中で使われている小判の数はもう限度に達しています。これ以上は増やせません。他の金属を混ぜ合わせていろいろな貨幣を造るのが一番いいでしょう。原材料を増やさずに小判を何倍にもできます。これが最良の便法かと存じます」（『花の忠臣蔵』第28-29頁）

　　译文1 《三王外记》（据信由荻生徂徕的高足太宰春台所著）中这样描述了纲吉想去日光东照宫参拜，却被告知预算不足时的反应（原文用的是严肃庄重的汉文体，与纲吉幼儿般幼稚可笑的言行形成强烈反差，极富喜剧效果）：

　　纲吉边哭边道：

　　"我身为将军，却连想去旅行个两三天都不成吗？那做将军还有什么意思！"

　　将军郁郁不乐，饭也吃不下去。老中、侧用人以及文武百官都十分担忧。

　　这时勘定奉行荻原重秀上前说道：

　　"全国所使用的小判数量已达极限，不能再增加了。向其中掺入其他金属来造出大量货币可能是最好的办法。这样便可以不必增加

原材料而使小判数量增加数倍。我想这是最佳的捷径了吧。"(《花之忠臣藏》第27页)

这例引用了日本古籍《三王外纪》中的一则故事,并说明该古籍用的是汉文体,与故事主角德川纲吉的幼稚言行形成强烈反差和喜剧效果,但接下来并未直接引用这段汉文,而是将其改写成了白话日语,这可能是考虑到受众的汉文阅读能力的缘故。把它译成汉语时,考虑到该书是严谨的学术著作,而且其受众即中国读者普遍具有一定的文言阅读能力,为更好地呈现其喜剧效果,最好能按照史料进行回译。不过这种古籍年代久远,多数已无纸质本流传于世,检索起来有一定难度。以下为根据日本国立国会图书馆馆藏的扫描件回译后的译文。

译文2 （前略）

王泣曰:吾有海内而不得有数日之行,焉用王为?因减欲食,弗乐。列相及侍中诸大臣皆病之。时忍侯正武为计相,召大农度支官长以下而问足用之术焉。大农获原直秀对曰:海内见行世币,既有其数,不可遽殖,莫如和剂他物以为货币,无取益于原材而其数倍,故为之便矣。

【附:检索记录】

Step1.「三王外記」/dl.ndl.go.jp:

三王外記　上

三王外記　下

（dl. ndl. go. jp/search/scarchResult? featureCode ＝ all&search Word＝% E4% B8% 89% E7% 8E% 8B% E5% A4% 96% E8% A8% 9&&fulltext＝1&viewRestricted＝0）

Step2. 点击 step1最后的网址,进入『三王外記』内容浏览,也可下载后浏览,找到与原文对应的内容并记录下来。以下为该书页面截屏。

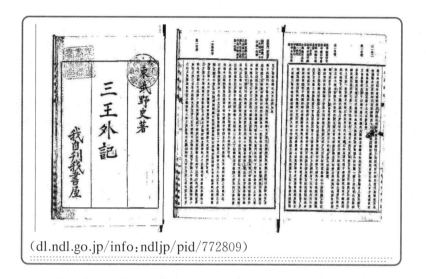

(dl.ndl.go.jp/info：ndljp/pid/772809)

TIPS

（1）日语原文中出现的中国的专有名词以及作品或讲话内容的直接引用等，应回译成原名和原文。

（2）对于来自第三国语言的专有名词，特别是以汉字或平假名表记的组织机构名、作品名等，不可想当然地直接翻译，而应检索其源语名称，并译为相应的中文译名。

（3）第三国作品内容的直接引用等，已有中译本的，最好按中译本翻译。有多个中译本的，应注明所使用的译本。

（4）对于来自英语国家以外的人名、地名等，若无固定译名，翻译时应按照其源语发音翻译。

二、原文错误信息的处理

如例11的注1所说明的那样，我们在实际翻译工作中所面对的文本有时会有一些错误。原文的错误大体可分两类，一是输入或印刷错误，二是作者所掌握的信息有误。在翻译中遇到这些错误该如何处

理呢?

例14. 北京五輪のフィギュアスケートは10日、男子フリーが行われ、ショートプログラム(SP)8位の羽生結弦(ANA)は188.06点、合計283.21点で4位入賞となった。(中略)中国国営放送「CCTV」の解説者・陳宝如氏は故事を交え、羽生をこう表現したという。

「自分のうちの全ての栄誉、全ての輝きを歴史の車輪の下に横たえて毅然と立つ。」「天の意は測りがたく、頂にたどりつくことができなかったとしても。あなたが成し遂げたことはどれも歴史に記されるのだから、成敗(成功、失敗)など問題ではない」

(雅虎日本新闻)

这是深受中国观众喜爱的日本花滑选手羽生结弦在奥运会上挑战超高难度动作失败后,央视解说员所作的一段热情洋溢的评论,一度登上热搜并获日本网友大量转发。通过平行文本检索,可以发现原文中「陳宝如」这一人名有误。这显然是笔误,在译文中可直接予以更正。(检索结果参见 www.163.com/dy/article/GVRND30 V0529AQIE.html)

译文 2月10日,北京冬奥会进行了花滑男子自由滑项目,在短节目(SP)中位列第8名的羽生结弦(ANA)获得188.06分,以总分283.21分取得第4名。(中略)央视解说员陈滢引经据典,这样评价羽生结弦的表演:

"把自己所有的荣耀、所有的辉煌,放在历史的车轮之下,旗帜凛然。""天意终究难参,假若登顶成憾,与君共添青史几传,成败也当笑看。"

例15. また、静岡県河津町では、河津川両岸の約三キロにわたる「河津桜並木」が、近年注目されている。これは、河津町田中の故飯田勝美氏が一九五五年ごろの二月、河津川沿いの雑草の中で芽吹いている桜の蕾を見つけ、自宅に持ち帰って庭に植えたと

ころ、約一〇年後に開花し、それまでにはない新種の桜であることが判明したのがはじまり。その後の調査でオオシマザクラとカンヒザクラの自然交雑によってできた桜であることが分かり、一九七四年に 河津桜 と名付けられ、翌年、河津町の樹に指定された。(『チェリー・イングラム』第217页)

　　原文中画线部分内容令人费解：如果是花苞掉落在杂草丛中，那么捡回去也种不活；如果是拿回去泡在水里勉强使之开放，也不可能在十年后才开花。莫非这里写错了？检索发现，此处确实是笔误，饭田胜美发现的不是花苞而是树苗。检索中还发现原文的另一处错误，是开花时间，应为11年后。这两处错误都可归入笔误的范围，翻译时可根据实际情况加以纠正。

　　译文 此外，在静冈县河津町，河津川两岸长达约3公里的"河津樱花道"近年来备受瞩目。它的发端是在1955年前后的一个2月，河津町田中地区的饭田胜美先生(已故)在河津川沿岸的杂草丛中发现了一棵樱树苗，把它带回家中种在了院子里。约11年后樱树开花了，竟是一株前所未有的新品种。1974年该品种被命名为"河津樱"，翌年被定为河津町的町树。

> 【附：检索记录】
>
> 「飯田勝美氏　河津桜」/www.so-net.ne.jp:
>
> 　　河津桜の原木は、河津町田中の飯田勝美氏(故人)が1955年(昭和30年)頃の2月のある日河津川沿いの冬枯れ雑草の中で芽咲いているさくらの苗を見つけて、現在地に植えたものです。1966年(昭和41年)から開花がみられ…
>
> (www.kawazuzakura.net/about.html，河津樱官网，2022年1月25日检索)

　　例16. 一〇日は、おそらく鷹司の計らいであろう、京都在住の勧修寺経雄伯爵(一八八二一一九三六)が通訳者を伴い、イングラムを清水寺や京都御所、平安神宮に案内した。勧修寺経雄は京

都の元公家の名家、勧修寺家の出身で、東京高等農学校（現東京農業大学）を卒業。植物や園芸に造詣が深く、京都園芸倶楽部を創設した。また、後年の一九三八（昭和一三）年には桜を含む京都の名木を記した『古都名木記』を著している。京都で当時、桜の専門家として知られていた。（『チェリー・イングラム』第51頁）

这段原文中有个明显的时间错误：『古都名木記』的写作时间是1938年，但其作者劝修寺经雄卒于1936年，这显然不可能。经检索发现1938年是再版时间，初版为1925年。这种错误应该不属于笔误，而是原文作者所掌握的信息有误。翻译时应加注说明此处有误。

译文1 10日这天，可能是鹰司安排的吧，家住京都的劝修寺经雄伯爵（1882—1936）带了一名翻译，陪英格拉姆参观了清水寺、京都御所和平安神宫。劝修寺经雄出身于京都原"名家（公卿世家）"——劝修寺家族，毕业于东京高等农学校（现东京农业大学），在植物和园艺方面有很深的造诣，是当时京都著名的樱花专家。他创立了京都园艺倶乐部，并于1938年（昭和十三年）撰写了《古都名木记》一书，对包括樱花在内的京都名木一一加以记录（注）。

（注：此处时间有误。《古都名木记》初版于1925年（大正十四年），1938年是再版时间，彼时劝修寺经雄已去世。）

TIPS

对于原文中出现的错误，翻译时一般有以下几种处理方法：

（1）对于明显的笔误或印刷错误，经查证确认后，可在译文中直接更正而不做说明。

（2）对于因作者掌握信息有误而造成的原文错误（如例16），经查证确认后，可原样译出并加注说明。

（3）对于无法查证的错误，如果有条件，可向作者确认之后再翻译；如果不行，则可原样译出并加注说明。

课后练习

一、找出译文中不恰当或错误之处并加以修改。

アメリカの文化人類学者 D・K・レイノルズ博士は、その著書『行動的な生き方』(創元社)の中で、実にユニークな発言をしておられる。

自分が死んだあと、自分の葬式でどのような追悼文を述べてほしいのか、墓標には何と刻んでほしいのか、それを生きているあいだに自分で考え、一度まとめてみよ、というのである。

译文 美国文化人类学家 D.K.雷诺鲁兹博士在他所著的《活泼的生活方式》(创元社)一书中,发表了非常独特的见解。

他说,在你还活在这个世界上的时候,不妨自己好好考虑考虑,归纳整理一下——希望别人在你死后的葬礼上致什么样的悼词?在你墓碑上刻些什么词句?

二、将下列句子译成中文。

1. 一九四一(昭和一六年)年一二月八日、真珠湾攻撃とともに日本が宣戦布告して太平洋戦争が始まると、日本陸軍航空隊は中国・広東省から香港の啓徳飛行場を奇襲攻撃。同時に陸軍各部隊が九龍半島に侵攻して、またたく間に占領した。その後香港島に上陸した日本軍はイギリス軍のゲリラ攻撃に遭っていっとき苦戦するが、香港島唯一の貯水池を破壊して給水を完全に断ってからは、優勢に立った。

2. チベット式の木造家屋、陽光が降り注ぐ砂州、青い波、水面に映る影……。青蔵高原と黄土高原に挟まれた地域にこのような美しい村落があるとは思いも寄らない。ここは青海省東部、黄南チベット族自治州尖扎県昂拉郷のデキ村だ。

3. 「DiDi」は、タクシー配車アプリの「DiDi Taxi」、ヒッチハイクアプリの「DiDi Hitch」、自転車シェアアプリの「DiDi Bike-

Sharing」など、世界中で幅広い交通手段を提供する、世界最大級の交通プラットフォームです。

4. 今のところ19年にＣＢＤに竣工した「中国尊」と呼ばれる高さ528㍍の「のっぽ」ビルが北京最高とされている。ちなみに「尊」とは、古代中国で礼拝などに使われた酒器のことで、それをかたどって建てられたので、そのように名付けられたそうだ。このＣＢＤには、中央テレビ局が入居している、一風変わった超高層ビル──「大型パンツ」の愛称で呼ばれている──が建っているのが、特段人目を引いている。

5. ダフニーは看護婦として1940年9月から、香港島北西部のビクトリア湾を望む地にあった香港最大の軍事病院ボーエン・ロード病院に赴任していた。当時彼女は26歳であった。

6. 済南市では「医養結合（医療と養老の融合）プロジェクト」を推進しており、ＮＥＣはこれを統合管理するＩＣＴプラットフォームを提供しようと考えています。それは、介護施設、地域コミュニティー、在宅の介護3分野を全て網羅し、一括してデータを収集、管理、ＡＩ解析を行うことです。（人民中国训练营2021春）

7. マカオは「中国―ポルトガル語圏諸国間経済貿易協力フォーラム」をよりどころにし、「中国とポルトガル語圏の諸国との商業貿易協力サービスプラットフォーム」の構築を発展の基盤として、継続的な経済発展空間の拡大が可能である。マカオの科学技術の優位性もまた、適度な多元的経済発展に寄与できる。現在マカオには「ミクロ電子」「漢方薬の品質」「都市スマート物流網」「月と宇宙の科学」の四つの国家重点実験室が設けられている。このほか、マカオは香港と共に「国家級イノベーション空間」を設立、科学技術イノベーションと企業の発展を推進している。

　　8. 日本も批准している「国連海洋法条約」では「いずれの国も、海洋環境を保護し及び保全する義務を有する」としている（第192条）。そして、第194条には「いずれの国も、あらゆる発生源からの海洋環境の汚染を防止し、軽減し及び規制するため、利用することができる実行可能な最善の手段を用い、かつ、自国の能力に応じ、単独で又は適当なときは共同して、この条約に適合するすべての必要な措置をとるもの」とある。陸上でタンクで保管するという「実行可能な最善の手段」があるにも関わらず、海洋放出することは海洋環境保護の観点から認められない。（第四届"海洋杯"国际翻译大赛）

第二单元　日汉语言文化差异与翻译技巧

第六章

加译、减译与分译

如绪论所述,在翻译所需的各项能力中,可通过翻译课迅速获得提高的主要是检索能力和翻译策略能力。所谓翻译策略,狭义上指翻译时所遵循的原则:是尽量保留原文的异国风貌,还是使之尽量贴近目标语?前者称为异化,后者称为归化。这是狭义的翻译策略,本书所说的则是广义的翻译策略,泛指翻译中所采取的各种技巧和方法。

要提高翻译策略能力,首先要对日汉两种语言及其文化间的差异有较为深入的把握。因而本单元将从翻译的角度对日汉语言及文化差异展开比较,并在此基础上提出相应的翻译策略与技巧。

一、日汉语言文化差异概览

在进入具体的日汉语言对比及翻译技巧学习之前,我们先通过几个译例,对两种语言的整体差异做个宏观上的把握。

例1. 閉まるドアにご注意ください。

在这个句子里,「閉まる」是已发生还是未发生?该如何表达这一信息?

日语句子有"时"的要素,分为"过去时"和"非过去时"两种,其中"非过去时"根据语境的不同,可表"现在""将来"或"恒常",例如:

(1)佐藤先生は研究室にいる。(现在)

(2)来月、パリに行く。(将来)

（3）春になると、花が咲く。（恒常）

在本句中，「閉まる」表示即将发生的变化，但汉语并没有"时"这一形式要素，需要通过词汇手段将其表现出来。

译文 车门即将关闭，请注意安全。

例2. 前向きに検討したいと思います。

这种表达方式一般用于什么场合？它实际要表达的意思是什么？

这句话的字面意思是"我们会积极探讨"，但实际上是一句外交辞令，是委婉的拒绝。其大意如下：

> ＜前向きに検討＞は官僚用語。文面通りに解釈すれば今後いい方向に進むかもしれないと期待するが、ほぼすべての場合に於いて何もしないことである。此れを云われると絶望せざるを得ない。

此外还有些类似的表达方式，如「善処します」等，都是委婉表达方式，译成汉语时如果照字面意思直译，则无法真正传达出原文想要表达的意思。

译文 对此我们暂不考虑。

例3. 私が倒れたままになってしまわずに、どうにか、いろんな苦しみに耐え得たのは、意志の強さとか、それに伴う努力というような積極的なものよりも、一切の存在に対しての肯定的な態度が、いつの間にか私の精神生活の根底になっていたからではないだろうか。

这句话是疑问句吗？所表达的意思是肯定的还是否定的？

本句句尾虽然有「ない」，还有「か」，但既非否定句，亦非疑问句，而是一种委婉语气，表达的是肯定的意思。「ではないか」是日语中最常用的一种委婉表达方式，用于表达自己的观点或判断，翻译时应根据其实际意思和译文读者的思维习惯来组织语句，以免造成错误理解。

译文 我所以没有倒下，好歹经受住了各种痛苦的考验，与其说

是由于意志坚强或付出了艰辛努力等积极因素,不如说是因为我对世间一切都持以肯定的态度,这不知不觉间已成为我精神生活的根基。

例4. 退職後はいなみ野学園など高齢者大学に通った。長男から「若い人たちがいる高校が楽しいのでは」と勧められ、2016年4月に松陽高校に入学した。(雅虎日本新闻)

这段文字的主语是谁?被动句部分是否可原样译成"被"字句?构成句子的各小句之间分别是什么关系?翻译时该如何衔接?

首先,从语境可以判断,这两句话的主语都是"我",日语的句子在不影响理解的前提下,常常省略主语,翻译时需按照汉语习惯适当补足。其次,被动句部分是否可原样译成"被"字句,取决于是否符合汉语习惯,这里的「勧められる」并无受到损害的意思,译为主动句更自然。第三,各小句之间的逻辑关系如下所示,双斜线处为转折关系,单斜线处为因果关系。这些关系在原文中是隐含的,翻译时需要将其明示,才能使衔接顺畅。

退職後はいなみ野学園など高齢者大学に通った。//長男から「若い人たちがいる高校が楽しいのでは」と勧められ、/2016年4月に松陽高校に入学した。

译文 退休后我曾上过稻美野(INAMINO)学园等老年大学,可是有一天大儿子建议说:"还是高中更开心吧,有年轻人",于是我在2016年4月进入了松阳高中。

从以上几例可以看出日语和汉语在语言形态和表达习惯上的一些差异,比如:

(1)日语有"时(テンス)"这一语法要素,而汉语没有,翻译时需通过时间名词等具体的词语将其表现出来。

(2)日语省略较多,如主语省略、关联词省略等。翻译时需按照汉语习惯适当补足,以使意思完整、衔接顺畅。

(3)日汉被动态用法不完全对应,翻译时有时需根据汉语习惯转

换为主动句。

(4)日语更多地使用委婉表达,且委婉表达方式与汉语有较大差异。对汉语读者无法领会的委婉表达,翻译时需转换为比较直接的表达方式。

除上述几点宏观的差异之外,日语和汉语还有许多其他层面的差异,比如词义不对应、语序不同、复句构造方式不同等,接下来的几章会结合翻译技巧的讲解对其分别加以解说。

二、翻译技巧:加译

如上所述,日语和汉语存在多方面的差异,如果一味照原文语序和字面意思直译的话,常常会造成译文晦涩甚至错误。为避免出现这些问题而采取的各种方法,便是翻译技巧。常用的翻译技巧有7种:加译、减译、分译、合译、变序、变译、意译。前5种比较直观,可以直接看出词语的增减或句子结构的改变;后两种则相对复杂,是语句整体的改变,是在充分把握原文信息的基础上,以一种更准确、更符合译入语习惯的方式对原文信息所做的呈现。以下对翻译技巧加以讲解和练习,首先介绍加译。

加译就是在译文中添加一些原文没有的词语、句子成分等。这种添加并非无中生有,只是将隐含的信息变成了明示。这些信息在原文中是不言自明的,说出来反倒啰唆,但在译文中,却是必须明确传达出来的,否则就会造成语句晦涩、衔接不畅甚至意思错误。

这是因为,较之汉语,日语的句子和语篇省略较多。日语中有敬语、授受动词和助动词、男女用语差异、被动态和使役态等许多形式要素,有些内容根据这些形式要素即可领会,一一明示反倒啰唆,甚至产生不必要的、特意强调某部分的语感。而汉语中类似的形式要素很少,因而句子成分的省略也比日语少。可见汉日两种语言在形态上有很大不同,在翻译时为保证意义准确、衔接顺畅,有时需加译一些词句。

例5. マグロ資源の管理については、大西洋にはICCAT（大西洋マグロ類保存国際委員会）、中西部太平洋にはWCPFC（中西部太平洋マグロ類委員会）などの国際委員会があるが、かならずしも管理の実効があがっていない。その理由の一つは、これらの委員会が行政職員が主導する政府間委員会であり、科学者の役割は政府の行政職員に対する助言にすぎず、基本的に国益がぶつかり合う場になっているからである。

译文 对于金枪鱼资源的管理,虽然在大西洋有 ICCAT(大西洋金枪鱼类保护委员会)、中西部太平洋有 WCPFC(中西部太平洋金枪鱼类委员会)等国际委员会,但是并非管理的实效能落实。理由之一是这些委员会是行政职员主导的政府间委员会,科学家的作用不过是对政府的行政职员提建议,基本上都会和国家利益起冲突。

这个译文最大的问题在最后一句。它的基本结构是「基本的に国益がぶつかり合う場になっている」(基本上成了国家利益碰撞的场所),这句话的主语是什么?也就是说"什么"成了国家利益碰撞的场所?从语境来看,是前面的「これらの委員会」。翻译时需要把它补上。

改译 对于金枪鱼资源的管理,虽然在大西洋有 ICCAT(国际大西洋金枪鱼养护委员会)、中西部太平洋有 WCPFC(中西太平洋渔业委员会)等国际委员会,但是管理并非都卓有成效。原因之一在于这些委员会是由行政人员主导的政府间委员会,科学家的作用不过是给政府的行政人员提建议,委员会基本上成了各个国家为自己争夺利益的场所。

例6. だから、マニュアル以外の言い方をしようという意欲が消えていく。意欲とは、少なくとも自分の意思でやることですから、自分が責任を取ろうとしないということですね。そういう空気の中で育ってきて自分だけ守ればいいという、非常にひ弱なエゴだと思う。

译文 因此,他们就失去了采用待客手册以外的表达方式的热情。所谓热情,至少是随自己性子来的,所以自己不会去承担责任。在

这样氛围中长大的孩子,认为只要保护好自己就行,是娇弱的利己主义者。

这个译文的画线部分显然与原文不符。从原文结构来看,画线部分的前后两小句之间是因果关系;但在译文中,这个因果关系并不成立。结合语境分析,可以发现「自分が責任を取ろうとしないということですね」这个小句承前省略了主语,补充完整的话应为:

意欲とは、少なくとも自分の意思でやることですから、<u>意欲が消えていくということはつまり</u>、自分が責任を取ろうとしないということですね。

翻译时要将省略的这部分明示出来,才能正确传达原文的意思。

改译 因此,他们就失去了采用待客手册以外的表达方式的热情。所谓热情,至少是自己主动去做的,没有热情也就意味着不愿承担责任。(后略)

例7. ひとり娘ですので、さびしくないようにとマルチーズを飼っているのですが、私が膝にのせたりしますと、「いや」と言って押しのけます。母親である私を慕ってくれるのは嬉しいのですが、もっと寛大な子にするにはどうしたらよろしいのでしょうか。下の子がもうすぐ誕生しますので心配しています。

这段文字有多处成分省略,其中特别需要思考一下的可能是「膝にのせたりします」这句,是把谁抱到谁膝上?如果是我抱女儿,那么下面的「押しのけます」这个行为和「母親である私を慕ってくれる」这一态度就对不上了。有人理解是把狗放到女儿腿上,那女儿把狗推开与接下来的眷恋母亲也无必然联系,意义上不连贯。结合下文内容分析,可以看出女儿有很强的独占欲,排斥与她争宠的事物,所以可以得出结论,这里指的是"我"把小狗抱到腿上,女儿就会把小狗推开。省略部分补充出来的话是这样:

(娘は)ひとり娘ですので、<u>(娘が)</u>さびしくないようにと<u>(思って)</u>、マルチーズを飼っているのですが、私が<u>(そのマルチーズを)</u>膝にのせたりしますと、<u>(娘は)</u>「いや」と言って<u>(その犬を)</u>

押しのけます。(彼女が)母親である私を慕ってくれるのは嬉しいのですが、(彼女を)もっと寛大な子にするにはどうしたらよろしいのでしょうか。下の子がもうすぐ誕生しますので(私は)心配しています。

译文 因为是独生女儿,怕她感到寂寞,所以养了一只马尔济斯犬。但我只要一把狗放在腿上,她就会说"讨厌!",然后一把把它推下去。她眷恋母亲这一点让我高兴,但怎样才能使她变得更加宽容呢?第二个孩子很快就要出生了,我很担心。

例8. 女性の勤務校では、数年前から月2回の土曜授業が始まった。平日の放課後を部活動などにあてるためで、土曜は公開授業とし学校独自の教育成果を地域に示すという目的もある。周囲の小中学校が土曜休みの中、当初女性は職員会議で「保護者として困る教員がいるはずだ」と訴えたが、聞き入れられなかった。今では土曜授業が当たり前となり、誰も何も言わない状況だという。

译文 从几年前开始,这位女老师所在的学校每个月都会有两次周六的课。因为平常放学后的时间要用来开展社团活动,所以周六的课程也带有公开课性质,目的在于向当地市民展现学校独特的教育成果。＿＿＿＿＿＿＿＿＿＿＿＿＿＿＿＿＿＿＿＿＿。她还表示,如今周六上课已成为惯例,也没人去提意见了。

我们来分析一下引号中的内容,这句话的意思是"可能有些教师作为家长会很头疼",为什么会头疼呢?从语境分析,原因便是前面所说的「周囲の小中学校が土曜休み」。为了让译文读者能够看懂,翻译时需使用加译的方法,将这一内在逻辑关系明示出来。

译文 可是周围的中小学周六都休息,孩子在家需要人照看。所以这位老师曾在教工大会上提出:"有些老师作为家长可能会很头疼",但其意见并未被采纳。

(mp.weixin.qq.com/s/ArzdWHElr80kxp-iI09yeQ,有改动)

例9. 二〇〇八年八月、フォーラム事務局長を務める宮嶋隆行さんが、こども科学館研究所代表の澁谷美樹さんとともに、江戸前 ESD に会いに<u>いらっしゃった</u>。宮嶋さん曰く、東京湾で環境教育を行うにあたって仁義を通しに来た、とのこと、葛西での企画について<u>教えていただき</u>、ついでに、一緒にやりませんかと<u>お誘いいただいた</u>。(『海辺に学ぶ』第93頁)

这例中划线的三处敬语成分分别代表着怎样的人物关系?「いらっしゃる」是"来"还是"去"?「教えていただく」是谁告知谁?「お誘いいただく」是谁邀请谁?这些在原文中隐含的信息,翻译时需加译出来才能使意思明确、语句连贯。

译文 2008年8月,担任论坛秘书长的宫岛隆行先生与儿童科学馆研究所代表涉谷美树先生一起,到江户前 ESD 来<u>与我们</u>会面。宫岛先生说他们此次前来,特为告知在东京湾开展环境教育一事,<u>他向我们</u>讲解了在葛西开展活动的计划,并邀请<u>我们</u>一起参与。

可见,加译不是添枝加叶、无中生有,而是将原文中隐含的信息明示,以正确传达信息并使译文符合译入语的表达习惯。最后来欣赏一个川柳的译例。

例10.「また残業」俺のツイート妻いいね!
译文 "今天又加班"/我发推特吐怨言/老伴秒点赞
点评:老夫老妻眼不见心不烦,彼此戴假面。
(出自"平成年间工薪族川柳回放(2018)")

三、翻译技巧:减译

日译汉时减译虽不像加译那般比比皆是,但也十分常见。减译是在译文中省略掉原文的一些<u>词语</u>、句子成分等。减译当然并非随意删减,而是站在汉语的角度,略去原文中重复啰唆或不言自明的部分。

例11. では、標的型攻撃によって漏洩した情報がどのように使われるのだろうか。ライバル企業の利益追求に使われるのか、外国政府機関の諜報活動に使われるのか、自社の顧客を陥れるために使われるのか、はたまた特定人物の自宅を特定して盗聴器を仕掛けるためなのか、いくらでも想像は可能である。(《IT日语精读教程》第174页)

译文 那么由于目标型攻击导致泄露的信息会被如何使用呢?会被竞争对手的企业以追求利益为目的使用吗?还是会被外国政府机构用于间谍活动?是被用于诱骗自己公司的客户,还是为了定位某特定人物住宅以安装窃听器,我们可以想象出无数的可能性。

译文在信息表达上没有错误,但有些地方可以再润色一下,使译文更简洁。比如"导致泄露""被竞争对手的企业""定位某特定人物住宅"等都可以精简一下。

改译 那么因目标型攻击而泄露的信息会被如何使用呢?被竞争对手用于追逐利润?被外国政府机构用于间谍活动?被用于诱骗客户?还是用于定位某人住宅以安装窃听器?我们可以想象出无数可能性。

例12. 一部の政治家らが言う「検察ファッショではないか」といった批判は、感情的で、的を射た指摘とはいいがたい。しかし、その捜査の進め方や収束の仕方、組織のありようなどをめぐり、疑問や懸念を抱いている人も少なくないと思われる。(中略)おりしも、新潟地検の前検事正が「自らの職名を使って、親族の税務調査に圧力をかけるような行動をした」との理由で、戒告処分を受けた。許しがたいことだ。(『日本語練習帳』第117页)

最后引号中的「ような行動をした」,直译的话是"做出了……这样的行为",这一意思已在前文中反映出来,无须重复表达。

译文 部分政治家提出的"简直是法西斯检察官"之类的批判过于情绪化,并不中肯。但确实也有许多人对其开展和结束调查的方式方法以及组织内部状况抱有疑问和担忧。(中略)恰在此时,新潟县地

方检察厅前任厅长又因"利用自己的头衔向调查自己亲属的税务部门施加压力"而受到告诫处分,确实让人无法原谅。

【附:检索记录】

検事正とは/必応国際版:

検事の階級は、検察官の中では下から2番目。検察官の階級は上から順に「検事総長」「次長検事」「検事長」「検事」「副検事」です。検事の中にも階級があり、一番下は新任検事から始まり、検事正となると地方検察庁の長です。

(careergarden.jp/kenji/kaikyuu)

例13.「対等」は、そういう抽象化の果てに立ち現れる観念ではない。(中略)為人(人柄)に関心を持つ交わりは、抽象の極に向かって歩みを進める関係ではなく、反対に、始まりの段階では内容が不確定で希薄だった人間像が、しだいに確定的で濃密な内容を持ってくるような関係だ。(《新经典日本语高级教程》第一册,第111-112页)

译文1 "对等"则不是这样一种抽象到极致而产生的概念。(中略)以人格为关注点的人际交往,不是朝着抽象的极致前进①的关系,而是与之相反,在起初阶段②内容模糊而淡薄的人物形象,会渐渐具有明确而深刻③的内容的一种关系。

译文2 "对等"则不是这样一种抽象到极致而产生的概念。(中略)以人格为关注点的人际交往,不会朝着抽象的极致前进,而是与之相反,在起初阶段模糊而淡薄的人物形象,会渐渐变得明确而深刻。

译文1完全照原文直译,不仅啰唆,而且晦涩难懂。译文2按照汉语习惯进行了减译,删去了①②③这三处画线部分的内容,如此一来便简洁易懂多了。

例14.諸君の両親は、①試験に受かるのに役立ちそうもない本や、②しかるべき職についてもはや親の脛をかじらなくてもす

むようにするのに、どう見ても役立ちそうにない作品を読んでいるのを見つければ、そんなものはただの暇つぶしだ、お前の性根をねじまげるだけだと言って諸君を叱りつけるだろう。

这句话的主干结构为：

諸君の両親は、…①…本や…②…作品を読んでいるのを見つければ、…と言って諸君を叱りつけるだろう。

其中划线的①②两处修饰成分如果直译，会比较啰唆且影响前后成分的呼应。可试着减译，对其中一些译为汉语后不言自明、重复啰唆的成分加以删减、省略。特别是②，原文中这一迂回的表达方式是为了强调"无用"，但汉语更多地是用肯定方式来表示强调，所以可以换成更加简洁、直接的表达方式。

译文 诸君的父母若是发现诸君在读一些对考试或找工作全然无用的东西，定会痛斥道："这种东西只能用来打发时间，只会消磨你的意志"。

可见，减译不是随意裁减或避重就轻，而是基于日汉语言差异而进行的精简。两种语言在不同层面上的冗余度不同，有时全部译出会比较啰唆，这种情况下便需适当修剪，略去啰唆重复的部分。当然，翻译技巧的运用多数情况下都不是孤立的，比如下面几例，既有加译，也有减译。

例15. 男の子にとって、お父さんは、<u>男</u>の手本です。おとなになる方向を示してくれる<u>存在</u>でもあります。女の子にとっては、男性とはどんな生き方をし、女性とどこがちがうのか教えてくれる<u>手本</u>です。男性への好き嫌いの基準となる<u>存在</u>でもあります。お父さんのいる、いない、接触する時間の多い少ないが、知能だけでなく、性格形成に影響を与えないはずがありません。

译文 对男孩子而言，父亲是榜样，使他看到自己的成长方向。对女孩子，则使她看到异性的生活方式以及与女性的区别，并成为她对异性好恶的标准。父亲的有无，<u>与父亲</u>接触时间的长短，不仅对<u>孩</u>

子的智力发展有影响,也会影响孩子性格的形成。

这个译文中有多处加译和减译,加译如译文中划线所示,减译如原文中画线部分所示。

例16. 農業の場合、有機認証が環境認証として通用している。微生物の活発な働きによる肥沃な土壌を基盤として<u>営まれる</u>有機農業は、減農薬や無農薬で<u>生産する</u>ので、その生産過程では化学薬品による環境汚染も生産者<u>自身の</u>健康被害も起きない。先駆的な欧米では、<u>有機農業を実践する</u>生産者団体が自主的に有機認証基準を策定し、認証し、販売してきた。(『海辺に学ぶ』第181頁)

译文 在农业方面,有机认证是一种公认的环境认证。有机农业以富有活性微生物的肥沃土壤为生产基础,较少使用或不使用农药,因而不会因化学药品造成环境污染,也不会对生产者产生健康危害。在率先开展有机农业的欧美国家,生产者组织自主建立了有机认证标准,并依据这些标准进行认证和销售。

与例15一样,这个译文也有多处加译和减译,原文中画线部分为减译成分,译文中画线部分为加译成分。通过这些处理,原文中隐含的信息得以明示,冗余的成分得到精简,信息传达更为准确,行文也更简洁流畅了。

例17. 全国の電力需給を調整する「電力広域的運営推進機関」がまとめた計画案によりますと、地域間を結ぶ送電網の容量を将来的に今のおよそ2倍に増やすとしています。具体的には、洋上風力発電に適した土地が多い北海道と、消費地の関東を直接結ぶ海底ケーブルを新たに整備します。(中略)また太陽光発電が普及する九州と、中国地方との間を今の2倍の556万キロワットに増強するなどとしています。(NHK 新闻)

这例最后一句有一处明显的省略,这句补充完整后是这样的:

…九州と、中国地方との間<u>の送電網の容量</u>を今の2倍…

这个画线部分在原文中被省略了,但翻译时需要加译出来,才能使原文信息得到正确的传达。除此之外,这段文字还有一些需要加译或减译的地方,以下这个译文中①④⑤⑥处进行了加译,②③处进行了减译,可对照自己的译文,看看各自有何亮点或不足之处。

译文 ①负责日本全国电力调配的"电力广域运营推进机构(OCCTO)"日前公布计划,将把②地区间电力传输网容量扩大到目前的大约2倍。具体包括,在③适宜海上风力发电的北海道和④电力消费地关东地区之间铺设海底直通电缆。(中略)还有,把已普及太阳能发电的九州到⑤日本中国地区之间⑥的电力传输网容量扩大一倍,增加到556万千瓦等。

如上所述,翻译技巧的运用不是孤立的,它们常常结合使用、相辅相成。要用好翻译技巧,需站在译文读者的立场上审视译文,看它是否真正传达出了原文信息,是否能让读者看得明白、读得轻松。

四、翻译技巧:分译

分译,顾名思义就是将原来的一个句子拆分成两个或两个以上的句子。合译则相反。日译汉时分译技巧使用较多,合译技巧使用较少。这一方面是因为日语的句子总体比汉语长,另一方面是因为日汉复句在构造方式上的差异。关于这点会在"复杂句翻译"单元中做详细介绍,本章只从分译技巧使用的角度举几个比较直观的例子。

例18. 全部石で築いた高さ30メートルの台に立てた仏香閣は38メートルもある。

译文1 矗立在全部由石头筑成的高30米的基座上的佛香阁高达38米。

译文2 佛香阁高达38米,矗立在全部由石头筑成的30米高的基座上。

这两个译文在翻译方法上有何差异?显而易见,译文1是直译,译文2则进行了拆分和变序。原文定语较长,直译有些晦涩难懂。译文2将句子拆开,先译主干,再译修饰成分。这样处理后,译文变得层次清晰了许多。可见,对于修饰成分较长的句子,分译是一种十分有效的技巧,可使译文层次清晰、简洁易懂,更符合汉语的表达习惯。

例19. 今、東京湾の海図を見れば、千葉県の磐洲干潟を除くほぼすべての海岸線が埋立地特有のぎざぎざとした線で縁取られている。とくに江戸川と多摩川の河口を結んだ線の西側である東京都内湾では、港湾施設や廃棄物処分場など都市機能施設が置かれた人工島が「海面」の大部分を占めている。(『海辺に学ぶ』第84頁)

译文1 今天,如果看一下东京湾的海图,你会发现除了千叶县的磐洲滩涂以外,几乎所有的海岸线都变成了填埋地所特有的锯齿状。特别是江户川河口至多摩川河口这条线以西的东京都内湾,建有港口设施、废品处理站等城市功能设施的人工岛占据了大部分"海面"。

译文2 今天,如果看一下东京湾的海图,你会发现除了千叶县的磐洲滩涂以外,几乎所有的海岸线都变成了填埋地所特有的锯齿状。特别是江户川河口至多摩川河口这条线以西的东京都内湾,人工岛占据了大部分"海面",岛上修建了港口设施、废品处理站等城市功能设施。

比较两个译文的第二句,说说它们在结构上有何不同。你认为哪种译法更好,为什么?

通过比较可以发现,译文2对句子进行了拆分,将"人工岛"的修饰成分提取出来,单独作为一句放到了后面。同时,为使拆分后的句子衔接顺畅,在后句开头加译了一个"岛上"。

可见,分译技巧的使用常常与其他技巧相结合,拆分后的句子有时会缺失某些成分,这时需根据语境将其补充完整,这样才能使语义完整、衔接顺畅。

例20. 2016年1月に開催された「世界経済フォーラム」(ダブス会議)で、フォーラムの創始者であり会長でもあるスイスの経済学者クラウス・シュワブ氏が「仕事の未来」というレポートを発表し、「AI、ロボット技術、バイオテクノロジーの発展で5年以内に約500万人の雇用が失われる」というショッキングな報告を行ったことで大きな注目を浴びた。(《IT日语精读教程》第137页)

译文1 在2016年1月召开的"世界经济论坛"(达沃斯会议)上，论坛的创始人、同时也是会长的瑞士经济学家克劳斯·施瓦布先生做了题为"工作的未来"的报告，这一报告因提出"人工智能、机器人技术、生物技术的发展将在未来5年内使约500万人被解雇"的令人震惊的观点受到了巨大的关注。

这个译文的画线部分定语太长，读起来晦涩拗口。若能将其有机拆分成几个层次来表达，则会简洁、明确许多。

译文2 在2016年1月召开的"世界经济论坛"(达沃斯会议)上，论坛创始人兼会长、瑞士经济学家克劳斯·施瓦布做了题为"工作的未来"的报告。报告中提出"人工智能、机器人技术、生物技术的发展，将在未来5年内使约500万人失去工作"，这一观点震惊了世界，并引发巨大关注。

译文2将其有机拆分为三个小句，先说报告内容，再陈述其影响，语句简洁，层次清晰，符合汉语表达习惯。拆分的具体方法会在第三单元介绍。

由上可见，分译就是把一个结构复杂的句子拆成两个或两个以上结构相对简单的小句，拆分后的小句按主次关系或其他逻辑关系排列，层次清晰。另一方面，拆分后的小句有时可能会缺失某些成分，需根据语境适当加译，以使句子结构完整、衔接顺畅。

课后练习

一、找出译文中不恰当或错误之处并加以修改。

1. 普通の目では自然というものは単調な至ってつまらないも

のであります。何でもないこの自然の中に美しさを見出すこと
は、余程目が高くないと出来ないのでありまして、美術の発達史
を見ましても、余程美の意識が発達してから後に生まれたことで
あります。

译文 在一般人的眼里，自然这东西极其单调乏味。要从普普通
通的自然中发现它的美，没有高度的欣赏力是做不到的。美术发达史
也是在美的意识相当发达之后才形成的。

2. 江戸・東京の言葉は、いま標準語と思われている「東京語」
ではない。江戸・東京の言葉、町人たちがふだん喋った言葉ではな
い。東京の言葉は、江戸言葉の日用語をもとに時代をへて、今の
言葉になってきた。が、江戸時代も今の東京と同じように、各地
から人が移住してきているから、流動をくりかえしてきたと言
える。

译文 江户-东京话并不是今天作为标准话的东京话，也不是从
前的城市平民所说的话语。今天的东京话是以江户日常用语为基础，
逐渐演变而成的。但江户时代也和今天的东京一样，此地一直有大量
的外来人口聚居，流动频繁。

3. 私たち寺には蚊帳の数が少なかった。よく感染しなかった
ものだと思うが、母とわたしは結核の父と一つ蚊帳に寝、それに
さらに倉井が加わった。私は夏の深夜の庭木づたいにちりちりと
もつれたように短い鳴き音を立てて、蝉が飛び移ったのをおぼえ
ている。多分其の声で私は目をさました。潮騒は高く、海風は蚊
帳の萌黄の裾をあおった。

译文 我们的寺庙蚊帐很少，估计父亲的结核病不大会传染了，
母亲和我就同父亲共用一床帐子，如今再加上仓井。我记得，那是在
夏天的一个深夜里，我听见沿着庭院的树木，无数的蝉发出了知了知
了的短促的悲鸣，飞来又飞去。大概是这种声音把我惊醒了。海潮怒
吼，海风掀起了黄绿色蚊帐的下角。

4.＜交通事故統計のウソ＞。年間の死者が一万人を切ったといっても、それは事故発生から24時間以内に亡くなった数。警察庁は発生後30日以内の死者もまとめているが、マスメディアはほとんど報じない。かつては24時間以内に亡くなっていた人も、いまは集中治療室で延命される。私の娘も、事故3日後に脳死を宣告された。死者数は、報道よりずっと多い。

译文 交通事故的统计不真实。虽说每年的交通事故死亡人数已突破1万人，但这个数字是事故发生后24小时以内的死亡人数。警察厅也统计出了事故发生后30天之内的死亡情况，但是宣传媒体几乎没有做出报道。已在24小时内死亡的人，现在还被放在集中处置室里拖延生命。我的女儿也是在事故发生的3天之后才被宣布脑死的。因此，实际死亡人数要大大超过报道的人数。

5.家を失い、借金が残った人の数はどれほどか。走り回っても、どこにも数字がない。どの金融機関も調べていないことがわかる。なぜか。本気になってこの人たちを救う気がないからではないか。

译文 有多少人失去了住所、留下了债务？无论到哪里也查不到统计数字。这说明任何一个金融机构都没有对此进行调查。这是为什么？难道他们不想真心救助这些人吗？

二、将下列句子翻译成中文。

1.「緑のさかな」にかかわる人々を広げるには、「緑のさかな」の意義を評価し、一般の市場との価格の差を受容する人々を増やすしか方法がないのではなかろうか。そのための妙案は思い浮かばないものの、まずは、今の沿岸の資源や環境がどんな状況にあって、漁村や漁業がどんな問題を抱えているのかを、旬の魚を食べながら話し合う場がもっとあればよいのではないかと思っている。

2. 東京都板橋区の主婦(34)は3月中旬、ハローワーク池袋(豊島区)を初めて訪れた。景気悪化で建設関係の仕事をする夫の収入はピーク時の6割に減った。3人の小学生を抱えた家計は火の車。12年ぶりに働くことを決心した。

3. 北京は凹凸のない広大な大平原に設けられた歴代の首都である。確かに市街地を歩くと、東京と違って全く坂がないが、海淀区のある西北部は太行山脈が近くに迫っている。とはいえさほど高く険しい山並みではなく、日本人の里山への郷愁をいざなう。

4. というような訳で、地球の周りは危険な人工物体のゴミ溜と化し、現在地上からの観測でどこをどう飛んでいるのか分かっている10cm以上の大きさのものだけでも8900個、その他爆発などで発生したより小さなmmサイズのものまで含めると、3500万個程度存在すると考えられている。

5. 「ラッダイト運動」の後、手工業者・労働者たちが新たに中産階級という層に変化していったように、技術革新が、単純な仕事を人間から奪う一方で新たな付加価値を生み出す職業を世の中に生み出してきた、という歴史的な事実に注目すべきである。

6. 滋賀県東近江市の県立八日市南高校食品流通科の生徒が飼っているニワトリが158グラムの卵を産んだ。一般のMサイズ(60グラム前後)の2.6倍だ。産んだのは27日で、担当20年以上の教諭も「初めて見た」とびっくり。ネットで調べたところ、ギネス記録に18グラム及ばなかったが、長さは8.1センチで若干勝っていた。同校では産卵鶏480羽を飼育し、新鮮な卵を近所の人たちに安く販売して喜ばれている。だが、「今回だけは研究材料に使わせていただきます」と教頭先生。

7. さあ今年は、今年こそは、などと考える時期に箱根駅伝があることの妙を思う。その努力の何十分の一かでもあやかりたい「韋駄天」たちである。

8.「婚約をしている娘さんは、どうしてこんな見合い旅行のツアーに参加したのですか。」「家内に聞くと、お友達のご主人がこのツアーに参加していて、どうも彼女と一緒に行くらしいので、どの人が彼女か調べてほしいと言われたそうです。あの子は気がいいので引き受けたのですが、それがこんなことになるとは……。」

第七章

变译与意译

较之加译、减译、分译、合译等，变译与意译这两种技巧相对复杂些，可以说是在充分把握原文信息的基础上对原文进行的"重构"，译文在用词或结构上会与原文有较大差异。但这一"重构"并非偷梁换柱、篡改信息，而是以符合汉语习惯的表达方式，更好地传达出原文信息。

一、变译

变译就是通过改变句式或叙述角度等来进行翻译的方法。常用手法有反译、变换视点、变换结构等。

（一）反译

顾名思义，就是正话反说，或者反话正说，是变译技巧中最典型且常用的一种。原文中用否定形式表达的内容，译文中用肯定形式表达出来，或者反之，这种翻译技巧就称为反译。

例1. 重苦しいほど蒸し暑い晩だった。空には星一つなく、海は不気味に静まり返っている。私はいつものように、後甲板のほうへ歩いていった。後甲板には先客が一人いた。デッキの手すりに凭れ、その男はしきりに黒い海を覗き込んでいる。（生島治郎『暗い海暗い声』）

　　这段文字出自一篇描写轮船鬼故事的微型小说,画线部分如果直译为"天上一颗星星都没有",则语感太弱,并不能传达出原文读者从原文中所感受到的氛围,起不到对等的表达效果。反而使用"夜空漆黑一片"等肯定的表达方式,才能使译文读者更真切地感受到原文情境。这种译法将原文中用否定形式表达的信息,用肯定形式传达出来,这便是反译。

　　译文 一个闷热得令人窒息的夜晚。夜空漆黑一片,大海静穆得令人悚然。我像往常一样走向船尾的甲板。甲板上早有一位船客,他靠着栏杆,凝视着黑魆魆的大海。

　　例2. 日本料理ではしばしば、本来食材が持っている味である渋みや苦みなどをあえて消さずに調理される。もちろん、水にさらすなどして抜くこともあるが、渋みや苦みなどをおいしさの一部として捉える傾向があり、ギンナンは苦みがいいものと考えられている。

　　译文 在日本料理的制作过程中,常常会刻意保留涩味、苦味等食材的天然味道。当然,有时候也会将食材用水焯一下去除苦涩,但总体来说还是倾向于将涩味、苦味作为美味的一部分,银杏就是以苦见长的食材。(人民中国:日语词汇大发现——渋みと苦み)

　　这个译文将"特意不去除"反译为"刻意保留",这一处理使语句更简洁,语义也更明确了。

　　例3. 東京の高尾山に登った。標高599メートルながら、都心から1時間圏にこれほどの自然はなく、仏ミシュラン社の旅行ガイドは富士山や京都と同じ三つ星を付けた。(天声人語)

　　画线部分照原文直译便是"这座山虽然只有599米,但是在距离东京市中心1小时车程范围内没有比得上它的自然景观"。这样译的话,一方面体现不出原文中强调的语感,另一方面两句话两个主语,要与后面的"被评为……"衔接,还需加译主语,译成"因而它被……",有些啰唆。如果使用反译技巧,变否定句式为肯定句式,将"没

有比得上它的"改为"它是最美的",则上述两个问题都可得到解决。

译文　最近,我去爬了高尾山。这座山虽然海拔只有599米,却是距离东京市中心1小时车程范围内风景绝佳之地,因而被法国《米其林导游手册》评为三星旅游景区,与富士山和京都并驾齐驱。

以上三例中,例1是为更好地传达原文语感而进行的反译,例2是为使译文更加符合汉语习惯而进行的反译,例3则是为使衔接更加顺畅自然而进行的反译。这三例都是否定变肯定的例子,日译汉时这种情况较多,因为一般来说,日语在表达观点时偏好用否定句式,而汉语偏好用肯定句式。但也有不同的情况。比如例4、例5。

例4.「それでは、万止むを得ませんから、何もかもお話いたしてしまいましょう。その代わり、二桐先生お一人の耳に入れておいて下さいませんでしょうか。私の恥ばかりではございません。あの、お慕わしい先代所長、R 先生にとっての、誰も知らない秘密を申し上げるのでございますから——」

译文　"那么,万般无奈,我只好实话实说了。但我有个条件,＿＿＿＿＿＿＿＿＿＿＿＿＿＿。这不光关系到我个人的名誉,也关系到尊敬的前任所长 R 博士的秘密。"

画线部分直译的话,是"可否请您只装在自己一个人的耳朵里",是委婉的肯定句式。但这样译并不能传达出原文严肃、慎重的语气,反倒有些开玩笑的感觉。这里应采取反译的手法,译成"请您千万不要外传"等带有否定字眼的表达方式,才能体现出原文郑重的语感。

例5. 私が、古書院の月見台に立ったとき、薄陽のさす庭には、銀色の雨が降り注いでいた。島も、木立も、遠い岸の石組みも、雨にけむり、何世紀も前から続いているような静けさが、その美しい世界を支配していた。華麗ではないが美しい世界、巨大ではないが力強い世界、技巧的ではないが、技巧を超えている世界、わたくしにはその世界が、日本の美術史のあらゆる画家たち

の世界でなかったとすれば、日本の文学史のあらゆる詩人の世界
であったように思われた。(加藤周一「日本の庭」)

译文1 我站在古书院的观月台上眺望着,微光笼罩的庭园里,
银色的细雨纷飞。小岛、树林、远处岸边的庭园石,都迷漫在蒙蒙细雨
中。似乎是存在了几个世纪的寂静正在支配着这个美丽的世界。在我
看来,这个世界朴素却美丽,渺小却充满力量,平平无奇却超越技巧。
如果它不是日本美术史上所有画家的世界,那么它就是日本文学史
上所有诗人的世界。

译文2 我站在古书院的观月台上,微弱的阳光下,庭园里银雨
如注。小岛、树丛、远处岸边的园林石,都迷漫在雨中。仿佛已存在了
几个世纪的寂静正主宰着这个美丽的世界。这个世界不华丽但十分
美丽,不宏大但充满力量,没有技巧却超越一切技巧。在我看来,如果
它不是日本美术史上所有画家的世界,那么便是日本文学史上所有
诗人的世界。

整体来看,译文1有几处错误,译文2更准确,这姑且不论。单就画
线部分而言,译文2为直译,译文1则使用了反译技巧,表达更加简洁、
有力。那么这一技巧的运用是否得当呢?判断的标准有两点,一是忠
实于原文,二是有助于更好地传达信息。做到了这两点,便是恰当的
运用。

(二) 变换视点

变换视点也是一种常用的变译手法。所谓视点,即发话者观察事
物的角度或立场,一般来说句子的主语即视点中心。

例6. たとえ酔っていたとしても、そんなことは許せない。

此例前后两句视点不同,前句是"你"或"他",后句则是自己。照
原文直译的话是"即便是喝醉了,那种事情也无法原谅"。是"谁"喝醉
了,又是"谁"无法原谅?这个译文意思含混,令人费解;但即使补上主
语,体现出前后视点的变化,还是一样含混、有歧义。这种情况下可以
试着跳出原文束缚,变换前句或后句的视点,将视点统一。

译文1 即便是喝醉了,也不应该做出这种事。

译文2 即便是酒后所为,这种事情也不可原谅。

译文1将视点统一为前句的行为主体,译文2将视点统一为"这种事情",这样一来,句子就顺畅了。

例7. 1980年10月30日、イングラムは100歳の誕生日を迎えた。(中略)エリザベス女王は、一〇〇歳を迎えた国民にバースデイ・カードを贈るのが習わしで、イングラムにもバッキンガム宮殿から長寿を祝うカードが届いた。(『チェリー・イングラム』第198頁)

译文 1980年10月30日,英格拉姆迎来了他的100岁生日。(中略)伊丽莎白女王按例会向迎来100岁生日的国民赠送生日贺卡,英格拉姆也从白金汉宫收到了贺寿的卡片。

画线句子前半部分以"女王"为视点中心,后半部分以女王赠送的贺卡为视点中心,直译的话是"贺卡也寄到了英格拉姆处"。译文转换视点,将其译为"英格拉姆也收到了贺卡",与前面第一句视点统一,使叙述更具一贯性。

（三）变换句子结构

由于原文写作方法的问题,或由于日汉语言差异的问题,有时照原文直译会出现衔接不畅、译文晦涩等问题。这种情况下可尝试对句子的结构加以调整和变通。

例8. この街は今でも「アイル・オブ・タネット(タネット島)」と呼ばれる地域にあるが、これはかつて、そのあたりがケント州とは小さな海峡を隔てた小島だったことに由来している。海峡は次第に狭まり、小島は一九世紀の初めにケント州と陸続きになったが、以前海だった地帯は沼地や湿地となり、渡り鳥が多数飛来したほか、植物相も豊かだった。(『チェリー・イングラム』第8頁)

译文 _____。海峡后来

渐渐变窄,到了19世纪初叶,小岛已与肯特郡连为一体,以前曾是海水的地方变成了沼泽和湿地,不仅有许多候鸟栖息于此,植物种类也很丰富。

译文1 这座小城现今仍位于一个叫作"Isle of Thanet（萨尼特岛）"的地区。这是因为,过去这里曾是一个被海峡与肯特郡隔开的小岛。

这个译文有两处错误,一是"现今仍位于……",根据常识判断,城市所在地不会因为时间的变化而移动,所以原文中「今でも」所修饰的成分应为「呼ばれる」而非「ある」。

另一处错误在两个句子的衔接上,从原文来看,下句句首的「これは」指的是「この地域が今でも『アイル・オブ・タネット』と呼ばれる理由」,而译文1的结构则是"这座小城位于……地区,这是因为……",未能正确体现原文逻辑关系。要使这一关系得以正确体现,有两种改法,一是加译,如译文2;二是变译,通过对第一句句子结构的局部变换,使上下文衔接顺畅,如译文3。

译文2 这座小城位于一个现今仍被称作"Isle of Thanet（萨尼特岛）"的地区。这个地区之所以被称作"岛",是因为过去这里曾是一个被海峡与肯特郡隔开的小岛。

译文3 这座小城所在的地区至今仍被称作"Isle of Thanet（萨尼特岛）",这是因为该地曾是一个小岛,与肯特郡之间隔着一条小小的海峡。

例9.「冷戦の終焉」によって、ひとたびは資本主義が勝利したとされながら、その資本主義が数々の矛盾にさいなまれ、混迷を深くする姿を今われわれは目にしている。とりわけ、金融の肥大化による「欲望の資本主義」がもたらしたゆがんだグローバリズムは、不条理に苦しむ多くの人々を生み出した。

此例画线部分定语层次较多,且层层递进。如果直译,会造成译文繁复拗口、层次不清。以下译文采用变译的手法,对此部分结构按内在逻辑关系进行了适当转换。译文1将连体词变译为动词,使之具

体化,为多项定语赋予了层次和变化;译文2和译文3将定中结构转换成主谓结构,减少了"的"的使用,使层次更加清晰了。

译文1 特别是金融扩张催生出的"欲望资本主义"所带来的扭曲的全球化,使许多人饱受不公平所带来的痛苦。

译文2 尤其是金融资本过度膨胀所导致的"欲望资本主义"催生出扭曲的全球化,让许多民众饱尝不公平的苦果。

译文3 尤其是金融资本的过度膨胀带来的"欲望资本主义"扭曲了全球化,让许多民众饱尝不公平的苦果。

(四) 变抽象为具体

以下几例是巧用变译手法、变抽象为具体的佳作。

例10. 月の光も雨の音も、恋してこそ始めて新しい色と響きを生ずる。(永井荷風・歓楽)

译文 恋爱之后才愈觉月色撩人、雨声绕梁。

较之原文,译文的表达更加具体、形象。原文只说恋爱使人产生新鲜的感受,如俳句般言短意长、引人遐想;译文则用两个隽永的四字格将这一感受具体表现出来,鲜活灵动、直击人心,更符合汉语读者的审美习惯。可以说这是一个变抽象为具体的佳译。

例11. 古典的な四字熟語に残された教訓も面白いが、四字熟語の魅力は、二字熟語の組み合わせによってより多くのことを伝達できる点にある。その広がりは、机上の足し算以上の深みがある。

译文1 传统的四字成语里所保留下来的训示也很有意思,而四字成语的魅力则在于通过二字惯用语的组合传达了更多的含义,其含义的扩展远远超出字面意义的简单相加。

译文2 传统的四字成语中蕴含的经验教训也很有意思,但它真正的魅力在于通过两个汉字词的组合表达出了比字面更多的意思,

其含义的拓展有着"2＋2＞4"的深度。

两个译文在画线部分都下了一番功夫。特别是译文2,使用了变译的手法,化抽象为具体,将"超越简单的加法运算"以"2＋2＞4"这种直观的形式呈现出来,简洁准确,可谓"神来之笔"。

例12. 生ごみの減量のために、埼玉県の回転ずし店が、これまで廃棄していた魚の骨などを調理して無料で提供し始めた。

译文1 为减少厨房垃圾的排放量,埼玉县的旋转寿司店开始将本应丢弃的鱼骨等烹调之后免费提供给顾客。

译文2 为减少厨房垃圾的排放量,埼玉县的旋转寿司店开始将以前总是丢掉不要的鱼骨等加以烹调并免费提供给顾客。

译文3 埼玉县的一家旋转寿司店为减少厨余垃圾,开始利用"废料"鱼骨等,新推出"0元鱼骨料理"。

三个译文中,译文1"本应丢弃的"这一表达有歧义,可能会使读者以为餐馆将不能食用的东西提供给顾客。译文2乍一看中规中矩、信息表达没有问题,但与译文3比较一下便会发现,它与译文1有个共同的问题,就是"埼玉县的旋转寿司店"前未加译数量词"一家",这样一来便是指埼玉县所有的旋转寿司店了,这是个错译。最后来看译文3,这个译文不仅信息传达准确无误,而且巧用引号进行变译,将原文的平铺直叙化为具体生动,既准确传达出原文信息,又起到了广告效应,可以说比原文更胜一筹,堪称精品佳作。

综上所述,变译的手法多种多样,但不论哪种,目的都在于更好地传达原文的信息,尽可能地使译文读者得到与原文读者等值的阅读感受。

二、意译

意译一般用于无法直译,或直译的译文生硬晦涩、翻译腔较

重时。

意译可以是词语或句子成分的意译，也可以是对整个句子甚至几个句子的"重写"。意译的部分乍一看与原文大相径庭，甚至面目全非，但仔细看便会发现，它才是真正传达出了原文信息。意译的前提是全面、准确地把握原文信息，并在此基础上跳出原文用词及结构的束缚，以一种与原文"貌离而神合"的形式将其呈现出来。

例13. ご馳走をインスタ用に作る妻（人民中国：平成年间工薪族川柳回放2018）

译文 老婆变勤快，时不时做几个菜，只为把图晒。（王众一）

这首川柳中的「インスタ」又称"照片墙"，是一种以分享图片为主的社交软件，在国内知道的人并不多。这个译文使用意译的方法，将其译为"把图晒"，抛开了国内读者可能看不懂的字面意思，直接体现出其功能。这样不仅能使读者读懂原文真正想要传达的意思，而且言简意赅，符合川柳翻译对字数的要求，韵脚也押得恰到好处。

例14. 娘は島村とちょうど斜めに向い合っていることになるので、じかにだって見られるのだが、彼女等が汽車に乗り込んだ時、なにか涼しく刺すような娘の美しさに驚いて目を伏せる途端、娘の手を固くつかんだ男の青黄色い手が見えたものだから、島村は二度とそっちを向いては悪いような気がしていたのだった。

译文1 姑娘因为正好坐在岛村的斜对面，是直接可以看到的，可是在他们上火车时，那姑娘清冷刺人的美质，使岛村吃了一惊，他就把眼睛垂下来，那时他看到男人的青黄色的手紧紧地握着姑娘的手，他就觉得不好再朝那个方向观望了。

译文2 姑娘恰好坐在岛村的斜对面，本来劈面便瞧得见，但是他俩刚上车时，岛村看到姑娘那种冷艳的美，暗自吃了一惊，不由得低头垂目；蓦地瞥见那男人一只青黄的手，紧紧攥着姑娘的手，岛村便觉得不好再去多看。

对画线部分的翻译,译文1是直译,译文2是意译。显而易见,后者虽字面上与原文不同,但更加精准传神。

例15. 首脳会議で、安倍総理大臣は米中の貿易摩擦等も念頭に、貿易制限措置の<u>応酬</u>はどの国の利益にもならないとして、自由貿易の推進に向けて自由で公正なルール作りに取り組む決意を示すことにしています。

「応酬」一词在日汉辞典上的译词如下:

(1)还击,报复。(日汉大辞典)

(2)应对,应答。(沪江小 D)

这些译词是否符合语境,能否直接用于译文?可进一步通过原文辞典检索来把握词义,在此基础上加以确定。原文辞典释义如下:

(3)「応酬」: 互いにやりあうこと。やりとりをすること。(広辞苑)

可见,这个词的语义重点在于"双方互相采取(针对对方的)某些行为",翻译时要把这个意思体现出来。

译文 鉴于中美贸易摩擦等情况,安倍总理认为互相采取贸易限制措施对任何一国都有害无益,因此将于此次首脑会议上表明自己为推进自由贸易而制定自由公正的贸易规则的决心。

例16.「負荷(作業量)」と「能力(キャパシティ)」が均衡している状態が理想的な作業環境であり、負荷と能力のバランスが崩れると<u>3M(ムリ・ムダ・ムラ)</u>が発生します。その原因として人員配置や生産計画が不適切だと考えられます。負荷が増えれば作業が滞り、能力が増えれば人員が余る状態になります。このバランスをどのように均衡させるかが非常に重要です。(www. keyence. co. jp/ss/products/autoid/logistics/improvement/balance.jsp)

画线部分由于语音本身的差异,无法直译成汉语,只能意译。通过检索,我们了解到3M在此语境中的具体所指是:

ムリとは「負荷が能力を上回っている状態」

ムダとはムリとは逆に「能力が負荷を上回っている状態」

ムラとは「ムリとムダの両方が混在して時間によって現れる状態」(网址略)

可见,这段文字中的「ムリ」「ムダ」「ムラ」分别为"吃力""浪费""不均衡"的意思。在正确把握原文信息的基础上,再通过交叉检索、平行文本检索等确定「負荷」「キャパシティ」等术语的规范译法,便可得出准确的译文。

译文 "负荷(工作量)"与"产能(生产能力)"相平衡的生产环境是最为理想的,一旦失去这一平衡便会出现三个问题:负荷过大、产能过剩、配置不均。原因是人员配置和生产计划不合理。负荷增加则作业进度减慢,产能提高则出现人员闲余。如何保持这三者的平衡至关重要。

如上所述,日汉两种语言在很多情况下存在着语义不对应及逻辑思维方式的差异,为此需要在翻译时使用意译法,以准确传达信息,让读者真正领会原文的意思。意译有多种手法,有时是概括性的翻译,有时是解释性的翻译,有时则跳出原文束缚,改头换面以另一种形式将原文信息呈现出来。

总之,所有翻译技巧的运用都是为了应对日汉语言差异,归根结底是为了更加准确、顺畅地传达原文的信息,使译文读者获得与原文读者近似的阅读体验。使用翻译技巧的前提是忠实于原文,决不能背离原文。不同的译者出于不同的考虑,可能会采取不同的技巧,给出不同的译文。这些译文只要正确传达了原文信息,并且符合汉语表达规范,就都是好的译文。

课后练习

将下列句子翻译成中文。

1. 悲嘆に暮れているものを、いつまでもその状態においとくは、よしわるしである。山椒魚はよくない性質を帯びてきたらしかった。そしてある日のこと、岩屋の窓から紛れ込んだ一匹の蛙

を外に出ることができないようにした。

　2. 昨年5月29日夜、休暇でくつろいでいた自宅の電話が突然鳴った。「会社がつぶれちまったぞ。機械を今すぐ止めろとよ」。同僚からだった。自宅からほど近い高萩工場へと自転車を走らせた。「うそだろ」と頭の中で繰り返した。業績が悪いと聞いていた。一昨年はボーナスが支給されなかった。「でも、自分の目で確かめるまで信じたくなかった。」

　3. このような地域の人々による資源管理は「地域共同体による管理（community-based management）」と呼ばれる。世界中どこでも、効果的な沿岸資源管理の基本は、地域の人々が自主的にルールを作って守る管理である。日本各地の沿岸で漁業協同組合やその内部組織が行ってきた、自主的な管理体制による漁業資源管理は、「地域共同体による管理」の好例である。

　4. もうそんな寒さかと島村は外を眺めると、鉄道の官舎らしいバラックが山裾に寒々と散らばっているだけで、雪の色はそこまで行かぬうちに闇に呑まれていた。

　5. かつてはSFに過ぎなかったこれらの危険性が、今や現実味を帯びて語られるようになりました。例えば著名な理論物理学者のスティーブン・ホーキング氏やマイクロソフト共同創業者のビル・グイツ氏ら、先見の明のある有識者が次々とそうした警鐘を鳴らしています。

　6. 一方、マイナス面は、予測不能なAIの進化です。「自ら学んで進化するAI」は、それを作り出した人類が意図したのとは全く違う方向へと発達してしまう危険性を秘めています。最近、巷で囁かれる「異常な発達を遂げたAIが暴走して人類を破滅させる」といった懸念は、この点に起因しています。

7. 筆者が北京へ来た当時まだ残っていた城壁がとっくに取り払われ、街全体の古いイメージがだんだん薄れ、昔のような下町情緒が楽しめなくなったのは、正直言ってちょっぴり寂しい。しかし、活気に満ちあふれた新しい北京を、誇らしく思う今日この頃である。

8. 中国の居酒屋は庶民向けというより、むしろ町のホワイトカラーのような中流階層を目当てにしているのではないかと思われる。店の中の雰囲気も日本の一般の居酒屋とは違い、イマイチの感を免れない。もちろん利用者の中には気を腐らして腹いせに一杯という者もないではないが、総じて客は紳士的で、日本の居酒屋のように、店のおかみさんに気軽に話し掛けたり、周りの常連と話し込んだり、仲間と一緒に上司の陰口をたたいたりする光景は見られない。

9. ケース・メソッドの講師には、情報を共有した上で話し合いを進める場を運営するファシリテーションの技能が求められる。著名な経営学の本にも、ケース・メソッドは「有能な教師の手にかかると、これは非常に効果の上がるもの」とある。逆に言えば、有能でない教師の手にかかると、ケース・メソッドは、言葉を追うだけ、教材を読むだけの授業になりかねない。そうなっては、過去の出来事を生き生きと擬似体験するという、本来の目的が達成できない。

10. 平野さんは十五年前、女性教師第一号として予備校の教壇に立ったマドンナ教師の草分けとして有名で、実にエネルギッシュ、かつチャーミングな女性である。平野先生の教室はいつも満員どころか、立ち見生徒が鈴なりになる。同僚講師に言わせると「信仰に近いほどの異常人気」であるらしい。いったい、彼女の何がそんなに生徒たちを惹きつけるのだろうか。

第八章

变　序

本章介绍变序这一翻译技巧。变序也称倒译,顾名思义就是改变句子成分的前后顺序,目的是使译文符合译入语的表达习惯。

一、日汉语序差异

从翻译的角度看,日汉语序差异主要表现在以下两个方面。

1. 句子主干结构差异

汉语是主谓宾(SVO)结构,日语是主宾谓(SOV)结构。谓语是对主语进行陈述的成分,来说明主语做什么、是什么、怎么样,可以是动词、形容词、名词等各种性质的成分。日语的谓语在最后,句子重心一般也在最后,时、体、态、语气乃至接续助词等都在句子最后,所以翻译时一定要把整个句子看完再译,按照汉语规范调整语序。

2. 句中修饰成分位置差异

日语句子中所有的修饰成分,无论长短,也无论是定语、状语还是补语,都在被修饰成分的前面,这点与汉语有所不同,所以翻译时常常需要按汉语习惯对语序加以调整。具体来说有以下几种情况:

(1)汉语句子的构造一般按事物发展的实际顺序展开。比如表示程度和结果的修饰成分,从逻辑关系上看,是对状态或结果的描述,发生在行为或动作之后,所以在译为汉语时通常需要变序,放到谓语的后面去。

(2)汉语是孤立语,句子成分间的语法关系基本靠位置关系来确

定,过长的修饰语会阻碍句子成分的呼应,影响读者对句子结构的正确把握。所以对于较长的修饰成分,如定语从句、插入语、举例部分等,日译汉时常常需要提取出来单独翻译,以免影响其前后成分的正常呼应。

二、几种常见的变序情况

日语和汉语在语序上存在诸多差异,翻译时需有意识地加以变序,否则便会造成译文晦涩甚至错误。以下具体讲解几种常见的情况。

(一)"引用+陈述"结构

由于日汉基本语序的差异,日语句子中表示"说""想"等动作的动词在后,说或想的具体内容在前;汉语则相反。翻译这种句子时,如果句子结构简单,我们一般会自然而然地按汉语习惯调整语序,但如果句子结构复杂,或者"说""想"之前有一些陈述性成分等,便可能干扰我们的判断,使我们在翻译时被原文形式束缚,不能按照汉语习惯适当地调整语序。

例1. この時にお尋ねした福島県水産試験場の場長・五十嵐敏さんは、「海水もそうだが、植物プランクトン、動物プランクトン、海藻など、海にいる生き物全体のモニタリングをやっていかなければ、消費者の不安は消えない」と、海洋生態系モニタリングの必要性を国や県に訴えていた。(『海辺に学ぶ』第167頁)

这句话的主干是:

「五十嵐敏さんは、…と、海洋生態系モニタリングの必要性を国や県に訴えていた。」

表示引用的「と」和动词「訴える」并非直接相连,中间还有些陈述性的成分。这个陈述部分有时会干扰我们的判断,使我们忘记变序而照原文语序直译,像译文1这样。

译文1 我那时访问的福岛县水产试验场场长五十岚敏先生说："如果我们不对海水，还有海中的生物，比如浮游植物、浮游动物和海藻等进行整体监测，消费者的担忧就不会消失。"他向国家和县里呼吁监测海洋生态系统的必要性。

这个译文有些头重脚轻，而且让人感觉前面的"说"和后面的"呼吁"是两个不同的行为，这显然背离了原文。要解决这个问题，需按照汉语习惯变序。

译文2 我当时访问的福岛县水产试验场场长五十岚敏先生向国家和地方政府呼吁监测海洋生态系统的必要性，他说："如果我们不对海水，还有海中的生物，比如浮游植物、浮游动物和海藻等进行整体监测，消费者的担忧就不会消失。"

例2. この措置に対し、一九九二年、メキシコ政府は、「市場での差別的取り扱いを受けている」として、関税貿易一般協定（GATT）に違反を訴えた。しかし、GATTは、ドルフィン・セーフ認証は国産品・輸入品を問わずに同一基準で行われ、米国政府は認証ラベルの有無による差別的取り扱いをせずに、購入は消費者の自由選択に任される、として、ドルフィン・セーフ・ラベルは関税障壁ではないと判断した。その後の、メキシコと米国間のドルフィン・セーフ・ラベルにまつわる論争は、世界貿易機関（WTO）に引き継がれている。（『海辺に学ぶ』第184頁）

这段文字中以下两句属于"引用＋陈述"结构，翻译时需适当变序。

メキシコ政府は、…として、関税貿易一般協定（GATT）に違反を訴えた。

しかし、GATTは、…として、ドルフィン・セーフ・ラベルは関税障壁ではないと判断した。

译文 针对这一措施，1992年，墨西哥政府向关税与贸易总协定（GATT）投诉，称其在市场上受到了歧视性对待。然而，关贸总协定裁定，海豚安全标签不是关税壁垒，因为海豚安全认证对国内和进口

产品都是基于统一标准进行的,美国政府并不因有无认证标签而加以歧视对待,而是让消费者自由选择购买。之后,墨西哥和美国之间关于海豚安全标签的争议由世贸组织(WTO)接手处理。

由以上两例可见,"引用+评述"结构的句子,在翻译时通常应调整语序,先陈述结论,再表明具体观点。

例3. トリチウム分離技術は存在する。国の委員会の報告書では「トリチウム分離技術の検証試験の結果を踏まえ、直ちに実用化できる段階にある技術が確認されなかったことから、分離に要する期間、コストには言及していない」として、分離については選択肢となっていない。しかし、実際にトリチウム分離はアメリカなどでおこなわれている。より時間をかけて、検討すべきである。(第四届"海洋杯"国际翻译大赛)

译文1　存在氚分离技术。在国家委员会的报告中表明,"根据氚分离技术的验证试验结果,由于没有确认到处于可立即实用化阶段的技术,因此没有提及分离所需的时间和成本",因此没有将氚分离作为备选选项。但是,实际上氚分离的研究在美国等地进行。应该花更多的时间来进行研究。

这个译文有两处比较明显的问题,一是最后一句缺少主语,行为主体不明;二是文中引语部分与后面小句的衔接不畅,造成用词重复、层次不清,这个问题按照以上两例所介绍的方法加以变序处理即可解决。

译文2　氚分离技术是存在的。日本政府相关委员会的报告中没有将氚分离作为备选选项,理由是"根据氚分离技术的验证性实验结果,未能找到可立即进入实用化阶段的技术,因此没有提及分离所需的时间和成本"。但实际上氚分离技术已在美国等地投入应用,日本应多花些时间认真研究这一选项。

例4. 米企業家でX(旧ツイッター)オーナーのイーロン・マスク氏は29日、反ユダヤ主義的な投稿への賛同について謝罪した一

方、自身の行動を受けXから広告を引き揚げた企業を「くたばれ」と罵倒した。(中略)

マスク氏は「(自分の)3万の投稿の中で最悪の投稿かもしれない。私は反ユダヤ主義ではない」と釈明。ただ<u>広告から撤退した企業に対しては「私を脅そうとするならばくたばれ。広告を出さなければいい」と述べ、Xが倒産すればボイコットした広告主に批判が集まるとの見解を示した。</u>(雅虎日本新闻)

此例画线部分结构与上面几例不同,前后并非同一陈述的两个部分,而是两个不同的陈述,翻译时顺译即可。

译文 29日,美国企业家、社交平台X(原推特)所有者埃隆·马斯克就自己赞同"反犹太主义"帖文一事致歉,同时斥责因这一事件从X撤走广告的企业"见鬼去吧"。(中略)

马斯克称:"这也许是(我)3万个帖子中最糟糕的一个。我不是反犹太主义者。"但对于撤走广告的企业,他表示"想用这个威胁我?见鬼去吧。别来投广告了",并指出如果X破产,这些撤离的广告商将会受到强烈谴责。

【附:平行文本】

美国企业家埃隆·马斯克周三(11月29日)在纽约2023年DealBook峰会上发言回应了因他赞同"反犹太主义"贴文导致美国多家广告商暂停在社交平台X(原推特)投放广告的事件,还爆了句粗口。

报道称,马斯克表示,"如果有人想用(不再投放)广告来要挟我?用金钱来要挟我?去你X的。"他补充说,"别来投广告了。"报道说,马斯克还暗示他的粉丝和X的粉丝将抵制那些广告商。马斯克称,"全世界都会知道是那些广告商毁了这家公司,我们会把这些详细记录下来。"

(baijiahao.baidu.com/s?id=1783966726003147759&wfr=spider&for=pc,2024/2/3检索)

（二）列举成分

日语句子中的列举成分不论多长，都放在中心词前面。汉语则不然，如果列举成分较长，便会影响其前后成分的呼应，所以翻译时常常需提取出来，放到后面去作为补充说明成分。

例5. この機械を梯子や木に登って作業するなど、不安定な姿勢で使用しないでください。怪我の原因になります。

这句中的列举成分「梯子や木に登って作業するなど」虽然不算长，但翻译时显然会对前后成分的呼应有所影响，所以最好能提取出来放到后面单独翻译。

译文 请勿以不稳定的姿势使用本机器，如爬到梯子或树上进行作业等，否则可能受伤。

例6. 家庭の形には、亭主関白型、友達夫婦型、カカア天下型などのように、夫と妻の性格や相性によって様々なタイプがあるでしょう。

此例中的列举成分「亭主関白型、友達夫婦型、カカア天下型などのように」也在一定程度上阻隔了其前后成分的呼应，翻译时若能将其提取出来，放在主干之后译出，会更加条理清晰、简洁易懂。

译文 家庭的形态根据夫妻二人的性格及相处方式可分为多种类型，比如大男子主义型、朋友型、妻管严型等等。

例7. 大量なデータが存在する医療分野はビッグデータによる高度化が期待される分野です。50万人に上る患者の診療実績や年間4000件の手術データを解析することで、再手術の割合を3割削減や、薬剤費の最適化により年間2億円の医療費削減を実現といった大きな成果を上げました。

这例中的列举成分比上例更长一些，并且与上例不同的是，列举内容不是单纯的名词性成分，而是两个动词性短句。翻译时应按照汉

语习惯,尽量使它们在词性上保持一致。

 译文 拥有大量数据的医疗领域有望通过大数据实现高效发展。通过对多达50万名患者及每年4000台手术数据的分析,该领域已取得重大成果,如二次手术的比例下降3成、通过药费最优化使医疗费每年下降2亿日元(约1000万元)等等。

例8. 1990年代以降、IT 技術の導入がもたらす技術的失業を懸念し、テクノロジーの発達と普及に対して反対を唱える「ネオ・ラッダイト運動」が起きた。「ネオ・ラッダイト運動」自体は「銀行にATMが導入されると窓口係が職を失う」「Amazonが普及すると街中の書店は廃業に追い込まれる」といった近眼的なものだが、「シンギュラリティ」への道筋が明確になっていくにつれて、今後、似たような形で技術的失業に対するノイズが上がっていく可能性がないとは言えないだろう。

 译文1 上世纪90年代以来,由于担心 IT 技术的导入会带来技术性失业,很多人高呼反对科技的发展及普及,又掀起了"新卢德运动"。"新卢德运动"本身都是一些如"银行被导入了 ATM 系统的话窗口工作人员就会失去工作""Amazon 如果普及,街上书店就会被迫倒闭"等等这些目光短浅的行为,伴随着科技向"奇点"迈进的道路越来越明确,今后相似形式的、针对技术性失业的反对呼声可能还会甚嚣尘上吧。(《IT 日语精读教程》第137页)

这段译文的画线部分包含着较长的列举成分,对其前后成分的呼应形成阻隔,直译势必晦涩难懂。可以像上例一样,将列举成分后置,这样整个句子就会层次清楚、简洁易懂许多。

 译文2 20世纪90年代以后,由于担心 IT 技术的引进会带来技术性失业,兴起了反对科技发展与普及的"新卢德运动"。"新卢德运动"本身只是些目光短浅的主张,比如"银行导入 ATM 系统的话,窗口工作人员就会失去工作""Amazon 一旦普及,街上书店就会被迫倒闭"等,伴随着科技向"奇点"迈进的趋势越来越明确,今后针对技术性失业的类似的反对声可能还会甚嚣尘上吧。

如上所述,对于句中较长的列举成分,为避免其阻碍前后成分的呼应,翻译时可采取变序的方法,将其后置。

例9.さつまいもには糖分をエネルギーに変えるビタミンB群や、抗酸化作用を持つビタミンE、コラーゲンの生成を促進するビタミンCなど、様々な栄養素がバランスよく含まれた食材であるといえます。

译文 红薯可以说是多种营养素均衡搭配的食物,其所含的维生素B类可以使糖分转化为能量,维生素E具有抗氧化作用,而维生素C能够促进胶原蛋白的生成。(出处:2015年二笔真题)

这段译文除了将列举成分移到主干后面之外,还对各项列举成分本身做了变序处理,使原本的定中结构变为主谓结构,使译文更加符合汉语习惯、更简洁有力了。此句列举成分中的定语并不很长,所以不变序也完全没问题,若是定语很长的话,便可看出这一变序处理的妙处了。在第十三章中会有详细介绍。

(三)"有"字句

「～ことがある」这个句型在译成汉语时,通常要将句子颠倒过来,译成"有时……",否则会头重脚轻,甚至晦涩难懂。不光是「～ことがある」,「～もの/人/所がある/いる」也是一样,还有它们的否定形式也不例外。比如:

「…人がいる/いない」→有人/没有人……
「…人が多い/少ない」→有很多人/很少有人……

特别是前面定语较长时,翻译时如果不把句子倒过来,就会出现句首是一长串定语而迟迟看不到主语的情况。

例10.例えば、産業革命後、しばらくの間、機能性はありつつも、デザイン的な美しさに欠けていたり、他社の製品と似通って独自性に乏しかったりするプロダクトが多かった。

这句话的主干是「～プロダクトが多かった」,画线部分是「プロ

ダクト」的定语。如果按照原文语序直译，便会出现头重脚轻的情况，所以应将语序颠倒过来，译为"有很多产品……"，如此一来，前面的长定语便移到了后面，整个句子变得开门见山、结构清晰。

译文　例如，工业革命后的一段时期，大多数的产品虽然具有功能性，但缺乏设计上的美感，或是与其他厂家的产品类似，缺乏独特性。（《IT日语精读教程》第138页）

例11. また大学を出て、就職のための面接試験を受ける時も、おじぎの仕方に人柄が現れるから十分に心をこめるようにと注意してくれた先輩もあった。

与上例一样，句子的主语「先輩」前有长定语修饰，为避免头重脚轻、译文晦涩的情况，翻译时应适当变序。

译文　另外，我大学毕业去参加面试时，也有学长叮嘱我说，鞠躬的方式会反映出一个人的品格，所以鞠躬时一定要满怀诚意。

例12. メンタルヘルス対策が進みにくい原因の一つに、日本の企業風土そのものがある。以前ほどではないが、心の病いを特別視する傾向が払拭されたとはまだいえないようだ。そのため、具合が悪くても、社内の医師やカウンセラーのところへは相談に行きにくい、という社員がかなり多いのではないだろうか。（岡本常男『心の危機管理術』）

这例最后的「社員がかなり多い」属于"有"字句，需倒译。

译文　精神保健措施难以推进的原因之一在于日本企业自身的内部环境。人们对心理疾病所抱有的歧视态度虽然较之以前已大为改善，但并未完全消除。因此，有相当多的员工即便身心不调也心存顾虑，不愿去找公司的医生或咨询师咨询。

例13. 日本の会社を辞めて中国に行き、中国社会で生活してみたとき、人に気を使う必要があまりなく、自分のやりたいようにのびのびと暮らせる中国は何て楽なんだろうと感じた。一方

で、痒い所に手が届く日本のサービスに慣れていたため、客を鄭重に扱うことをせず、サービス精神に欠ける中国の店員に怒りを覚えたことも少なくなかった。

画线部分属于"有"字句,翻译时倒译较好。与前几例不同的是,这例的主语不是「ひと」,而是「こと」,但处理方法是一样的。

译文 我刚从日本的公司辞职,到中国生活的时候,觉得在中国生活不怎样需要劳心费神跟人相处、可以自由自在地做自己想做的事,真是太惬意了!但另一方面,由于习惯了无微不至的日式服务,有很多时候也会对慢待顾客、缺少服务意识的中国店员心生怒火。(人民中国公众号/日语词汇大发现/カスハラ)

例14. 日本建築を解体して組み立てなおすと、そのまま中国建築も作れる、などと思っている人はおそらくいないでしょう。中国建築に必要な材料や適当な材質が日本建築になかったり、また中国建築に必要とされないものが混ざったりする、と考えるのが普通でしょうから。言葉の構造もこれと同じなのですが、学習中はどうもそのことを忘れがちになるようです。音声や書記法さえ変えれば、日本語の素材や運用方法が、そのまま過不足なく中国語としても通用すると単純に信じている人は、決して少なくありません。

这例中哪些地方是"有"字句?第一句和最后一句显然都是,还有画线部分的两个小句也是。画线部分的两个小句是「～に～がある/ない」的句型结构,只是顺序有所颠倒,而且后一小句有所省略,因此看上去两个小句结构不一致。翻译时可将省略的成分补足,使两个小句结构一致再译:

中国建築に必要な材料や適当な材質が日本建築になかったり、また中国建築に必要とされないものが日本建築に混ざったりする

译文 恐怕没有人会认为只要将日本建筑拆开重组,就能直接变成中式建筑。因为一般认为日本建筑中缺少中国建筑所需要的某

些材料和材质,同时也混杂着中国建筑所不需要的一些东西。语言的构造也是一样,然而我们在学习时常常忘记这一点。有很多人简单地认为,只要将发音和文字变一变,就可以将日语的词句和用法原封不动地照搬到汉语中来使用。

例15. 年収1億円を超える外資系投資銀行の日本人、自ら起業して株式公開で膨大な資産を築いたベンチャー経営者など、日本企業に勤めるビジネスマンが一生かかって稼ぐ金額を数年間でものにする日本人が次々登場している。(《高级日语》第150页)

与上例画线部分最后的「混ざる」一样,本例句末的「登場する」也可归入"有"字的行列,整句可作为"有"字句把握,以倒译为佳。前面的列举成分也应倒译。

译文 有越来越多的日本人只用几年时间便能赚到普通日企员工一辈子才能赚到的财富,比如任职于外资投行、年薪过亿的日本人,自主创业并通过股票上市积聚起庞大资产的风险企业家等。

【附:检索记录】

(1)株式公開＝上場

(www.syachou-blog.com/others/6%E5%88%86%E3%81%A7%E7%90%86%E8%A7%A3%E3%81%A7%E3%81%8D%E3%82%8B%E4%B8%8A%E5%A0%B4%EF%BC%88ipo%EF%BC%89%E3%81%A8%E3%81%AF%EF%BC%9F)

(2)経営者

経営者は、組織の経営について責任を持つ者のことである。

会社法上の規定については、代表取締役を参照。

会社組織における役職については、社長を参照。

個人事業主(自営業)については、個人事業主を参照。

(ja.wikipedia.org/wiki/%E7%B5%8C%E5%96%B6%E8%80%85)

（四）情态状语

如前所述，日语句子中的修饰成分全都在被修饰成分前面，汉语则不尽然，句子结构多按事物发展的实际顺序排列。所以有些状语或补语成分，从逻辑关系上看是发生在谓语之后的，在翻译时也需按照汉语习惯变序，放到谓语的后面去。

例16.　スキーの季節前の温泉宿は最も客の少い時で、島村が内湯から上って来ると、もう全く寝静まっていた。古びた廊下は彼の踏む度にガラス戸を微かに鳴らした。<u>その長いはずれの帳場の曲り角に、裾を冷え冷えと黒光りの板の上へ拡げて、女が高く立っていた。</u>（『雪国』）

[译文1] 温泉旅馆在滑雪季节前，客人是最少的，岛村从浴室里出来的时候，已经完全夜深人静了。他每走一步，那陈旧的走廊上玻璃门就发出微微的震响。在长长的走廊尽头，在账房间的拐角上，有冷飕飕的衣裳下摆铺展在发着黑光的木板上，一个女人高高地站在那里。

[译文2] 滑雪季节之前，温泉旅馆里客人最少，岛村从室内温泉上来时，整个旅馆已睡得静悄悄的。在陈旧的走廊上，每走一步，便震得玻璃门轻轻作响。在走廊那头账房的拐角处，一个女人长身玉立，和服的下摆拖在冰冷黑亮的地板上。

画线部分中的情态状语「裾を冷え冷えと黒光りの板の上へ拡げて」对女子站着的样态进行了描写。译文1是直译，译文2则进行了变序，将情态状语移到了谓语之后。从逻辑关系上看，先有女子站在那里，才有裙摆铺展在地板上，显然译文2的表达更符合汉语的叙述习惯。而且单就译文1而言，"有冷飕飕的下摆铺在木板上"这个描写本身并不能体现出下摆与女子之间的必然联系，在意思的连贯上不如译文2自然顺畅。

请参照上例试译例17。

例17. 梅の花は桜ほどの華やかさはないが、可憐で清楚な感じがし、まだまだ寒い初春に甘い香りを放って咲くことから、桜よりも好きだと言う人も少なくない。

「甘い香りを放って咲く」这句,是先开花,还是先散发香味?当然是开花在前,散发香味在后,所以按汉语习惯将这个情态状语放到动词后面去,才符合汉语表达习惯,译文也会更加顺畅自然。

(五) 程度状语

与其他修饰成分一样,日语中对程度加以描述的成分也位于被修饰成分(谓词)之前,从语法结构上看就是程度状语。汉语中的相应成分则大多放在谓词后面,从语法结构上看就是程度补语。基于这一差异,日语中的程度状语在翻译时一般要按照汉语的句法规范,移至谓词之后,作为程度补语或补充说明成分译出。

例18. 傘の表面には、指で字が書けるほど、砂が積もっていた。(『砂女』)

这例中「指で字が書けるほど」是程度状语,修饰后面的谓词「積もる」。翻译时应按照汉语规范放到后面去。

译文 伞的表面已积起一层沙,用手指都能在上面写出字来。

例19. 我々は、小学生のころまでは、何でも知りたがった。<u>親からうるさがられるほど</u>、これはなに、これはなぜ、というふうに、あらゆる事柄について好奇心に満ちた質問を発した。(《新编基础日语第四册》第19页)

画线部分「…ほど」修饰句末谓语动词「発した」,对其程度加以表现。译成汉语时应遵循汉语规范,先译谓语成分,再补充说明其程度。

译文 直到小学时代,我们都对世界充满着好奇,总是不停地问大人:这是什么?那是为什么?让大人不胜其烦。

例20. 総じて動きの少ないアメリカ漫画に比べて、日本の漫画、特に動きの表現やストーリー展開などは格段に進歩しているといえる。これは描き手の年齢にも関係があって、アメリカでは戦前からの五十、六十の漫画家が今でも描いている。そこへいくと、日本では、十代の少女漫画家だって珍しくないくらい若い。

最后一句中的「十代の少女漫画家だって珍しくないくらい」是程度状语,修饰后面的「若い」,译时应变序。

译文　总体而言,比起缺乏动感的美国漫画来,日本漫画在动作表现和情节推进等方面可以说要技高一筹。这与画画者的年龄也有关系。在美国,二战前就已成名的五六十岁的漫画家现在依然笔耕不辍。而日本漫画家则年轻许多,甚至不乏十几岁的少女漫画家。

例21. 問題はストレス解消のつもりが新たなストレスを生む場合もあり得ることである。ことに酒の場合、アルコール消費量の増加と鉱工業生産指数の増加率は並行するといわれるほど、酒に解消法を求めるサラリーマンはたしかに多い。繁華街の赤ちょうちんはそんなサラーリマンで溢れている。(岡本常男『心の危機管理術』)

译文1　问题在于也可能产生这种情况,即自以为是在借助某种方法消除精神紧张,然而事与愿违,结果反倒产生新的精神紧张。特别是饮酒,正像人们所形容的,酒精消费量的增加同工矿业生产指数的增加率同步那样,确实有许多薪俸阶层者靠酒来消除精神紧张。在繁华街上挂着红灯笼的小酒店,总是坐满了这样的薪俸阶层者。(《顺应自然的生存哲学》)

这例中有个程度状语「アルコール消費量の増加と鉱工業生産指数の増加率は並行するといわれるほど」,修饰后面的「多い」,译文1此处进行了直译,不仅定语冗长,也未能传达出原文中对程度的强调。通过变序,可以很好地解决这些问题。

译文2　问题在于,本是为消除身心疲劳而采取的方法,有时却可能造成新的身心疲劳,特别是饮酒。借助饮酒来消除精神紧张的工

薪族的确很多,多到酒精消费量与工矿业生产指数同步增长。商业街上挂着红灯笼的小酒店里坐满了这样的工薪族。

例22. ガイドバー下部のチェーン刃のたるみを「調整ネジ」にてガイドバーに接触するまで締め込んでください。(『マキタ(MAKITA)チェンソーの取扱説明書』より)

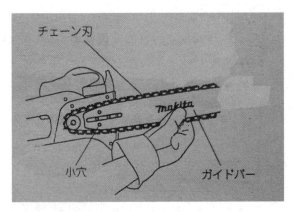

此例摘自"MAKITA 链接使用说明书",其中「ガイドバー(导板)」「チェーン刃(链条)」等术语的规范译法可通过平行文本检索确定。句中「ガイドバーに接触するまで」是程度状语,修饰后面的「締め込む」,说明要拧到什么程度。翻译时注意变序。

译文 拧紧"调节螺丝",对导板下部的链条松弛处进行调节,直至链条与导板贴合。

【附:检索记录】
Step1. 交叉检索:「チェーンソー」→链锯
Step2.平行文本检索:
"MAKITA 链锯说明书"/百度→"导板""链条"等
(www.docin.com/p-2169700489.html,2022/7/17)
www.makita.com.cn/product_show.php?id＝345,2022/7/17)

（六）目的状语

一般认为，日语的句子重心在后，汉语的句子重心在前，所以日语句子中有些放在后项加以强调的部分，在译成汉语时，常常需要移到前面来，比如包含目的状语成分的句子便是如此。此类句子在结构上由"行为"和"目的"两部分构成，日语一般目的在前、行为在后，汉语则相反，但二者的句子重心、或者说强调的重点是一致的。

例23. 危険防止のため、窓から乗り出さないでください。

译文 请不要探头，以免发生危险。

例24. 次回はもう少し日本語が話せるように練習してきます。

译文 我回去以后好好练习，争取下次日语能说得好一点。（《新编日语口译基础篇》第248页）

例25. 一人っ子の人間性を育てるために、（中略）子供との間に一定の距離をおいて、子供は自分たちとは異った存在なんだ、独立した人間なんだと考え、将来、一人で人生を歩まなければならない年代に達した時、とまどわずに歩けるように、幼い時代から一人で歩く習慣を付けておかなければなりません。（日研中心对译语料库『ひとりっ子の上手な育て方』）

画线部分为「ように」引导的目的状语从句，修饰后项的「習慣を付けておく」。以下两个译文一个直译，一个变序。因为汉语句子的重心一般在前面，所以两个译文读起来感觉强调的重点不同、力度也不同。从信息传达的准确度来看，译文2与原文一致程度更高，与上文衔接也更为顺畅。

译文1 要培养独生子女的人情味，（中略）就应该在大人同孩子之间保持一定的距离，认识到孩子跟自己并不是同一个人，而是一个独立的人。为了使他们将来一个人去闯自己的人生之路时，毫不犹豫

地迈步前进,从小就必须使他们养成一个人走路的习惯。(《独生子女优育法》)

译文2 要培养独生子女的人格,(中略)就应该在自己和孩子之间保持一定的距离,认识到孩子跟自己是不同的,是独立的个体,要从小培养他们独立前行的习惯,使他们到了需要一个人闯荡时能够毫不犹豫地迈步前行。

例26.①ガイドバーを本体の取り付け面にのせ、②ガイドバーの下部の小穴が、本体にはめ込んであるアジャストピンに入るよう、③ねじ回しで本機前部より調整ねじを調整してください。

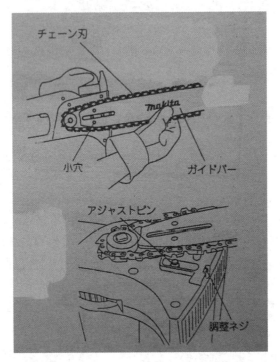

本例与例22出自同一份使用说明书,术语部分不再赘述。从句子结构来看,小句②为目的状语从句,修饰小句③中的「調整」。按照汉

语习惯,翻译时改变语序,先译③再译①较好。事实上本例也必须如此翻译,因为③与①是连续的动作,翻译时若将②夹在中间,必然影响①和③的连贯。可见这种夹在句子主干中间的目的状语从句,在翻译时更需要适当变序。

译文　请将导板置于主机安装面上,用螺丝刀从机器前部对调节螺丝加以调节,使导板下部的小孔与固定在主机上的调节栓相嵌合。

如上所述,对于包含目的状语成分的句子,日译汉时常常需要颠倒语序,将目的状语后置。但也有一些相反的情况:一是要特别强调目的时,可将目的状语放在前面;二是表述行为的部分太长时,为避免头重脚轻、重心不明,也需将目的状语放在前面(例27)。目的状语前置时,通常要将行为主体后移,与它的谓语放到一起,以免被目的状语隔开太远(例28)。

例27. それゆえ、環境教育のプログラムにおいても、「教える人」が初めに設定した価値観や前提の枠組みについて「教わる人」とともに見直すような活動を付け加えること、心にそのくらいのゆとりを持って実践することが、「環境教育」を「海辺の持続可能な利用の仕組みづくり」の基盤構築の一つとして位置づけるためには必要ではないだろうか。(『海辺に学ぶ』第103頁)

译文1　因此,以宽广的胸怀,在环境教育项目中加入一些活动内容,使"教育者"能就其最初设定的价值观和前提框架与"学习者"一道加以重新审视,这对于要使"环境教育"成为构筑"海滨可持续利用机制"的基础活动之一,是十分必要的。

译文2　因此,要使"环境教育"成为构筑"海滨可持续利用机制"的基础活动之一,应以宽广的胸怀,在环境教育项目中加入一些活动内容,使"教育者"能就其最初设定的价值观和前提框架,与"学习者"一道加以重新审视。

这两个译文你认为哪个更好,为什么?

这个句子的主干为「…ことが、…ためには必要ではないだろうか」,其中「～ためには」是目的状语成分。译文1总体上直译,译文2则做了变序处理,将目的状语前置。这是因为表述行为的部分太长,为避免头重脚轻、层次不明而做出的一种处理。总体上看,译文2更加简洁有力,层次也更加清晰。

例28.第九条　情報の収集等

(1)政府はマグロ資源の保存及び管理の強化に資するため、輸入されるマグロに関する情報を収集するように努めるものとする。

(2)政府はマグロ資源の保存及び管理の強化に資するため、国際機関、外国政府、まぐろ漁業を営む者又はマグロの流通若しくは加工の事業を行う者の組織する団体等と必要な情報を交換するように努めるものとする。

译文1 第九条 情报的收集等

(1)政府为加强金枪鱼资源的保护及管理,应积极收集进口金枪鱼的相关信息。

(2)政府为加强金枪鱼资源的保护及管理,应与国际机构、外国政府,以及金枪鱼捕捞业主或流通、加工领域的有关人士所组成的团体进行信息交流。(《日语笔译实务3级》第95页)

译文2 第九条 信息收集等

(1)政府应积极收集进口金枪鱼的相关信息,以加强金枪鱼资源的保护及管理。

(2)政府应积极与国际机构、外国政府、金枪鱼捕捞、流通或加工业者所组成的团体进行信息交流,以加强金枪鱼资源的保护及管理。

译文3 第九条 信息收集等

(1)为加强金枪鱼资源的保护及管理,政府应积极收集进口金枪鱼的相关信息。

(2)为加强金枪鱼资源的保护及管理,政府应与国际机构、外国政府,以及金枪鱼捕捞业主或流通、加工领域的有关人士所组成的团

体进行信息交流。

从译法来看,译文1照原文语序直译;译文2进行了变序,将行为提前、目的后置;译文3大体按照原文语序,目的在前、行为在后,但对行为主体"政府"进行了变序,将它后移到了后半句句首。从表达效果来看,译文2和3更符合汉语表达习惯,显得铿锵有力。当然,如前所述,这二者强调的重点是有所不同的。

(七)表示领属关系的定语

一个名词之前有多个定语修饰时,称为多项定语。其中领属关系的定语在日语和汉语中所处的位置是不同的。日语一般放在最靠近中心词的地方,汉语则放在最前面,所以翻译时通常要按汉语习惯将其提到前面去,以免产生翻译腔或歧义。

例29.

(1)中東情勢についての<u>米政府の</u>方針

(2)日本訪問における<u>習近平総書記の</u>演説要旨

(3)外国文明を進んで取り入れる<u>日本人の</u>伝統的性格

(4)社会制度の異なる国々が平和に共存できるという<u>レーニンの</u>政策をゆるぎなく実行していく。

这几例都含有多项定语,其中最后一项、即画线部分为领属关系的定语。按原文顺序直译的话分别是:

译文1

(1)关于中东形势的美国政府的方针

(2)访日时的习近平总书记的演讲要点

(3)主动吸收外国文明的日本人的传统性格

(4)坚定不移地执行认为社会制度不同的各个国家可以和平共处的列宁的政策。

可以看出译文(1)(2)有些翻译腔,(3)(4)则背离了原文。"主动吸收外国文明的"在原文中修饰的是「伝統的性格」,在译文中却是"日本人";"社会制度不同的各个国家可以和平共处"在原文中修饰

的是"政策",在译文中则是"列宁"。之所以会出现这种问题,原因即在于领属关系的定语位置摆放不当。翻译时应按照汉语习惯,将领属关系的定语前置,这样修饰关系便会一目了然,而且比较简洁:

译文2

(1)美国政府就中东形势所采取的方针

(2)习近平总书记访日期间的演讲要点

(3)日本人主动吸收外国文明的传统性格

(4)坚定不移地执行列宁(倡导的)关于社会制度不同的各个国家可以和平共处的政策。

例30. 本章のはじめで述べたように、「緑のさかな」は、普通の市場にある同じ種類の水産物、とくに輸入水産物と比べて高額である。高い価格の中には、資源管理する、環境保全的活動を行う、化学薬品を用いないように工夫して手間をかける、といった、普通の市場では評価されず、それゆえ価格に反映されることのない生産者のサービスが含まれている。(『海辺に学ぶ』第198頁)

第二句的主干为「高い価格の中には…サービスが含まれている」,「サービス」前有多项定语,其中「生産者の」为领属关系的定语,翻译时应适当变序,以避免产生歧义或错误。

译文 正如本章开头所说,"绿色水产品"比普通市场上同类水产品、特别是进口水产品要贵。这是因为其价格中包含了生产者所提供的一些不被普通市场认可、因而不会体现在价格中的服务,比如资源管理和环保措施,以及为了不使用化学药剂而付出的努力等。

例31. デジタル庁は1日、5人分のメールアドレスをメールで誤って送信したと発表した。(中略)メールは、新型コロナウイルスのワクチン接種を証明する政府のスマートフォン向けアプリに対する問い合わせに回答する内容だった。誤って送信された情報はメールアドレスのみで、氏名などの情報は含まれていなかった。担当者が誤りに気づき、5人に対しておわびと削除を依頼す

るメールを送信した。(雅虎日本新闻)

　　在画线部分中,「スマートフォン向けアプリ」是中心词,前面有两项定语,其中「政府の」是领属关系的定语,翻译时要提到前面才符合汉语习惯。

　　译文 4月1日,日本数字厅声明,他们错误地将5个人的邮件地址通过邮件发出。(中略)邮件内容是对<u>政府推出的</u>新冠疫苗接种证明 <u>APP</u> 的相关咨询的回答。被错误发送的信息只是邮箱地址,并不包含姓名等其他信息。工作人员发现错误后,已向相关5人通过邮件致歉并请他们删除有关信息。

(八)时间及数量状语

　　在例31的译文中,除领属关系的定语之外,还有一处常见的变序,是句首的时间状语。在日语句子中,时间状语位置不固定,但汉语则一般要放在句首或稍前的位置上(孔繁明:90-92)。特别在新闻报道的开头,汉语一般将时间放在句首,日语则多将行为主体放在句首。

　　例32. 児童生徒への性暴力を理由に懲戒免職となった教員の復職を厳しく制限する「教員による性暴力防止法」が<u>1日</u>、施行された。被害者らでつくる団体「全国学校ハラスメント被害者連絡会」は<u>同日</u>、文部科学省で記者会見し、学校での性暴力根絶に向けた取り組みを歓迎する一方、子どもに寄り添った相談体制の構築など運用面の拡充を求めた。(雅虎日本新闻)

　　译文1 《防止教师性暴力法》在4月1日开始实行,此法对"因对儿童学生实施性暴力而被免职过的教师的复职条件"做出了严格的限制。由被害者们组成的团体——"全国学校骚扰被害人联合会"当天在文部科学省举行的新闻发布会上,对学校根除性暴力的努力表示欢迎,另一方面也提出了构筑适合孩子的咨询体制等扩充运用方面的要求。(www.bilibili.com/read/cv15948503)

　　译文2 <u>4月1日</u>,日本《教师性暴力防止法》正式施行,该法对"因

对中小学生施加性暴力而被免职的教师重回教职"做出了严格限制。当天,受害者团体"全国学校性骚扰受害者联络会"在文部科学省举行记者会,一方面对政府为杜绝校园性暴力而采取的措施表示欢迎,另一方面也提出,希望在实际运用方面能进一步充实完善,如建立贴合孩子们实际情况的咨询体制等。

　　对比这两个译文,会发现除遣词造句方面的细节差异外,最大的差异就在于译文2做了几处变序处理,将两处时间状语提前,并将列举成分后置。通过这一处理,译文变得更加层次清晰、简洁有力。

　　例33. 北太平洋の公海では一九七〇年代半ばからアカイカを対象として、また南太平洋ではビンナガを対象にして、日本を中心に流し網漁業が行なわれ、一九八九年には日本漁業によってアカイカ一三万〇〇〇トンビンナガ一万三〇〇〇トンが漁獲された。(『イワシと気候変動』第184頁)

　　译文1 在北太平洋的公海,从1970年代中期开始以赤鱿为对象,在南太平洋则以长鳍金枪鱼为对象,以日本为中心展开了流刺网渔业。1989年日本渔业捕获赤鱿133,000吨,长鳍金枪鱼13,000吨。

　　这段译文给人感觉语序比较混乱,读起来有些费解。译文2按照汉语习惯对此加以调整,将时间状语和与之呼应的句子主干成分提前,其余修饰性成分后置。这样一来句子层次便清晰了。

　　译文2 从1970年代中期开始,以日本为中心展开了流刺网渔业,在北太平洋的公海捕捞赤鱿,在南太平洋捕捞长鳍金枪鱼。1989年日本通过渔业捕获的赤鱿为133,000吨,长鳍金枪鱼为13,000吨。

　　除表示具体时间的状语成分外,表示具体数量的状语成分,译成汉语时也需提到前面去。

　　例34. この間は、綺麗に化粧した若い母親が二人、三、四歳の子供を連れて乗ってきました。(荒井礼子《进阶日本语中级教程》)

画线的数量词是状语成分,修饰后项「乗ってきた」,译为汉语时一般需变序,放到行为主体之前。

译文 这期间,两位妆容精致的年轻妈妈带着她们三四岁的孩子乘上了车。

例35. ひらべったい鳥打ちを少し横目にかぶり、蝶ネクタイをして、太いズボンをはいた、若い同じような格好の男が二、三人トランクを重そうに持って、船へやって来た。

同上例,画线的数量词作状语成分,修饰谓语「やってきた」,翻译时要按照汉语习惯变序,放到行为主体之前。

译文 两三个同样打扮的年轻人,歪戴着扁平的鸭舌帽,打着蝴蝶领结,穿着肥腿裤,吃力地提着箱子来到了船上。(周祺1984,转引自姚灯镇)

除以上几种常见的变序外,还有其他一些需要变序的情况,这里不一一赘述。总之,变序的目的就在于避免歧义和误译、并使译文符合汉语表达规范,让读者能看得明白、读得轻松。最后来看一个插入语的译例。

例36. システムの構成員である生産者－流通業者－消費者に共通してその根幹にあるのは、人による強弱差はもちろんあるのだが、沿岸資源環境の保全や沿岸漁業の持続性に対する使命感であろう。彼らが熱く語り合う様子を見ていると、評論家の内橋克人さんがいう、同一の使命(ミッション)を共有する人々の、自発的で水平的な集まり、「使命共同体」という言葉を思い出す。(『海辺に学ぶ』第197頁)

译文1 该系统的所有成员——生产者、经销商和消费者的核心是一种使命感,这种使命感可能因人而异,即保护沿海资源环境和沿海渔业的可持续性。他们的热烈讨论让我想起了评论家内桥克人所说的"使命共同体"这个词,即分享相同使命的人们自发的横向集体。

这段译文总体还是不错的,美中不足之处是插入语打断了语义连贯,造成衔接不畅。若能将插入语部分变序,放到后面译出,译文便顺畅易懂了。

译文2 该系统所有成员(生产者、经销商和消费者)共同的核心是一种使命感,即保护沿海资源环境和沿海渔业的可持续性,当然这种使命感的强弱可能因人而异。他们的热烈讨论让我想起了评论家内桥克人所说的"使命共同体"这个词,即拥有共同使命的人们自发结成的横向团体。

课后练习

一、找出译文中不恰当或错误之处并加以修改。

研究者S氏は、(中略)このときの説明の中で「なぜ両者の漁変動が一九八〇年以降異なってしまったのか、ということに疑問を感じて少し分析しようと思った…」、「なぜ漁獲量が激減したのか、環境変動か乱獲か、どちらが原因かということを明らかにしたくて、分析してみました」、というように、自身が研究を進めた思考の過程を聞いている人たちが追体験するように、まるで冒険譚のように、話を進めている。

译文 研究员S(中略)在当时的讲解中说:"我想做一些分析,因为我想知道为什么自1980年以来这两种渔业的渔获量变化是不同的……","我想弄清楚为什么渔获量会急剧下降,哪个是原因,环境变化还是过度捕捞。我想弄清楚为什么渔获量会有如此大幅度的减少,是由于环境变化还是过度捕捞,所以我试图对其进行分析"。像这样,听众可以重温他研究的思维过程,他把自己的研究讲得像一个探险故事。

二、将下列句子翻译成中文。
1. (1)彼女たちへの都会人の蔑視
(2)覇権主義に反対する中国の主張は一貫している。
(3)「グローバル・エネルギー賞」授賞式における安倍総理祝辞

2. 炭のこれらの性質に対する総合的研究により、飲料水や風呂水の浄化、野菜の鮮度保持、土壌の改良及び住宅の壁や床の調湿剤や消臭剤など、様々な炭の活用法が開発された。

3. 小泉、玉木両氏のほか、立憲民主党の寺田学衆院議員、公明党の中野洋昌衆院議員、日本維新の会の遠藤敬国対委員長が29日午後、衆院議運委に対し「（国会の）ルールが時代遅れになっているのなら、変えるのも政治の重要な役割だ。国会のデジタル化が進まない状況を放置することは、国民の政治不信にもつながる」と訴え、小委の設置を求める。（雅虎日本新聞）

4. 煙は上空たかく昇って、上になるほど大きく広がっていた。私はいつか写真で見たシンガポールの石油タンクの燃える光景を思い出した。日本軍がシンガポールを陥落させた直後に写した写真だが、こんなことをしてもいいのだろうかと疑いを持ったほど恐ろしい光景であった。

5. もちろん、どの企業でも相談内容は秘密厳守、外にもれないように配慮している。それでも「神経症などと会社に知れると、後の人事や昇進にさしつかえるのでは……」と、ためらいや、警戒の思いを持つ人が多いようだ。

6. 現代人の欲望が、すべてが「私」のために整備されることを望むまでに深まっているのは、テクノロジーの影響かもしれない。

7. 「環境にやさしい」と聞くと、地球システムの中に人間がうまく共存しているように思ってしまう傾向が、今日の社会には強い。人間の存在自体は、言ってみれば環境破壊的な存在であることを忘れている気がする。人間が存在する以上、環境汚染は必然

的に起きる。

8. 死の一歩手前に立たされた経験、そして数年におよぶ流刑は挫折どころか、普通なら精神に異常をきたすか、生きる意志も奪われてしまうほどの強烈な衝撃である。しかし、ドストエフスキーはそれに耐え抜き、さらに自らの体験を内面で深め哲学にまで高め、のちに世界的名作の数々を生みだしたことは周知のとおりである。

9.（翻译画线部分）駅者台ではラッパが鳴らなくなった。そうして、腹掛の饅頭を、今やことごとく胃の腑の中へ落とし込んでしまった駅者は、いっそう猫背を張らせて居眠りだした。その居眠りは、馬車の上から、かの目の大きな蠅が押し黙った数段の梨畑を眺め、真夏の太陽の光を受けて真っ赤に映えた赤土の断崖を仰ぎ、突然に現れた激流を見下ろして、そうして、馬車が高い崖路の高低でカタカタと軋み出す音を聞いてもまだ続いた。

10. ツイッターやフェイスブック、LINEなど、各社が様々なソーシャル・ネットワーキング・サービス（SNS）を提供しています。私たちは、広告閲覧と会員情報の提出の対価として無料で多彩な機能を利用することができます。その日にあった出来事を伝え合い、デジタルカメラやスマホで撮影した写真をアップし、仲間に見せ、感想をもらうなどお互いにコミュニケーションを取ることができるのもこうしたサービスの魅力です。

第九章

被动句

　　汉语"被"字句的功能相对简单,一般表示受到损害或被迫之意,有时也用来强调行为主体。日语中的被动句则功能更丰富、使用也更频繁。日译汉时要注意根据其功能和用法来翻译,有的可以译成"被"字句,有的则需转换成主动句。

　　需转换成主动句的主要有以下几类。

一、统一视点的被动句

　　视点即发话者观察事物的视角或立场。日语的语篇在视点方面遵循几个原则,其中一个是主人公中心视点原则;还有一个是视点一贯性原则。也就是说一般以发话人或主人公为视点中心,并且整句甚至整段都使用同一视点,很少频繁变换。因此,当叙述中出现其他行为主体的行为,并且该行为以视点中心人物为对象时,常常会使用被动态来统一视点,将视点集中到主人公身上。

　　例1. 森さんは知らない人から話しかけられた。

　　这句话的主语、也就是视点中心,是「森さん」。此外还有另一个行为主体「知らない人」,该行为主体对「森さん」做了「話しかける」这一行为,也就是说「森さん」是该行为的受动者。所以站在「森さん」的角度来陈述这件事,便要使用被动态了。

　　换言之,本句之所以使用被动态,是因为要将视点统一到「森さ

ん」上，所以只是在陈述事实，并无受到损害之意。翻成汉语时应译成主动句"有个陌生人向森先生搭话"，若译成"森先生被一个陌生人搭话"，便含有心理上受到损害的语感了。

例2.「きみ、頭いいね。」「よく言われるんだよ。」

画线句子的视点中心、也就是主语"我"，是省略的，但根据语境很容易判断出来。一般来说，文中有第一人称时，第一人称优先成为视点中心。与上例一样，这句话并无受到损害之意，只是为使视点统一到视点中心而使用的被动态，翻译时应按照汉语习惯转换成主动句。

译文 "你很聪明嘛!""大家都这么说。"

例3. 普通に現れてそんな要求したら警察でも呼ばれるのが落ちだろう。

这句话的主语，也就是视点中心，是自己这方，可能是「君」或「私たち」等，以下为叙述方便，姑且将其设定为「君」。「普通に現れる」意为"大摇大摆地走进去"。那么「警察を呼ぶ」是谁的行为呢?是视点中心人物要去的那个地方的人的行为，这个行为是针对视点中心人物所采取的。不考虑视点统一原则的话，这个句子可以改写成两个主动句：

（君が）普通に現れてそんな要求をしたら、向こうは警察を呼んでしまうだろう。

这个句子前后两小句的行为主体分别是「君」和「向こう」，视点中心也分别是「君」和「向こう」。原文则将视点统一到了「君」上，因而后项动词使用了被动态。

译文 要是突然闯进去还提出那样的要求，估计对方就直接报警了。

由以上几例可以看出，汉语不像日语那样有视点统一原则和主人公中心视点原则，叙述时大多按照事物发展的自然进程，以行为主体为视点中心展开叙述。所以翻译此类被动句时一般按照汉语的习

慣,该转换成主动句的就转换成主动句。

例4. 野球を始めた時は内野手だった。だが、中学2年の時に肩の強さを買われて投手を勧められ、そこから本格的に投げるようになった。（雅虎日本新闻）

这句的视点中心显然是"我"。此外还隐含着另一个人物,即那个劝我做投手的人,依照常理推断,此人应该是教练。翻译时应按照汉语的习惯,将句子转换为主动句。

译文　我刚开始打棒球的时候是内场手,但是上初二时,教练看中我肩臂的力量,劝我做投手,从此我正式开始练习投球。

例5. 宇宙は無限だなどといわれても、有限の世界に住んでいる人間には想像を超えたことです。

这句话的视点中心是「有限の世界に住んでいる人間」,按照汉语的叙述方式,将行为主体补充出来之后便是:

有限の世界に住んでいる人間には、誰かが「宇宙は無限だ」などと言っても、それはその人には想像を超えたことです。

译文1　对于居住在有限世界中的人,即使有人跟他说宇宙是无限的,他也无法想象。

译文2　生活在有限世界中的人类永远无法想象宇宙的无限。（意译）

例6. 我が国の上場企業におけるコーポレート・ガバナンスは大きな転換点を迎えようとしている。上場会社における社外取締役の選任が大幅に進み、増加した社外取締役に期待される役割に改めて焦点が当たっている。新たに選任された社外取締役が適切に職務を行うために、その整理は喫緊の課題といえる。

（日本取締役協会）

（注：①Corporate governance：公司治理。②社外取締役：外聘董事。）

这段文字的视点中心是「社外取締役」,画线部分为统一视点而使用了被动态,还原成主动句的话,是「企業が社外取締役に期待している役割」。翻译时可译为主动句"企业期待外聘董事发挥的职能",也可通过转换视角的方法将其变译为"外聘董事所应发挥的职能",这个译法更简洁流畅,更符合汉语表达习惯。

译文 日本上市企业的公司治理(Corporate governance)即将迎来巨大转折。外聘董事大幅增加,新增外聘董事所应发挥的职能再次成为关注的焦点。为使新任外聘董事能更好地发挥职能,需尽快对这些职能加以明确。

除上述不含受害意义的用法外,还有一种含有受害意义的被动句,也可归为"统一视点被动句"的范畴,那便是「迷惑の受身」。「迷惑の受身」表示的是"间接受害",即对方的行为虽非针对自己,自己却因此受到了损害。

例7. 忙しいのに店員に休まれて困っています。

例8. 台所のテーブルの上に宿題を広げられると晩ご飯のしたくができないから、早くどけなさい。

对于这种"间接受害被动句",除了"被雨淋"之类非人为因素造成的损害外,一般来说,译为主动句会更加自然。

例7译文 都快忙死了还有店员请假,真让人伤脑筋。

例8译文 你把作业摊在厨房的桌子上,我没法做晚饭了,赶紧收走!

二、以受动者为焦点的被动句

一般认为汉语更关注行为本身,而日语更关注行为的结果,因而

日语在描述事物时更多地聚焦于结果而非过程,关注的是"什么事物怎么样了",而非"谁把什么事物怎么样了"。这样的句子通常以受动者为主语,以受动者的发展变化结果为谓语,行为主体(即施动者)则隐而不表。句子的谓语一般为自动词或被动态,如果是被动态,便称为受动者焦点被动句。

受动者焦点被动句译为汉语时,一般按照汉语习惯译成主动句或意义被动句。译成主动句时,常常需要根据语境添加主语,有时也会省略。译成意义被动句的情况也很多。意义被动句又称隐含被动句,指的是含有被动的意思,却没有"被"字的句子,如"临时会议下午两点召开""这个踏板用于操作离合器"等。意义被动句和日语的受动者焦点被动句一样,都是在翻译西方文献的过程中产生的,所以很多时候可以对译。

例9. 重力波(gravitational wave)は、時空の曲率の時間変動が波動として光速で伝播する現象。1916年に、一般相対性理論に基づいてアルベルト・アインシュタインによってその存在が予言された後、100年近くにわたって検出が試みられ、2016年2月に直接検出に成功したことが発表された。

这段文字的叙述焦点是「重力波」。句中有三个画线的动词,「重力波」是它们的动作对象(受动者),行为主体则都是"人",但原文并不关注行为主体是谁,只关注「重力波」怎么样了,因而不使用主动句来描述"谁把引力波怎么样了",而是使用了受动者焦点被动句来描述"引力波怎么样了"。文中的三个被动态都不含有受到损害的意思,翻译成汉语时不宜使用"被"字句,而应转换成主动句或意义被动句。转换成主动句时,需根据语境适当添加主语。

译文 引力波是指时空曲率的时间变化以波的形式向外以光速传播的现象。1916年,爱因斯坦根据广义相对论预言了引力波的存在,之后的近100年间,科学家尝试了各种方法来证实它,最终于2016年2月宣布直接探测到引力波。

例10. 民間企業や大学などが開発した7つの小型衛星が搭載された日本のロケット「イプシロン」の4号機が、18日午前9時50分に打ち上げられます。鹿児島県の内之浦宇宙空間観測所では最終の準備作業が進められています。

句中画线的两处被动态显然都不含受到损害或被迫之意，而是为了聚焦于句子的主语，即受动的事物，因为这段文字关注的不是谁做了这些事，而是受动者的状态或变化。翻译时应按照汉语习惯，译成意义被动句或主动句。

译文 日本"Epsilon-4"号运载火箭搭载着由民间企业和大学等机构研发的7个小型卫星，将于18日上午9点50分发射升空。在鹿儿岛县的内之浦宇宙空间观测所，工作人员正在进行最后的准备工作。

例11. このような視点は、従来は研究のマネジメントにのみその職務として求められていた。これからは一線の技術者、研究者の一人一人にこの視点が求められる。

此例为聚焦于「このような視点」而使用被动句式，若改成主动句则是：

（社会/企業は）従来は研究のマネジメントにのみ、その職務としてこのような視点を求めていたが、これからは一線の技術者、研究者の一人一人にこの視点を求める。

译文 以往只要求科研管理人员具备这样一种视角，今后则需要每个一线技术人员和研究人员都具备这种视角。

例12. 水質汚濁防止法が定める「公共用水域」である東京湾では、「環境基準」（人の健康の保護、及び生活環境の保全の上で維持されることが望ましい基準）が満たされているかどうかを調べるために、数多く設定された測点で1970年代から毎月水質が調査されている。これらの環境についての数値データは豊富に蓄積され、一部は行政機関のウェブサイトで公開されたりもしている。（『海辺に学ぶ』第85頁）

　　此例中有多处受动者焦点被动句。站在译文读者的立场上看，是译成意义被动句好，还是转换成主动句更自然？转换成主动句时是否需要明确行为主体？这些都要根据汉语习惯来确定。比如「基準が満たされる」「水質が調査される」「データが蓄積される」这些表达都不含任何受到损害或被迫的意思，显然不适合译成被字句，而应转换为主动句。其中"调查水质"这个行为需要由人来执行，所以译文中应根据语境，明确其行为主体。

　　译文　作为日本《水污染防治法》所规定的"公共水体"，自1970年代以来，东京湾每个月都会在规定的许多测量点进行检测，以确定水质是否符合"环境标准"（为保护人体健康和维护生活环境而应保持的标准）。目前已积累了大量关于此类环境的数值数据，并有一部分公布在政府网站上。

　　例13. 近年、ドライ電極を形成した衣類を着るだけで心電計測を行うスマートウェアが開発されており、日常生活での生体信号計測への応用が期待されています。しかし、現在製品化されている既存の心電計測ウェアでは、電極数が少なく限られた方向からの計測しかできないため、その用途は心拍数の計測と不整脈、心室細動の検知に限られていました。（www.nedo.go.jp/news/press/AA5_101107.html）

　　译文　近年已开发出一种植入干电极的智能服装，只需穿在身上就能测量心电，这一成果有望应用于日常测量体征信号。不过，目前已经投产的心电测量服装由于电极数量较少，只能从限定的角度

进行测量,因此用途仅限于测量心率、检测心律失常和心室颤动
(VF)。

原文中有两处受动者焦点被动句,如画线部分所示。其中「～が
期待されている」按常规译法,可译成"人们期待……",不过译文的
这个译法(变译)更简洁,也更常用。

三、表达客观语气的被动态

日本人在表达观点时常常在句尾使用「とされている/と思われ
ている」等表达形式,为该观点增添一种客观性。这种被动态用法可
称为客观语气被动态,翻译时可根据语境译为"一般认为""可以说"
"据分析"等表达方式,有时也可不译。

例14. このままでは、日本の映画産業は落ち込む一方だ<u>と考
えられる</u>。

画线部分为客观语气,隐含着「専門家からそう考えられてい
る」之意。翻译时可将此语气补充出来,译为"专家/业界认为……"
等,也可像下面的译文这样将客观语气减译,前提是不损伤原文信息
的表达。

译文 长此以往,日本的电影产业将一蹶不振。

例15. 一般に生物では、栄養段階が高くなるほどバイオマス
の変動が小さくなる<u>とされる</u>。これは、環境変動の影響からの独
立性が高く、変動要因に占める密度依存要因の割合が高くなると
いう意味である。

画线部分表示客观语气,可译为"一般认为"。这也是客观语气最
常用的译法。

译文 一般认为生物所处的营养级越高,其生物量的变动就越
小。这意味着它受环境变化的影响小,而密度在其变动因素中所占的

比例变高。

例16. 鯨肉市場は大幅に縮小し、日本人の鯨肉食用の伝統が薄れるなか、日本政府が30年ぶりに商業捕鯨を再開しても失うものの方が多い<u>と分析されている</u>。

这例表示客观语气的部分用的不是常见的「と思われる/考えられる/される」等较为笼统的词语，而是比较具体的「分析」一词，需要翻译出来。可译成"据分析"等表达形式，也可补出行为主体，将句子完整地译出。

译文 专家分析/据分析，当今日本鲸肉消费市场大幅萎缩，日本人食用鲸肉的传统已经淡薄，在这种情况下，日本政府即使重启已中断30年的商业捕鲸，也是弊大于利。

例17. 重力波は、巨大質量をもつ天体が光速に近い速度で運動するときに強く発生する。例えば、ブラックホール、中性子星、白色矮星などのコンパクトで大きな質量を持つ天体が連星系を形成すると、重力波によってエネルギーを放出することで最終的に合体する<u>と考えられている</u>。

译文 拥有巨大质量的天体以接近光速的速度运动时，便会产生强烈的引力波。例如，当黑洞、中子星、白矮星等高密度、大质量的天体形成多星系统时，便会在引力波作用下，释放出大量能量，并最终合为一体。

这例中表客观语气的部分减译，对原文信息传达并无影响，译出反倒啰唆。

例18. この流れを汲んで<u>と考えられる</u>が、二〇〇四年四月、日本の科学者の共同体を代表する機関である日本学術会議は、「社会との対話に向けて」という声明を出した。ここで、科学者と市民との対話に積極的に取り組むように、とすべての科学者に呼びかけている。(『海辺に学ぶ』第108頁)

这例中表示客观语气的成分近似插入语,为保证其前后语句的正常衔接,可省略不译。

译文 结合这一时代潮流,2004年4月,日本科学家共同体的代表性机构——日本学术会议发表了"推动与社会的对话"这一声明,呼吁全体科学家积极参与与市民的对话。

TIPS

日语中被动态使用频率高、功能多,译为汉语时有的不宜直译。以下为其中较典型的几种。

1. 统一视点被动句

日语中常常使用被动态来统一视点,「迷惑の受身」也可归为其中一种。对于统一视点的被动句,翻译时一般按照汉语习惯将其还原成主动句。在此基础上还可灵活运用变译、意译等技巧,使译文更加简洁流畅。

2. 受动者焦点被动句

日语中常用受动者焦点被动句,以聚焦受动事物及其变化,其特点是:①以非生物做主语、陈述客观事实,不含受损害义;②一般用于无须明确行为主体的情况下。

此类被动句译为汉语时常常译为主动句或意义被动句。

3. 客观语气被动句

日本人在表达观点时,通常会在句尾加上表示委婉或客观的语气成分,其中客观语气常以「~と思われる/考えられる/される」等被动态形式表达。

客观语气被动态的常用译法有"一般认为""据分析""可以说"等。有时需要行为主体与之呼应,则应加译行为主体,译为"人们/专家/相关研究认为/指出……"等等。还有的时候只为增添客观语气,无实质意义,若译出反倒啰唆,这种情况下可不译。

课后练习

将下列文字翻译成中文。

1. ゲイツが事業を始めた当初、一緒にプログラム開発を行っていた高校時代の友人ポール・アレンから、「ハードウェアをやるべきだ」と言われた。だがゲイツは反対し、ソフトこそ重要だと主張、結局マイクロソフトはソフトウェア会社として歩み出すことになる。

2. 自然は人知によって分析され、解明し尽くされるほど浅薄なものではない。大きな自然の命に触れることのなくなってしまう時、人間生活はその奥行きを失ってしまうだろう。寒山詩の「尋究無源水、源窮水不窮」は今日でもその具体的意味を失ってはいない。

3. 同様の情報は、これまでに名古屋市だけでなく愛知県の半田市や稲沢市などの少なくとも5つの自治体の視聴者からNHKに寄せられています。

4. HIV（ヒト免疫不全ウイルス）が体内に侵入すると、免疫細胞が徐々に破壊され、普段は感染しない病原体に感染してさまざまな病気を発症しやすくなる。このような状態をエイズ（AIDS、後天性免疫不全症候群）と言い、全世界で 3670 万人以上が HIV に感染していると推測されている。一度感染したウイルスを体内から完全に排除する治療法は確立されておらず、HIV 感染者は抗ウイルス薬を日常的に飲み続ける必要がある。また、ウイルス遺伝子に変異が入ることで既存の薬が効かなくなる薬剤耐性ウイルスの出現事例も多数報告されている。こうしたことから、感染自体を防ぐHIVワクチンの開発と並行して、既存薬が効かない耐性ウイルスにも効果のある新しい薬剤を常に作り続ける必要がある。

5. こうした状況を踏まえ、2016年3月に制定された第13次5ヵ年計画において中国国内の貧困問題は従来にも増して重視されており、貧困村の撲滅、集合的貧困の解決などの目標が設定され、その達成のための様々な方策が講じられていくことであろう。

6. 海の生物資源の持続的利用の問題は、このように環境保護運動や国際政治の渦中にあって、一筋縄ではいかない。資源を乱獲から守ることはもちろん必要である。マグロについてもとくにミナミマグロと大西岸のクロマグロが危険な状態にあるとされて、国際的な資源管理機関によって漁獲枠が設けられ、各国のはえ縄漁船の減船措置がとられている。しかし、上記のように、特定の運動や政治的キャンペーンによって資源評価が歪められてはならない。

7. 五輪は終わりましたが、医療提供体制を取り巻く状況は悪化しており、病床の逼迫はまだしばらく続きます。(中略)医療のリソースに限りがある中で重症化するリスクが高い人が入院できるよう、入院させる必要がある患者以外は、自宅療養を基本とするよう方針が示されました。この方針については、批判の声も少なくありません。

8. この技術は汎用性に富み、当初の「パターン認識」にとどまらず、今後は「自然の言語処理(コンピューターが人間の言葉を理解するための技術)や「ロボット工学」など、さまざまな分野への応用が期待されています。今話題の自動運転にも導入が図られており、その性能や安全性を一挙に高めると見られています。

9. 地域をまたいで電力を融通できる容量が増えれば、再生可能エネルギーのさらなる導入拡大や、電力の安定供給の確保につながると期待されています。しかし、整備には最大で4兆8000億円と巨額の費用が見込まれることから、経済産業省が整備の優先

順位や費用負担の在り方などについて検討を進める方針です。

　　10. 伝統的な大学教育においては、教員は学生に専門知識を伝達し、学生の成績を評価することが当たり前に行われている。ところが、ESDは人々の協働を大前提とし、協働は対等を前提とする。このようなESDを大学教育の中で進めるということは、従来の大学教育における教員と学生の関係の枠から抜け出て、教員と学生とが新たな関係を築く覚悟を求められるということではないだろうか。

　　11. 鎌倉時代、禅宗が中国よりもたらされたが、禅宗では日常生活も修行の一部とされていて、食事行為も大切な修行の一部と考えられ、僧侶自らが料理をつくるようになり、精進料理の体系化が進んだ。肉食しないために不足しがちなタンパク源として大豆が重用され、豆腐、湯葉、油揚げなどのさまざまな食品が生まれたほか、肉や魚などに似せて作られる「もどき料理」も生まれた。例えば、がんもどきは、鳥の雁の肉に似せて作られたのが由来とされる。(mp.weixin.qq.com/s/xiSQsgtLKsv-8BZMhc77ww)

第十章

社会文化差异

"翻译不仅仅是一种语言活动,而且也是一种跨文化的交流活动。(中略)译者在多种文化(包括意识形态、道德体系和社会政治结构)之间起中介作用,力图克服那些阻碍意义传译的不一致之处。称职的译者应是文化中介者"(马会娟:3)。

在翻译中,除语言本身的差异之外,还会遇到种种文化差异的阻碍。对于这些文化差异,需采取一定的策略和技巧来应对。是尽量使用译入语中固有的表达方式,使读者有阅读母语作品般轻松流畅的体验;还是更多地保持原汁原味,尝试给读者带去具有异国特色的阅读感受,需根据译者能力和受众需求等加以选择。

这一选择我们称为翻译策略,大致分为归化、异化、意译三种:

(1) 归化译法:又称套译,即套用译入语(汉语)中固有的表达方式来翻译,好比给原文穿上汉语的外衣,使它"归化"汉语。

(2) 异化译法:又称直译,即保留原文的异域特色,按字面意思译出。

(3) 意译:不拘泥于字面意思,而将其真正的含义译出。多用于无法使用归化或异化策略的情况。

例如,「泣き面に蜂」如果译成"雪上加霜"或者"祸不单行",便是套用了汉语中固有的表达形式,是归化译法;如果译成"脸肿偏又遭蜂蜇",便是保留了异国特色,是异化译法;如果译成"接二连三地遭遇不幸",则是不拘泥于其字面意思,而将喻义表达了出来,是意译。

一、俗语·谚语·流行语

俗语、谚语、流行语等是一个民族语言文化中重要的组成部分，折射着该民族的文化心理及时代特色。在传达其中所包含的文化要素时，首先要理解它在原文语境中所承载的意义，以及原文读者看到它时所联想到的、感受到的意象和情境；其次要考虑这一意义或意象在译入语中是否存在，有无对等的表达方法，然后再考虑用何种策略将其表现出来。

例1. それからおれと同じ数学の教師に堀田と云うのが居た。これは逞しい毬栗坊主で、叡山の悪僧と云うべき面構である。（『坊ちゃん』）

译文1 还有一个我的同行，数学教员堀田。这人身材魁梧，剃了和尚头，那模样活像睿山的恶僧（注）。

注）叡山の悪僧：日本从平安时代后期至战国时代，部分大寺院所拥有的私人武装力量。僧兵，武僧。

译文2 还有一个和俺同是教数学的、姓堀田的人。这人生得苗壮、剪着刺光头，那长相就和梁山的花和尚差不多。

译文1用了异化加注的处理方式，在忠实于原文的同时，引入了新鲜的表现方式，适合于乐意接受新事物的读者。译文2则用了归化策略，用中国读者耳熟能详的"花和尚"代替了原文中的"叡山の悪僧"，虽然具体形象有所不同，但更加通俗易懂，可使译文读者的阅读体验更顺畅，适合对新事物需求较低而更重视阅读体验的受众。比如清初林纾翻译外国文学作品便是大量运用了归化策略，以契合当时读者的审美习惯及接受能力。

例2. 石の上にも三年という。しかし、三年を一年で習得する努力を怠ってはならない。（松下幸之助）

例3.（同時通訳の習得について）クローズドキャプションだと、音を聞いた後、目で確認できるじゃないんですか。だから、大体一日に二時間ぐらいは同じ時間帯の同じようなレベルの番組を聴くようにして、「石の上にも三年」って言いますけど、テレビの前にも二年だ、とか言って、ずーっと見ていました。

这两例都有「石の上にも三年」这个成语，它在日汉辞典上的译词是"只要功夫深，铁杵磨成针""功到自然成"等，原文辞典上的释义则是：

（石の上でも三年続けて座れば暖まるという意から）辛抱すれば必ず成功するという意。（『広辞苑』）

如果套用日汉辞典的译词来翻译，便是套译，也就是归化译法。照字面意思来翻，便是直译，也就是异化译法；按照原文辞典上的解释翻译，则是意译。但不管使用哪种策略，都要符合语境，要注意上下文意思的内在连贯。

例2译文1 俗话说"功到自然成"，但我们不能懈怠，要争取把三年的东西用一年学会。

例2译文2 虽说"石头坐三年，也能被焐暖"，但我们还要努力使这三年缩短为一年。

例3译文 有隐藏式字幕的话，不是可以在听完语音之后通过字幕来确认吗，所以我就基本上每天在同一时间段听两个小时左右同一难度的节目。俗话说"石头坐三年，也能被焐暖"，我便对自己说"电视机前坐两年，同声传译也能练好"，就一直一直坚持练。

例2的两个译文中，译文1为归化译法，译文2为异化译法。仔细品味会发现译文2前后呼应更好而且更准确，因为后半句的"三年"并不一定就是指三个年头，只是为与上半句俗语中的用词呼应而已，但译文1使之具体化了。例3也使用了异化也就是直译的方法，这也是考虑到上下文中"三年"和"两年"的呼应而采取的策略。

例4.年寄り反抗期のもうひとつの理由としては、記憶力がな

くなること。人によっては60すぎくらいから記憶力が衰えます。特に後期高齢者になると、認知症でなくても咄嗟の言葉が出てこなくなるし、少し前のことを忘れます。それを子どもは<u>鬼の首を取ったように</u>ワーッと責め立てます。それでまた頭にきてやり合うのくり返し。（雅虎日本新闻）

　　例5.宮藤官九郎脚本で近代史に挑んだ「いだてん」の意義が世帯視聴率獲得にはないことは、そんなことを知っていれば明らかだろう。「いだてん」が大河最低視聴率を更新したと<u>鬼の首を取ったように</u>書くことは、視聴者や出演者をがっかりさせる一方、それがダメなことだという誤ったイメージをまき散らしてしまう。メディアとして間違った行為だと私は思う。（雅虎日本新闻）

　　同样是「鬼の首を取ったよう」，语境不同，意思侧重点便有所不同，译法也不相同。事实上，这个惯用语的意思本身也在发生着改变，我们现在常用的意思起初只是一种误用，后来却固定下来成了它的常用意义。

　　例4译文　出现老年叛逆期的另一个原因，是记忆力衰退。有的人从60岁左右记忆力就开始衰退，特别是到了75岁以后，即使没有老年痴呆，也会时常忘记刚发生不久的事情，或者一时间不知该如何表达。这时他的孩子就会<u>得理不饶人</u>地大声数落他，他很生气，便再撑（duǐ）回去，这样一来就吵起来了。

　　例5译文　知道这一点便会明白，宫藤官九郎编剧的这部《韦陀天》（注），意义并不在于获得高收视率，而在于尝试将大河剧的舞台拓展到近代史。对《韦陀天》收视率创新低这一点<u>大加渲染</u>地加以报道，一方面会使观众和演员失望，另一方面也会散播"收视率低是不行的"这样一种错误信息。作为媒体，这是一种错误的行为。

　　（注）韋駄天：即韦陀，佛教护法神之一，以善跑闻名。此剧讲述了日本从1912年首次参加奥运会到1964年成功举办东京奥运会的曲折历程。

　　例6.開催地の東京・市谷にちなんで官僚たちが「東京裁判」と

呼ぶ行政刷新会議の事業仕分け。厚生労働省の予算を対象にした17日の会合では仕分け人たちが<u>肩透かしを食らう</u>場面があった。財務省が示した問題点について、議論の前に厚労省自らが改革と予算削減を表明したのだ。(『日本経済新聞』(朝刊)2009年11月21日、日経テレコン21)

　　首先解释一下「仕分け人」这个比较专业的名词。通过检索可知其意为:

　　　　政府や地方自治体の予算について、学者やエコノミストなど第三者の「仕分け人」が、事業ごとに「現状通り」「改善」「廃止」などと判定する。

　　　(www.asahi.com/topics/word/仕分け人.html)

也就是对政府预算进行审核以确定其是否合理的专家们。

接下来看画线的惯用语「肩透かしを食らう」,它的意思是:

　　　　勢い込んで向かってくる相手の気勢を殺ぐこと。(使期待落空。扑空。)

　　这里照抄词典译词显然不合适,应根据语境选择合适的译法。以下参考译文使用了套译也就是归化的译法。

　　译文 此次行政革新会议因召开地点位于东京的市谷地区而被官员们戏称为"东京审判",会议对各项政府预算进行了审核分类,确定是继续、改善还是中止。在17日对厚生劳动省的预算进行审核时,审核人遭遇了"一拳打到棉花上"的尴尬场面——对于财务省提出的问题点,厚生劳动省在审议前便主动表示,将对其加以改革并削减预算。

　　例7.こうした渋み、苦みが必ずしも悪いものではないという意識のもとで、「<u>苦みの走ったよい男</u>」「渋みのある器、渋い色」などという、苦みや渋みを良きものとする表現も生まれた。(中略)「渋い色」といった場合には、彩度や明度が低い色のことを指し、一般的に日本人はこうした渋い色を好む。

　　这例中画线的惯用语背后是日本人独有的审美意识,翻译时如

果只是将意思译出，与前面的关键词"苦"便无法呼应。所以需要将其字面意思和喻义都翻译出来，让汉语读者明白它与"苦"有什么关系。"涩"也是一样。翻译时可采取加括号解释的方法。

译文 在日本人的意识中，这些涩味和苦味未必是缺点，所以，日语中有很多将涩和苦视为优点的表达方式。比如"浑身散发苦味的优秀男子（庄重的男子）""发涩（雅致）的器皿、发涩（素雅）的颜色"等。（中略）"发涩的颜色"就是指色彩饱和度和亮度低的颜色，日本人通常都喜欢这样素雅的颜色。

例8.「どんぶり勘定」という言葉があって、それは「計算がとてもおおざっぱ」という意味だが、この「どんぶり」は丼のことではなく、かつて職人などが腹掛けの前につけていた大きな袋のことで、ここから無造作に金を出し入れすることから「どんぶり勘定」という言葉が生まれたそうである。例文「彼はいつもどんぶり勘定なので、しょっちゅうお金が足りなくなる」。

译文 顺便介绍一下"钱袋账目（糊涂账）"这个词，意思为"算账的时候非常粗心"，这里的「どんぶり」不是大碗的意思，而是从前手艺人围裙前的大口袋，由于平时从大口袋里随手掏钱装钱，于是衍生出了"钱袋账目"一词。例句：他总是算糊涂账，所以经常亏钱。

这段译文有两个硬伤：一个是译文中有个用假名表示的日语词「どんぶり」，不懂日语的译文读者看到这里肯定是一头雾水；二是这里跟前面的内容衔接不上。所以翻译时必须把「どんぶり」这个词在日语中有两个意思这点说清楚，决不能只是照抄原文的假名。另外，最后例句的翻译也不准确，进一步检索可以发现，日常生活中的「どんぶり勘定」是"在金钱方面粗枝大叶"的意思，所以这里的「足りなくなる」是指钱不够用，而不是指企业账目亏空。

改译 日语中有"口袋账（糊涂账）"这个词，意思为"账算得很不仔细"，这里的"口袋"在日语中本义是"大碗"，但这里指的是它的另一个意思，即从前手艺人围裙前的大口袋。由于他们平时总是从大口袋里随手掏钱装钱，于是衍生出了"口袋账"一词。例句：他在花钱方

面总是粗枝大叶，所以经常钱不够用。

最后来看几个流行语的例子。

例9．＜知らないとアセアセ！JC・JKに聞いた2021年上半期の流行語大賞を発表＞

2021年もはや半年が過ぎたということで、上半期に流行したものをプレイバック。まだまだおうち時間が続く生活のなかで、SNSを中心としたものが多くバズりました。株式会社AMFは、2021年1月〜6月までの女子中高生のトレンドを調査。「2021年上半期の流行語大賞」と題して、「ヒト・モノ・アプリ・コトバ」の4つの部門に分けてご紹介します！

这段文字中的「アセアセ」「バズる」等都是网络流行语，应通过检索了解其意思和用法再翻译。检索发现，「アセアセ」是"出汗"这一表情符号的文字版，放在句尾，表示紧张、为难等心情，在中国的网络流行语中对应的表达方式有"汗""我好方"等。「バズる」则可对应"刷屏"一词。

考虑到这篇文章属于新闻报道文体，汉语的语言表达既要简洁易懂，又不能过于通俗或口语化，所以翻译时若能套用汉语中对应的网络流行语（即归化）则最好，若不宜套译，则需根据语境选择其他策略。下面这个译文将「バズる」套译为"刷屏"，「アセアセ」则根据语境意译成了"落伍"。

译文 ＜2021年上半年日本初高中女生流行语大奖 不知道这些词的话可就落伍了！＞

2021年已经过半，让我们来回顾一下上半年的流行动态吧！在持续宅家的日子里，引发刷屏的事物多与SNS相关。日本AMF株式会社对2021年1〜6月日本初高中女生的流行喜好进行了调查，本文将以"2021年上半年流行语大奖"为题，从"人、物、APP、用语"这4个方面加以介绍。（mp.weixin.qq.com/s/qZki4edLvbkgdgiT7 Cjvag，有改动）

【附:检索记录】

(1)"アセアセ"是从日本人焦虑时使用的アセ(汗)派生出来的,多用于口语。同"やばい"搭配时可通用于多种场合,很多女初高中生表示"一天内会说好几次"。

例文:明日のテストやばい～アセアセ

译文：明天要考试了～我好方

(mp. weixin. qq. com/s?__biz＝MzA5MzI0NDgyOQ＝&mid＝2652939321&idx＝2&sn＝5fa3ee50e7f98f38f743efffaef2f 777&chksm ＝ 8bb4d8cbbcc351dd8a3b2bae2bc22262e1f7fd31849d25a7c42ea6e 3278afa3523033876d1e0&scene＝27)

(2)我好方(慌)

(www.163.com/dy/article/HAKTS68005534S2M.html)

例10.うざい荒らしが、ゲーム攻略 wikiを寒いギャグだらけにしてて草も生えない。(youngjapanesedic.com/草草生える)

此例虽短,却颇有些难懂,原因即在于句中包含多个网络流行语,几乎可以说全是由网络流行语构成。

首先通过检索,可确定这些词的意思为:

うざい:令人不愉快的

荒らし:搞破坏(这里指恶意的网络评论和留言)

Wiki:玩家自发搭建的游戏社区

寒いギャグ:冷笑话

草も生えない:笑不出来

在理解这句话的基本意思后,应根据汉语中同类文本的语言特点来选择翻译策略,使译文既准确又能较好地体现原文风格。

译文1　令人讨厌的评论和留言,让游戏攻略网站里充斥了一堆冷笑话,我反正是一点都笑不出来。(直译)

译文2　乱七八糟的帖子,把好好的游戏攻略网站搞得乌烟瘴气,真是无语。(意译)

例11. いつだって媚びずに自分らしさ全開なのは当たり前。でも、せっかくのデートなんだし、相手もドキドキさせたくない?「今日の私、最高に可愛い♥」ってアピれる、モテも自分盛れもばっちりな真冬のデート服を愛花がお届け。さむーい冬空の下で思いっきりキュンキュンしちゃいましょ♥(雅虎日本新闻)

这是一段关于服饰穿搭的文字,带有明快的时尚气息,其中「アピ」「モテ」「盛れ」都是流行语,意思分别是「アピール」「異性に魅力を感じさせる」「写真写りがいい」。翻译时要按照汉语同类文本的行文规范、用词特点等来选择翻译策略。先看汉语中有无对应的流行语,如果有,可否套译;如果没有,是该直译还是意译。

以下两个译文中,第一个基本直译,虽然也传达出了原文的主要信息,但给人的感觉比较呆板、生硬。第二个原文则更多地是意译,并且使用了变译的技巧,对句式和用词做了多处转换,从整体表达效果而言,更加准确、生动,也更符合此类文本的风格了。

译文1 任何时候都不必迎合别人,应该充分展现自我。可是,期盼已久的这场约会,想不想让他也怦然心动?爱花为您介绍几款冬季约会服饰,让您的女性魅力和拍照效果都能完美展现,能够自信地说:"今天的我,是最可爱的!"在寒冷的天空下尽情让心为爱跃动吧♥

译文2 女孩子就是要随时保持自信,展现最真实的自己。但既然是期盼已久的约会,当然也要让对方心动不已才行啦!在这寒冷的冬日,怎样穿搭才能迷人又上镜,展现出最可爱的自己?爱花为您推荐几款约会服饰,让您在严寒的冬天也能魅力全开,在冬日的天空下尽情感受恋爱的甜蜜♥

综上所述,对于谚语、俗语、流行语等文化要素,翻译时具体采用哪种策略,需根据语境和文体等加以斟酌。有时三种策略都可行;有时只能采用其中的一种;还有的时候,在确定使用某种策略的基础上,还要根据语境选择具体译法。比如「サルも木から落ちる」若使用归化译法,可以译成"智者千虑必有一失",也可以译成"人有失手,马有失蹄",这两种译法一雅一俗,哪个更适合,需结合语境来选择。另

外,使用这些策略时,有时还可辅以加注或加括号等手段,使意思表达更加准确、全面。

二、日本特有的社会、文化、历史要素

每种语言中都有一些词语和表达方式源于其特定的社会、文化、历史背景,具有特定的文化意义。生活在该文化语境中的原文读者对其意义一望而知,无须多言便可领会,但译文读者并不具备这一背景,无法自行领会。所以翻译时需站在译文读者的立场上审视译文,看它是否传达出了原文所隐含的文化意义,译文读者能否从译文中获得与原文读者同等的信息。

例12. 新聞によると、木下の<u>金魚のフン</u>、馬場がまたふざけたことを言った。

"金鱼屎"是个很形象的比喻,如果用直喻的方式,说"像金鱼屎一样走到哪儿跟到哪儿的人",汉语读者也完全能够理解。但这句用的是借喻法,如果直译,中国读者可能无法理解。所以这里还是使用归化策略,译成"跟屁虫"比较好。

译文 据报纸上说,木下的跟屁虫马场又说昏话了。(贾黎黎《日汉笔译教程》)

例13. 長年も長期旅行していて、ある決まった時期に<u>医者の卵</u>によく出会うことに気づいた。

「医者の卵」是什么?检索发现,是"将要成为医生的人",也就是"医学院的学生"。这一比喻是日语所特有的,无法套译,直译也不妥,只有意译才能让汉语读者看懂。

译文 我在外旅行多年,发现在某个固定的期间会经常碰到医学院的学生。

例14. 我々は金太郎飴のように同じような車を作るつもりはない。

「金太郎飴」是日本人很熟悉的一种棒状饴糖，无论从哪儿切开，切口处都会是一张金太郎的脸，这个词的喻义为"一成不变"，翻译时要将这个喻义传达出来，才能让读者理解。从以下两个译文的对比中可以看出，异化策略（译文2）会使译文有点不伦不类，而且还是要加上"一成不变"这个解释。所以此例更适合使用归化译法。

译文1 我们不打算生产一成不变的车型。

译文2 我们不打算生产金太郎糖果那样一成不变的车型。

例15. 彼、マスオさん状態だから。

「マスオさん」是日本家喻户晓的漫画『サザエさん』（中文译名《海螺小姐》）中的人物，经检索发现其文化意义为：

夫が、妻の実家に、婿入りという形をとらずに同居する家族形態。（中略）嫁入りによる3世代家族では嫁・姑関係が対立しやすいが、舅・婿は平日は仕事のため、家庭内での摩擦は起きにくいといわれている。姓は夫方を名乗るため、夫や夫方の親の体面も保てる。また、同居による経済的余裕や、出産後の妻の仕事継続が容易となるなどのメリットもある。都会育ちの女性と地方出身の男性が結婚する機会が増え、2世帯

> 住宅が一般化した1980年代から使われるようになった。
> （kotobank.jp/word/マスオさん現象-186727）

可见「マスオさん」的意思是"与岳父母同住"。

译文　因为他现在是跟岳父母同住。

例16. 日頃、会社の中では言えないホンネを、酒の席で親しい仲間同士で言い合ったりしてストレスを解消する。また、部下と酒を酌み交わしながら、部下のホンネをそれとなく聞き出すなど、赤ちょうちんの効用も案外大きいかもしれない。

「赤ちょうちん」代指廉价小酒馆，这是日本特有的文化意象，翻译时需将其传达出来。

译文　平日在公司里不便说的心里话，可以在酒桌上向关系密切的朋友倾吐，还可在推杯换盏之间，不着痕迹地探问出部下的真心话。小酒馆的作用也许出乎意料地大呢。

例17. （1）（稲葉正盛の）母は稲葉正成の娘。母は正成が最初の妻との間に儲けた女子であり、正成の2度目の妻が春日局であるため、正盛は春日局の義理の孫にあたる。

（2）娘は吉本新喜劇の元女優・高勢ぎん子。ぎん子の娘の夫、すなわち義理の孫が石井光三。

（3）後に、妹・梅子の長女・みどりを養女とする。そのみどりの娘で花子の義理の孫にあたる村岡美枝、村岡恵理は共に赤毛のアン記念館・村岡花子文庫を主宰していた。

（4）この後、林家は「辟邪剣譜」を狙う輩に度々襲われるが、誰も「辟邪剣譜」を身につけたものはなかった。林遠図の義理の孫・林震南の剣が平凡で命を落とすことになったのもこうした因縁からである。（yourei.jp/%E7%BE%A9%E7%90%86%E3%81%AE%E5%AD%AB）

日语中的「義理」这个词含义很多，用在亲缘关系上，指的是无血

缘关系的人之间结成的亲缘关系,不同的语境下含义也各自不同。这四句中的「義理の孫」分别该译成什么呢?特别是③④两句,还需对背景知识进行检索,才能正确把握人物关系。

译文

(1)稻叶正盛的母亲是稻叶正成与第一任妻子的女儿,而春日局是稻叶正成的第二任妻子,所以稻叶正盛相当于春日局的继外孙。

(2)女儿高势银子曾是吉本新喜剧的演员,银子的女儿的丈夫,也就是他的外孙女婿,便是石井光三。

(3)村冈花子后来领养了妹妹梅子的长女阿绿。阿绿的两个女儿,也就是相当于花子外孙女的村冈美枝和村冈惠理共同打理着"红发少女安妮纪念馆·村冈花子文库"(注)。

(注:日本动画片《红发少女安妮》改编自加拿大女作家露西·莫德·蒙哥马利的小说《绿山墙的安妮》。该作品由村冈花子首次译介到日本。)

(4)此后林家屡遭觊觎《辟邪剑谱》之辈偷袭,却无一人练成这上面的功夫。林震南身为林远图的义孙,却剑法平平并因此丧命,原因也在于此。

例18.あとから聞いたらこの男は年が年中赤シャツを着るんだそうだ。妙な病気があったものだ。当人の説明では赤は身体に薬になるから、衛生の為めにわざわざ誂らえるんだそうだが、いらざる心配だ。そんなら序に着物も袴も赤にすればいい。(夏目漱石『坊ちゃん』)

译文1 后来我才知道,这人一年到头就穿这件红衬衫,真是个怪毛病哩。据他本人说,红色可以保健身体,有益于卫生,所以特地定做了这件衬衫。这种担心实在多余。果真如此,把浑身上下全变成红色岂不更好。

译文2 后来,俺一打听,这家伙整年都穿红衬衫,想不到天下真有这样的怪癖!据他本人解释,红色对身体有好处,为了保养起见才特意定做的,真是庸人自扰!如果那样,那么顺便把长衫、裙裳都弄成

红色的,岂不更好。

译文3　后来一问,说此人整年都穿红衬衫。真有这种怪毛病的人!据他本人解释:红色是保护身体的良药,为卫生起见,才特意定做的。果真如此的话,真是多余的考虑。顺便把衣服、裤子全都做成红的,岂不更好。(中日对译语料库)

这三个译文各有千秋。优劣对错姑且不论,单看画线部分的译法,三个译文分别采取了意译、异化和归化的策略。

例19. 田中真紀子元外相と社民党の土井たか子前党首が14日昼、食事をし、小泉純一郎首相への批判で意気投合した。「永田町の猛女」として知られる2人の結集は、輝きを失いつつある首相にボディーブローとなりそうだ。

译文1　日本前外相田中真纪子和社民党前党首土井多贺子①14日中午共进午餐②,就批评小泉纯一郎首相意气相投、达成一致③。两个被称作"永田街④烈女⑤"的联手⑥对支持率每况愈下⑦的泉来说将是一个沉重打击。(《日语笔译实务2级》第50页)

这个译文受原文形式束缚,有一些翻译腔和几处错误,当然也有一些亮点,画线的①和⑦是亮点,②~⑥则是问题所在:

①人名与头衔按照汉语习惯变序;

②"中午"与"午餐"用词重复;

③"意气相投"用词不当;

④"永田町"这一词语背后的文化意义未译出,译文读者不能从译词中获得与原文读者同等的信息或感受;

⑤"烈女"用词不当;

⑥"两个被称作……的联手"搭配不完整,可改为"两个被称作……的人的联手"或"两个……的联手";

⑦意译,便于中国读者理解,很好。

译文2　14日,日本前外相田中真纪子与社民党前党首土井多贺子共进午餐,席间对小泉纯一郎首相发起一致抨击。两个"政界铁娘子"的联手对支持率每况愈下的小泉来说将是一个沉重打击。

例20. 今日は端午の節句。立夏というのに、子供をめぐるニュースは近頃、寒い言葉が飛び交っている。虐待、育休切り、携帯漬け…。菖蒲湯に浸かって邪気を払う習わしに、世の中全体で肖れないものか。

译文1 今天是端午节。虽然是立夏，但是跟孩子有关的新闻里充斥着令人心寒的词语：虐待、产假缩短、沉迷手机……能不能通过泡菖蒲澡驱邪的风俗，给整个社会带来好运气呢。

没有日本文化背景知识的读者，看到这个译文可能会觉得有些地方缺乏内在连贯，比如：端午节跟立夏有何关系？跟孩子又有什么关联？作为译者，应将其中隐含的文化信息明示出来，以便译文读者正确理解文本。译文2的画线部分便是为此而进行的加译。

译文2 今天是5月5日，是日本的端午节，也是日本的儿童节，而且正值立夏日。然而最近关于孩子们的报道中却充斥着令人心寒的消息——虐待、女职员产假后失业、沉迷手机等等。日本人端午节有泡菖蒲叶澡以驱除邪气的习俗，真希望能借此驱散整个日本社会的邪气。

【附：检索记录】

「育休きり」/必应国际版：

妊娠·出産や産休、育児休業（以下、育休）などの取得を理由に、企業が社員に退職を強要したり、降格や異動を命じたりする不当な取り扱いを「育休切り」といいます。（jinjibu.jp/keyword/detl/247）

例21. 真直なものは喧嘩をしても心持がいい。赤シャツのようなやさしいのと、親切なのと、高尚なのと、琥珀のパイプとを自慢そうに見せびらかすのは油断が出来ない、滅多に喧嘩も出来ないと思った。喧嘩をしても、回向院の相撲のような心持のいい喧嘩は出来ないと思った。

译文　正直的人，你就是和他吵架，心里也觉得痛快。俺想，像"红衬衫"这样又和气、又亲切、又高尚、又是夸耀他那琥珀烟嘴的，却是大意不得，是轻易和他吵架不得的。＿＿＿＿＿＿＿＿＿＿＿＿。

「回向院の相撲」是什么，该如何翻译？请看检索记录：

> 回向院は、東京都墨田区両国二丁目にある浄土宗の寺院。（中略）国技館建設までの時代の相撲を指して「回向院相撲」と呼ぶこともある。（ja.wikipedia.org/wiki/回向院）
>
> 日本の国技である相撲は、江戸時代は主として公共社会事業の資金集めのための勧進相撲興行の形態をとっていました。その勧進相撲が回向院境内で初めて行われたのは明和五年（1768）のことで、寛政年間を経て文政年間にいたるまで、勧進相撲興行の中心は回向院とされてきました。やがて天保四年（1833）より当院は春秋二回の興行の定場所となり、明治四十二年の旧両国国技館が完成するまでの七十六年間、「回向院相撲の時代」が続いたのです。（ekoin.or.jp/guide/）

可见，「回向院の相撲」即现代相扑比赛的前身。可有三种译法：①摔跤比赛（同化）；②回向院的相扑（异化，可加注）；③相扑比赛（意译）。

译文1　就是和他吵，也不可能吵得像回向院的相扑（注）那样痛快。（注：即现代相扑比赛的前身，当时固定在一所名为回向院的寺院举行。）

译文2　就是和他吵，也绝对不可能吵得像摔跤比赛那般痛快。

显然译文1更具异国风味，而译文2更简洁流畅。选择哪种译法，需根据原文风格和受众需求而定。

例22. 環境省の統計にも驚く。80年代初めは300万を越えていたスズメ類の捕獲数が、近年は10万台に減っている。農業の姿が変わって、単純に比較できないが、何かがスズメに起きているの

は確かなようだ。(中略)<u>チイチイパッパのスズメだけではない。童謡では学校仲間のメダカは絶滅危惧種になっている。もう川の中を覗いても、お遊戯はなかなか見られない。</u>

看到这段文字,我们可能会有一些疑问,比如:「チイチイパッパ」是个单纯的象声词吗?「童謡」是什么童谣?「学校仲間」是说小麻雀和鳉鱼在一个学校里学本领吗,它们一个在水里,一个在天上,如何能在一个学校上学呢?

检索发现,「チイチイパッパ」一词出自日本童谣「雀の学校」,而「メダカ」的「お遊戯」则出自另一首日本童谣「めだかの学校」。这两首童谣都曾被收入小学音乐课本,大多数日本人都耳熟能详。对日本人来说,麻雀和鳉鱼曾随处可见,是最熟悉不过的自然风景的一部分。所以他们阅读这段文字时,会自然而然地联想到这些"美好的旧时光",心中涌起缕缕乡愁和感慨。

这些文化要素是否需要译出,该如何翻译呢?此时便需要译者判断取舍了。如果认为有必要将这些文化意象传达给译文读者,则需通过加译的方法将其传达出来(译文1);如果觉得将其译出,并不能增加译文的有效信息,反倒使译文臃肿,甚至影响主要信息的传达,则可选择不译(译文2)。但不管采取哪种策略,都要注意信息的前后呼应和衔接。

译文1 日本环境部的统计数字也让人震惊。20世纪80年代初期,每年可以捕获300多万只麻雀,而近几年这一数字减少到了十几万。由于农业形态发生了改变,我们无法对这两个数字进行单纯的比较,但毫无疑问,日本的麻雀肯定遇到了一些问题。(中略)日本有首广为传唱的童谣,叫"麻雀学校",说的是小麻雀上学校学唱歌;还有一首叫"鳉鱼学校",描写了鳉鱼在清澈的小溪中嬉戏的情景。麻雀和鳉鱼在几十年前都随处可见,然而现在不仅麻雀数量急剧减少,鳉鱼也已列入濒危动物名单,今天我们已很难在河流中看到它们的"嬉戏"了。

译文2 日本环境部的统计数字也让人震惊。20世纪80年代初期,每年可以捕获300多万只麻雀,而近几年这一数字减少到了十几

万。由于农业形态发生了改变，我们无法对这两个数字进行单纯的比较，但毫无疑问，日本的麻雀肯定遇到了一些问题。（中略）不只是麻雀出了问题，鳟鱼也已被列入濒危动物名单，今天我们已经很难在小溪中看到它们的身影。

【附：检索记录】

(1)「チイチイパッパ」/必应国际版

《雀の学校》

チイチイパッパ　チイパッパ

雀の学校の　先生は

むちを振り振り　チイパッパ

生徒の雀は　輪になって

お口をそろえて　チイパッパ(後略)

(www.worldfolksong.com/songbook/japan/suzumenogakko.htm)

(2)「童謡　めだか」/www.so-net.ne.jp

《めだかの学校》

めだかのがっこうは　かわのなか

そっとのぞいて みてごらん

そっとのぞいて みてごらん

みんなでおゆうぎ　しているよ(後略)

(www.uta-net.com/movie/13889)

例23. ちょうど、手工で吉凶の包み紙をやっていたころなので、半紙をきちんと三つに折る練習をしたことがあった。

　　检索发现，日语中「手工」有两个意思，符合语境的是"手工课"（参见检索记录）。「吉凶の包み紙」是指红白喜事时装礼金所用的纸包，通常使用一种名为「半紙」的和纸折成；这里的「半」并非半张，而是一种特定的规格，一般用于写毛笔字。这一文化要素在汉语中没有对应的概念，需考虑是否需要译出以及如何翻译。以下为两种译文。

　　译文1 那时学校手工课上正好在学礼金袋的折法，所以我练过

如何将半纸（注）整整齐齐地折成三折。（注："半纸"为日本纸的一种，尺寸比 A4纸大一些，常用于写毛笔字。）

译文2 那时学校手工课上正好在学礼金袋的折法，所以我练习过将纸整整齐齐地折成三折。

译文1对「半纸」采取了直译加注的译法，虽然看上去原汁原味地传达出了原文信息，但有些喧宾夺主，干扰了译文读者对主要信息的关注。译文2则舍弃了「半纸」的文化意义，只将其功能性意义译出，译文简洁且并未遗漏原文想要传达的信息，较之译文1更易于理解。

【附：检索记录】
(1)手工：①手先を使ってする工芸。②小・中学校の旧教科の一。現在の小学校の工作、中学校の技術にあたる。（https://kotobank.jp/word/手工）
(2)「吉凶 包み紙」/必应国际版：
①日本の包み結びには、吉と凶の区別があります。「吉」はお祝いや日常の時に用いられる形、「凶」はお葬式関係の時に用いられる形です。（latte.la/column/33234303，2022/2/6検索）
②ご祝儀袋・不祝儀袋の包み方
ご祝儀をいただいたとき、奉書紙や半紙などの和紙で祝い金が包んであると、ちょっとした心遣いが感じられてうれしいものですね。
（160.16.69.22/modules/tinyd4/index2.html,2022/2/6検索）
(3)半紙：和紙の一種。狭義には毛筆書き用の記録用和紙。大きさは一般に25cm×40cm程度。（kotobank.jp/word）

例24. 四日、イングラムは京都へ向かう。（中略）宿泊先は市内東山区の都ホテル。このホテルは、京都にも文明開化の時代にふさわしい宿泊施設を、と1900(明治三三)年に創設された最高級ホテルで、外国からの要人がよく泊まる「京都の迎賓館」だった。（中略）イングラムは京都では「賓客」扱いなのであった。（『チェ

リー・イングラム』第50页)

　　读完这段文字,会发现主人公住宿的「都ホテル」被誉为「京都の迎賓館」,可见「迎賓館」是个美称,它的由来是什么呢?检索发现「迎賓館」意为:

旧赤坂離宮。明治期洋風建築の代表作の一。1909年(明治42年)竣工。改装後、74年から国賓・公賓のための宿泊施設となる。(『広辞苑』)

迎賓館は、世界各国から国王、大統領、首相などの賓客をお迎えする国の迎賓施設です。賓客の宿泊や首脳会談、署名式、晩餐会などの様々な接遇行事を迎賓館が行うことを通じて外交の重要な一翼を担っています。(www.geihinkan.go.jp)

　　可见,这里的「迎賓館」是接待外国政要的场所,不仅供其住宿,还举办会议和宴会,在级别上属于"国宾馆"。「迎賓館」在东京,「京都の迎賓館」这一表达形式含有"可与东京的迎宾馆媲美"之意。翻译时可通过意译或直译加注的方法将此文化意义传达出来。

　　译文1   4日,英格拉姆动身前往京都。(中略)住宿地点是市内东山区的都宾馆。该宾馆是京都最高级的西式宾馆,为配合日本"文明开化"的时代步伐于1900年(明治三十三年)兴建,是接待外国政要的"京都的国宾馆"。(中略)可见英格拉姆在京都受到的是"贵宾"级待遇。

　　译文2 4日,英格拉姆动身前往京都。(中略)该宾馆是京都最高级的西式宾馆,为配合日本"文明开化"的时代步伐于1900年(明治三十三年)兴建,是接待外国政要的"京都的迎宾馆(注)"。(中略)可见英格拉姆在京都受到的是"贵宾"级待遇。

　　(注:迎宾馆位于日本东京都港区,专供接待外宾之用。原为纪州德川家的公馆,明治五年(1872)献给皇室,成为赤坂离宫,后经改建并改作迎宾馆。)

　　例25. 香山は、門跡寺院として皇室とゆかりの深い京都・仁和寺に仕えた寺侍(江戸時代、格式の高い寺院で警護や事務に当

たった武士)の家系で、一九〇四(明治三七)年創立の京都府立第二高等女学校(現府立朱雀高校)の教頭を務めていた。植物学を教え、桜にも造詣が深く『京都の桜』などの著書がある。(『チェリー・イングラム』第102页)

「門跡寺院」是由出家的皇族、贵族担任住持的寺院,中国古代虽然也有类似的情况,特别在武侠小说里会有这种描写,但这种情况比较少,对于这种寺院也并无专门的称呼。所以这里可采用照搬原词并加注释的方法,一方面使译文简洁流畅,另一方面也可增进读者关于日本文化的知识。

译文 香山出身寺侍(江户时代在高品级的寺院中负责警卫和寺务的武士)世家,祖上世代任职于京都仁和寺这一与皇室渊源很深的门迹寺院(注),他本人则在1904年(明治三十七年)建校的京都府立第二高等女子学校(现府立朱雀高中)任教导主任并教授植物学,对樱花也很有研究,著有《京都樱花》等。

(注:由出家的皇族、贵族担任住持的寺院。)

例26.「三島丸」は当時、日本郵船自慢の欧州への豪華客船であった。三島丸はデビュー後、日本人コックが欧州航路の船上で考案したという「ドライカレー」が人気を呼び、今では定番の「カレーと福神漬け」の組み合わせも船上で生まれたという。(『チェリー・イングラム』第77页)

这句中的两道菜品都是日本独创的,在日本已是家常菜式,但中国人并不熟悉,甚至从未见过。而「福神漬け」一名更是取自日本独有的"七福神"这一民间信仰。如何翻译才能即使译文顺畅,又尽量传达出这些文化要素呢?

检索发现,「ドライカレー」顾名思义就是没有汤汁的咖喱,而且使用的是肉糜而非肉块(见下图)。「福神漬け」则是用多种时蔬制作成的日式咸菜,《日汉大辞典》里将其译为"什锦酱菜",采取的是归化译法。具体如何翻译,需根据文体特点及受众需求等确定,若是新闻报道等需要行文简洁易懂的文体,则使用归化译法或意译较好;若是

纪实文学或社科著作等，则使用直译加注的方法更能保留原文风貌。

译文 "三岛丸"是一艘开往欧洲的豪华客轮，当时的日本邮船株式会社曾引以为傲。据说三岛丸投入运营后，日本厨师在船上开发出来的"咖喱肉酱盖饭"大受欢迎，还有现已成为固定菜品的"咖喱配福神酱菜（注）"也诞生于船上。（注："福神酱菜"即什锦酱菜，因将酱菜里的七种材料比作日本传说中的七福神而得名。）

例27.「小泉ノブナガ」は投票日を目前にしても「郵政民営化」の旗だけを愚直に振り続ける。それを見て国民は、一時期小泉首相を見放したかと思われた人たちも、「そこまで小泉さんが言うのだからもう一度賭けてみよう」と、その旗の下に再び集まっている。

译文 ＿＿＿＿＿＿＿＿＿＿＿＿＿＿＿＿＿＿＿＿。那些一度对他失去信心的选民看到这一情景不禁心想，"既然他如此坚持，不妨再信他一次"，于是又掉过头来支持他。

「小泉」指的是日本前首相小泉纯一郎，「ノブナガ」指的是日本战国时代名将「織田信長」。「小泉」和「ノブナガ」拼在一起，是一种仿拟，就像我们会仿拟"苏炳添"，说某某是"李炳添""王炳添"，来表现此人具有苏炳添最典型的某种特点。所以"小泉＋信长"即"具有信长性格特点的小泉"。这一特点是什么呢？从接下来的文字中可以看出是「愚直」。但若直译为"小泉信长"，汉语读者可能无法领会其隐含的文化意义，所以此处以意译为好。

译文 "当代织田信长"小泉纯一郎直到投票当天都在执着地挥舞着"邮政民营化"这一大旗。

综上所述,各个国家和民族在长期发展的过程中都会形成一些独有的文化、社会要素,是生活在其他文化语境中的人们所不熟悉甚至难以想象的。在翻译时,这些文化要素有的可以通过某种方式表现出来,有的则很难传达。比如玄奘翻译佛经时,就遇到许多这种词语,为此还定下了"五不翻"原则:

一、秘密故不翻,如"陀罗尼"。二、多含故不翻,如"薄伽梵"含六义故。三、此无故不翻,如"阎浮树"。四、顺古故不翻,如"阿耨菩提",实可翻之。但摩腾已来存梵音故。五、生善故不翻,如"般若"尊重,智慧轻浅。令人生敬,是故不翻。

此处"不翻"指的是不译意而只译音。总之,对于原文中所包含的社会、文化、历史要素,译语文化中若有相同或类似的要素,则可尽量将其传达出来,方法可以是归化、异化、意译等;若没有类似要素,又难以解释,则可照搬原文汉字或读音,并加以适当注解。

课后练习

一、找出译文中不恰当或错误之处并加以修改。

事実、ハンミョウ属は、代表的な沙漠の昆虫でもあった。一説によると、その奇妙な飛び方は、ねらった小動物を巣からさそい出すための罠なのだともいう。たとえば、ネズミやトカゲなどが、ついさそわれて沙漠の奥に迷いこみ、飢えと疲労でたおれるのを待って、その死体を餌食にするというのである。フミツカイなどと、いかにも優雅な和名をもち、一見優男風の姿をしていながら、実は鋭い顎をもち、共食いさえ辞さないほどの獰猛な性質なのだ。

译文 事实上,斑蝥虫也是沙漠里有代表性的昆虫。又有一说,它那难以捉摸的飞行方法,其实是一种诡计:它要把看中的小动物从

它们的窝里引诱出来。譬如老鼠或壁虎，被那小虫引诱到沙漠的深处迷了路，小斑蝥虫一直候着小动物饥饿、疲乏至死，然后把它们的尸体拿来当自己的美餐。就像"信天翁"那样，拥有一个优雅的日本名字，猛一听真以为具有仪表堂堂的男人风格，但实际上却是尖嘴猴腮，具有不惜同类相残的狰狞凶猛性格。

二、将下列文字翻译成中文。

1. 8月1日、アメリカの複数のメディアは関係筋の複数の証言として、オサマ・ビン・ラディンの息子ハムザ・ビン・ラディンが既に死亡していると報じた。（中略）もしハムザ死亡説が誤報なら、大手メディアと犬猿の仲のトランプ氏にとってまたとない敵失のはずで、それこそ鬼の首を取ったように「フェイクニュース！」と断罪してもおかしくない。

2. 注意すべきは、ICDに採用されたからと言って、ゲーム症を過剰診断しないことであろう。節度を守ってゲームを楽しんでいる人ももちろん多い。そういった健全な人を、ゲーム症が疾患認定されたからと言って鬼の首を取ったように批判するのもどうかと思う。しかし、重症な社会障害をともなうゲーム症のケースに対しては、適切な治療とケアが行き届きやすい体制作りもしていくことも大切だ。その点では、ゲーム症がICDに収載されたのは大きな意義があると考える。

3. 「すまじきものは宮仕え」だと、勤め人なら一度は思ったことがあるだろう。職場の理不尽に怒り、時には悔し涙を酒でぬぐう。しかし次の朝には気を取り直し、勤め先に向かってまた靴をはく。

4. 西行が詠んだのは吉野山に咲くヤマザクラであった。吉野山は、山岳宗教に起源を持つ日本独自の「修験道」の発祥地で、本尊である蔵王権現（ざおうごんげん）が桜の樹で彫られたとされる

ことから、桜は「神木」として敬われた。平安時代に信者たちが桜の苗を寄進したことが発端となって桜の植樹が続き、次第に全山が桜に覆われた。西行のころにはすでに吉野山は上流階級が憧れる桜の名所になっていた。

5. ちなみに、「手土産」というと、人を訪ねていくときに携えてゆく自分の地元の特産品などを指す。また、お土産は普通もらって嬉しいものだが、「置き土産」という言葉になると微妙だ。「鳥の置き土産」といえば糞のことだし、「〇〇君の置き土産」というと、〇〇君が残していった厄介事のことだったりもする。

6. なお、立憲民主党衆議院議員・川内博史は当選前に大月ホテル取締役を務めた縁で山田の孫娘と結婚しており、山田の義理の孫に当たるが地盤は継承していない。

7. リシルドはその後、兄がプロヴァンス王となるのを支援した。義理の孫のルイ3世とカルロマン2世の死後も、再び王国の実権を握ろうとしたため、プロヴァンスへ追放された。シャルル禿頭王との間に5人の子女をもうけたが、成人したのは娘1人だけだった。

8. そのため、のれんが店を象徴するものと考えられるようになり、「のれんにかかわる」と言えば、その店の信用にかかわることを示すし、「のれんを傷つける」といえば、店の信用や名誉を落とす行為を指すようになった。(中略)さらに面白いことに、この「のれん」という言葉、現在でも会計用語としても使われており、例えば純資産100億円の会社を200億円で買収すると、差額の100億円が「のれん」として、貸借対照表に計上される。つまりこの「のれん」は、ブランド価値を意味し、それを上乗せして買うわけである。

9.「へたうま」も「ゆるキャラ」も、ストレートに「可愛い」のではなく、一見するとちょっと間が抜けた、あるいはひねくれた、ぎこちない、でもそこはかとない愛嬌があるという、複雑で、一口では説明しがたい「可愛さ」だ。こうした可愛さは、露骨でストレートな表現を好まない日本人の嗜好にあったものと言えるのではないだろうか。

10. そのせいか、小さいもの好きは日本人の国民性とも言える性向となっている。「大は小を兼ねる」という言葉もあるものの、大きいことを持ち上げる言葉はこれが孤軍奮闘しているといった感じで、その逆の意味の言葉のほうが圧倒的に多い。「杓子は耳掻きにならず」「長持枕にならず」「地引き網で白魚はとれない」というように、小さく機能的なものを良しとし、ただ大きいだけのものを否定するようなニュアンスを持つ言葉がたくさんある。さらには、「ウドの大木」「大男総身に知恵が回りかね」といった、ただ大きいだけの人間を馬鹿にする言葉も多い。

11. 先日旅行した際、おみやげ物屋さんで、魚のウロコでできたアクセサリーが売られているのを見つけた。半透明で、さざ波のような模様があり、それが花びらに見立てられた可憐な花のアクセサリー。魚のウロコといえば厄介なだけの不用品としか思っていなかったのに、素敵なアクセサリーに変身するなんて、まさに「目からウロコ」だわ、と思ったものだった。

12. 味の素は、2023年11月、週に2回以上自宅で食事をしている全国の10〜60代の男女1,056名を対象に「コロナ禍前後における価値観の意識調査」を実施し、その結果を公表した。「SNS 映え」や「盛る」という行為に対し、コロナ禍前後で一貫して「飽き」や「疲れ」を感じると回答した人は56.3％となった。コロナ禍前に比べると「飽き」や「疲れ」を感じると回答した人を合わせると、全体の約7割がSNSでの「映え」や「盛り」に対して魅力を感じていない

ということが明らかに。（雅虎日本新闻）

13. 本の中身を見てみると、「オタク共通用語」「BL界隈（かいわい）用語」「ポケモン界隈用語」など、併せて14章の構成になっている。記載された言葉にはオタク的な意味だけでなく、その言葉の本来の意味、用例、場合によってはイラストも記載されている。（中略）中には1単語あたり300文字以上の解説文もあり、用例のシチュエーションもさまざま。その熱量は文体からも垣間見え、オタク特有の早口ボイスが脳内で再生され、まさに大草原不可避だ。（雅虎日本新闻）

第十一章

语言文化差异

日汉翻译中的文化差异来自两方面,一是上章介绍的社会、历史、文化差异,二是语言本身包含的文化差异,具体体现在语音和语义两个方面。

一、语音中体现的文化差异

语音是语言最基本的构成要素,不同语言之间的语音差异常常成为翻译时的障碍。

例1.「サクラ」の語源は、田の神を意味する神の霊「サ」と、その居場所「クラ」(倉または鞍に通ずる)が合体した、とする説がある。

译文1 有学说认为"樱花"的词源由两部分结合而成,前半部分意为"稻田神",后半部分(与"仓"或"鞍"同音)则表示其居所。

原文从语音上对"樱花"一词的来源进行了解释,而译入语读者并不了解其读音。译文1为避开这一矛盾,略去了原文中的语音要素,使用意译的方法,将原文的部分信息传达了出来,但译文中"前半部分""后半部分"所指不明,总体来说有些含混,如果下文再涉及这些语音要素,可能难以呼应,所以还是要尽可能地将这一语音要素传达出来。用怎样的表达方式才能使译文读者对该读音有直观的认识呢?

第二章曾提到过这个方法，那便是罗马拼音。

译文2 有学说认为"樱花（SAKURA）"的词源由两部分结合而成，前半部分的"SA"意为"稻田神"，后半部分的"KURA"（与"仓"或"鞍"同音）则表示其居所。

例2. もともと憲法23条が規定するアカデミアは、<u>二つの「じりつ」</u>自立と自律を旨としており、国家の介入は最小限にとどめるべきである。自治的存在であるアカデミアは社会のためにあるが、社会と国家は同義ではない。

画线部分通过强调读音的形式，对"自立和自律"这两个原则加以强调。但汉语中"自立"和"自律"这两个词的读音不完全相同，因而并不具备对等的语音要素。这种情况下，译者应根据信息的重要程度和译文读者的需求来确定翻译策略，是设法将这一信息传达出来还是将其减译。若要传达出来，该采取怎样的方式，是否会造成译文臃肿拖沓，甚至喧宾夺主，影响主要信息的传达。如果舍弃，会不会造成漏译或信息偏差。

译文 日本《宪法》第23条本来就规定学术机构要秉承"自立"和"自律"的宗旨，国家的干预应控制在最小限度。独立自治的学术机构的服务对象是社会，但"社会"并不等同于"国家"。

（www. keguanjp. com/kgjp＿jiaoyu/kgjp＿jy＿gdjy/pt20190930060003.html，有改动）

这个译文选择了减译。当然，也可采取其他策略，比如在不影响译文信息结构和流畅度的前提下，近似地译成"两个'自'——自立和自律"等。

例3. 名前の響きで損をしているが、ドクダミは可憐な花である。毒々しい「ドク」から、濁声の「ダミ」と続く。だが花（実際は苞）は白い十字形をし、木の下闇などに星を散らしたように咲く。

译文1 鱼腥草这种植物因为名字的缘故吃了很大的亏，因为

"鱼腥"二字听起来就让人倒胃口。但其实它的花很可爱,苞片呈十字形,开在树荫等处,像繁星点点。

这段文字介绍了「どくだみ」这一植物的读音使人产生的联想意义,译文1直接用汉语中的"鱼腥"替代了原文中的文化意象,虽然也通顺流畅,但丧失了原文独特的文化信息,甚至会使读者以为日语中也称之为"鱼腥草"。若能设法将其读音表达出来,再进一步解释其含义,则能更好地传达原文信息。同例1一样,可以使用罗马拼音。

译文2 鱼腥草在日语中读作"dokudami",这个名字使人对它敬而远之,因为"doku"与"毒"发音相同,"dami"则有"混浊"之意。但事实上它是种很可爱的花,花朵(其实是苞片)呈十字形,星星点点地开在树荫下。

这个译文为使语义连贯、衔接顺畅,进行了一些加译(画线部分)。此外值得注意的是,它还做了一些句序上的调整,把主题提到最前面,把「可憐な花である」移到后半部分,这样一来前半部分讲鱼腥草不被喜爱的原因,后半句讲它实际上的形态,整个句子更加层次分明,消除了按原来句序译出来的杂乱感。

例4. 砂袋を、相手の向う脛に叩きつけてやった。生木に鉈が食い込むような、湿っぽい重い音がした。悲鳴をあげて、医者が腕を引込めた。「ア」行の音全部を混ぜ合わせたような悲鳴に、僕は汗ばむ。(「私」と「医者」が殴り合う場面、『箱男』第146页)

译文1 我抄起沙袋向他小腿砸去,医生惨叫一声,手缩进了纸箱。里面传出一连串呻吟。这时我才感到,自己身上已渗出了汗。(王建新:95)

译文1有两处严重问题,一是「生木に鉈…音がした」这句漏译,二是最后一句错译。原文中医生只发出一次惨叫,但译文1译成了两次。另外,使"我"冒汗的原因,正是这声惨叫,但译文1使人感觉汗是打斗累出来的。

除了这些"硬伤"外,还需将这声惨叫之"惨"表现出来,才算是真正忠实于原文。最简单的方法是将其意译为"抑扬顿挫的惨叫"。若要

更加具体形象乃至传达出异国色彩,可试着将原文中「ア行の音全部を混ぜ合わせたような」这个有日本特色的形容以某种方式表现出来。

译文2 我抢起沙袋向他小腿砸去,发出了柴刀砍入树干般的沉闷响声。医生惨叫了一声,把胳膊缩了回去。这声仿佛将 a、i、u、e、o 这五个音全都混在一起的惨叫,把我瘆出了一身汗。

译文2用音译的方法,用罗马拼音将原文中所要表达的声音传达了出来,生动形象,给人身临其境之感。

例5.4Sは、安全で健康な職場づくり、そして生産性の向上をめざす活動で、整理、整頓、清掃、清潔を行うことをいいます。(anzeninfo.mhlw.go.jp/yougo/yougo61_1.html)

「4S」这个缩略语,是日语中「整理、整頓、清掃、清潔」这四个词的统称,因为它们的首字母都是"S"。但这一共同的语音要素在汉语中并不存在,如果照原文直译,译文读者必然不明就里。此时需要考虑,这一语音要素是否需要传达出来?以何种方式传达?如果要将这一理念引进到中国的企业、车间,用怎样的缩写才能让员工一目了然?

译文1 4S是指"整理、整顿、清扫、清洁"(这四个词在日语中的发音均为 S 开头,故称4S)这4个环节,目的在于打造安全健康的工作环境、提高生产效率。

译文2 4S是日语中整理(seiri)、整顿(seiton)、清扫(seiso)、清洁(seiketsu)这4个词的缩写,是指以创造安全健康的工作环境、提高生产效率为目标而开展的一系列活动。

译文3 "两整双清"指的是为营造安全健康的工作环境、提高生产效率而开展的整理、整顿、清扫、清洁这四项工作。

这三个译文都准确传达了原文的信息,但使用的策略不同。译文1和2的策略为"直译＋注释",一个用加括号解释的方法,一个用加注罗马拼音的方法,使读者理解了这四个词与"4S"的关系。总的来说,

译文1更简洁,译文2更易懂。译文3则舍弃了"4S"这一语音要素,将这四个词按照汉语的读音两两合并,译成了"两整双清"这样一个缩略语,不仅有效传达了原文信息,而且好懂好记,若是单纯从引进中国的角度来看,此法最佳。但若从中日企业合作的角度考虑,在"两整双清"后注上"4S"这一缩写,会更加便于双方企业沟通交流。

二、文字游戏

语音和语义之间常常有着密切的关联,利用这一关联创造出来的文字游戏,如双关语、绕口令、藏头诗等,也是民族文化的重要组成部分。对于文字游戏来说,形式与内容同等重要,有时形式甚至比内容更重要。而且形式又与语音、语义密切关联,所以常常很难用另一种语言全面表现出来,有时甚至是不可译的。

例6. よく切れるスマホの電池うちの妻(サラリーマン川柳2018年特選30)

这首川柳利用「切れる」一词的双关意义,巧妙地将一个工薪族在生活中最头疼的两件事浓缩在短短17个音拍中。双关语是一种常见的文字游戏,由于建立在语音和语义的关联之上,所以要用另一种语言将其内容和形式都很好地传达出来,是比较困难的。以下译文通过加译画线部分体现出原文的隐含信息,很好地实现了双关意义的传达,虽然丢失了"语音双关"这一形式要素,已是上乘之作了。

译文 两样都难办:手机电池好断电,老婆好翻脸。

(王众一译,平成年间工薪族川柳回放2018,人民中国公众号)

这个译文与原文一样都是5/7/5音节,并且句尾音节押韵,这种形式称为"汉川"。对于俳句和川柳,一般译成汉俳或汉川较多,当然也可译成两句五言或七言诗的形式。

例7. 我が部署は　次世代おらず　5爺(ファイブジイ)

（2020年度日本"上班族川柳大赛"，mp.weixin.qq.com/s/mGrUPx3WGt52LnHT8EY8FA）

"5G"全称"5th Generation Mobile Communication Technology（第五代移动通信技术）"，在日语中与「次世代」原本是一对好搭档，常常以「次世代通信技術5G」的形式一道出现。这首川柳仿拟「5G」的发音造出一个谐音词「5爺」，同时利用「次世代」的另一个含义"年轻一代"，将这对好搭档变成了对立的概念，即：

5G＝次世代；5爺 VS 次世代

如何用简洁的文字将这一双关意义其诙谐语气最大限度地表现出来？如果无法两全，是更多地保留形式要素还是内容要素呢？

译文1 环视我下属，一色5G老干部，新一代皆无。（中国外文局亚太传播中心总编辑，王众一）

这个译文通过适当加译，将原文的表层意思很好地传达了出来，并尝试通过"5G老干部"这一造词体现出"50＋"中老年与"5G"新技术之间的反差，传达出诙谐感。尽管未能很好地体现出原文隐含的「次世代」与「5G」之间的关联，但已是十分高明了。

译文2 且看我部门，五个老头一台戏，这也是5G。

这个译文通过"五个老头"和"5G"在数字上的对应与意义上的反差，传达出了原文笑点，还兼顾了笑点放在最后的原则（即「オチ」），与译文1一样是相当高明的佳作。但同样由于字数的限制，未能体现出「次世代おらず」这层意思，只能借助最后一句的"也"字来加以暗示。

从以上两个煞费苦心的译文中，也可看出双关语翻译之不易吧。

例8.一括りに「痛勤電車」と恨まれても、イタさは各様だ。鮨詰めともなれば、吊り革や握り棒にすがるまでもない。青年の背が支えになり、おじさんの腹がクッションと化し、乗客は一塊で揺れる。身を任せながら、昨今、手の位置だけは気をつけている。「痴漢したでしょう」と睨まれ、一番狼狽えるのは身に覚えのない場合だろう。

　　这例中的「痛勤電車」利用了"痛"与"通"的谐音,一语双关地表现出"痛苦的通勤电车"之意。翻译时若能传达出这一双关及幽默的效果当然最佳,但如果无法两全,就这段文字而言,还是内容更加重要,只能舍弃形式而取内容了。以下两个译文中,译文1舍弃形式而着重内容,主要使用了意译的手法;译文2则尝试形式与内容兼顾,使用了直译加注的方式。

　　译文1　乘坐过度拥挤的通勤电车,对任何人来说都是痛苦的经历,但每个人的痛苦又各不相同。在过度拥挤的电车上,乘客们甚至无须抓住扶手或扶栏。有的人被挤得靠在旁边年轻人的背上,有的人被挤得将身后中年男人的大肚子当成靠垫。大家别无选择,只能紧紧地挤在一起,随着电车的摇动而晃动。但是最近,不管车内如何拥挤,我总是十分注意双手摆放的位置。当被人怒斥"色狼"时,最尴尬的恐怕是那些无辜的人吧。

　　译文2　虽说人人都恨"痛勤电车(注)",但每个人的"痛"又各不相同。车内挤到极致时,甚至无须拉扶手,你靠着我的后背,我贴着你的肚子,全体乘客化为一体,任其摇来晃去。然而最近,我虽仍然晃得身不由己,却十分注意两手摆放的位置,生怕一不小心被人怒斥"流氓",遇到这种情况,越是无辜就越是尴尬无比。

　　(注:仿拟"通勤电车"造出来的词语。日语中"痛""通"二字谐音,此处用"痛勤"代替"通勤",以表达"高峰时段拥挤不堪、十分痛苦的通勤电车"之意。)

　　从传达效果来看,译文1通过舍弃原文的语音双关要素,使主要信息得到更加顺畅的传达,译文读者读起来更轻松。译文2整体来说更简洁,并传达出了双关意义,但加注这一方式对读者的阅读造成一定负担和阻碍,阅读体验可能比译文1有所逊色。下面的译文3则综合了这两种译法的优点,通过解释性的加译保留了"痛勤"这一原词,并且传达出了双关意义,可谓技高一筹。

　　译文3　高峰时段拥挤不堪的痛苦,让"通勤电车"在大众心中化身可恨的"痛勤电车",而乘坐电车的人们,"痛"得又各不相同。(下略)

　　以上三种策略选择哪种,需根据译者的能力及目标读者的需求

来判断取舍。

　　例9.「成田ゆめ牧場」(千葉県成田市)で、「ウシか?」と突っ込みたくなるほど見事な白黒柄のオスやぎが誕生した。今年のえと・ウシにちなんで人気を集めそうな、その名も「うしか」に会いに行ってきた。産まれた当時は体重約500グラムだったが、2カ月で約10倍に成長。体重20キロの大人のヤギに比べるとまだ小さいが、小さな角も生えてきて、来訪者からの「なでなで」攻めにも全く動じず、既に風格さえ漂っている。「うしか」と思えば「やぎよ」の兄妹。どうか無事に育って欲しいものだ。(日本経済新聞2009年4月)

　　这例中的文字游戏主要体现在「うしか」和「やぎよ」这两个双关语上,它们既是小羊的名字,又有提问和回答的功能,如何将其最大限度地传达出来,是本例的难点之一。

　　译文　两个月前,一头雄性小山羊出生在成田梦牧场(千叶县成田市)。其毛色黑白相间,酷似奶牛,使人不禁想打趣地问一句"是牛吗?",而这也正是它的名字。今年正值牛年,这只名为"是牛吗"的小羊一定会很有人气。记者日前见到了这只小羊,它出生时体重约500克,经过两个月已增至当初的10倍。虽然比起体重20多千克的成年山羊来还差得远,但头顶已生出嫩角,面对游客们热情的"摸头杀"也一脸淡定,已初具"明星范儿"。"是牛吗"还有个妹妹,名为"是羊哦",二者相映成趣。衷心希望它们能够健康成长。

　　以上几例都利用了语音和语义的双关来达到幽默诙谐的表现效

果,译为汉语时,要考虑使用怎样的策略来传达这一效果,以及形式和内容无法兼顾时优先保留哪一个。从以上几例可以看出,在双关语的翻译上,如果二者不能兼顾,一般来说会优先选择保留内容要素。

除双关语外,还有一些与语音关联更加紧密的文字游戏,可以说完全是利用语音的某些要素创造出来的,故而形式的重要性大于内容,翻译时若无法二者兼顾,只能舍内容而取形式通过文化替代的方式对原文加以改写(リライト),如例10、例11。更有甚者,还有的文字游戏因语义与语音的结合过于紧密,再加上特定语境的作用,改变或舍去其中任何一个都无法实现其功能,然而其形式要素又无法传达,这种情况下可以说是不可译的(如例12)。

例10.「アイツがボケたらクラス中がシーン…ってなって、それにマジで草生えたわ」

「なんでそこで草生えるの?今日校外学習だったっけ?」

「いや、その草じゃなくてさ」

「お母さんもう訳わかんないわ」

(youngjapanesedic.com/草草生える)

这段对话中有个文字游戏的要素,就是「草生える」这个谐音梗。站在翻译本地化的角度看,笑话必须让人领会到笑点,如果无法通过直译让读者领会,就需要采取文化替代(リライト)的方式,用目标语言用户也能看懂的、目标国家常见的网络梗或者笑话来代替,并将其融入原文。

译文1 "那家伙开了个玩笑,然后整个教室顿时安静了。真是笑不活了!"

"什么草不活了?怎么会有草啊?今天是在校外学习吗?"

"不是草啦……"

"你到底在说什么我怎么听不懂?"

译文2 "那家伙开了个玩笑,然后整个教室顿时安静了,红红火火恍恍惚惚!"

"大过年的,是该红红火火。"

"老妈，我说的不是那个意思……"

"妈妈我呀，已经听不懂你们说的话咯！"

（米哈游本地化译员，秦汝波）

译文1利用"草"和"笑"在读音上的近似性，勉强将其按照原文字面意思译出，但这个直译有侥幸的成分，更多的时候是难以直译的。这种情况下可以原文为基础进行"移花接木"，通过文化替代的方式来体现原文的意图、实现原文的功能。译文2所采取的便是这一方法，译者从原文的「草生えた（符号为"wwwwww"，意为"太好笑了"）」联想到中国前几年的一个网络流行语"红红火火恍恍惚惚"（拼音首字母是 hhhhhhhh，也是大笑的意思），并顺势对接下来的对话内容进行了相应的改写，以传达原文笑点、实现原文功能。这种译法自由度较大，也比较容易传达出原文的意图，但需要译者对网络流行语或相关领域有较多的了解。

例11. 無花果（いちじく）人参　山椒に椎茸　牛蒡に零余子（むかご）七草　初茸 胡瓜に冬瓜（とうがん）

这是一首数字植物藏头诗。形式要素主要有三点：首先它是韵文，有音节和字数的限制，有一定的节奏感和韵律感；其次它的每个词语都是植物；最后，它每个词开头的音节都是一个数字，连起来正好是从一到十。这种文字游戏所体现的语言文化较之双关语又深了一层，翻译时要满足上述形式要求已殊为不易，兼顾内容更是难上加难。如果只能顾及一个方面，是优先传达形式呢，还是内容？

译文 薏米、儿茶、三色堇，四季海棠、五加皮，留兰香、七叶树、巴豆、韭菜、十样锦。

这段译文重点传达了原文的三个形式要素，具体内容则进行了替换，因为显然形式更重要。通过保留形式要素，传达出原文最重要的信息，实现了功能对等，已殊为不易。

例12. 小学生の頃、クラスでダジャレが流行った時期がある。私のクラスでは、日常的にふとんがふっとんだのはもちろん、全

校集会での校長先生はゼッコーチョーであった。

　そんなダジャレセンスの高い（？）私のクラスのとっておきのダジャレの一つには「チャイナにいっちゃいな」、なんてのもあった。クラスメートの一人が、親の転勤の影響で北京に引っ越すなんて奇跡的なことがあった日には、みんなここぞとばかりにチャイナにいっちゃいな、と面白おかしく彼を送り出した。面白くてクラスの人気者だった彼が最後の挨拶で「中国はちゅっごく広い」なんて言うものだから、クラスは大盛り上がり。

　とてもとても楽しかったそんな日々は、私が初めて中国、という国を知った瞬間だった。（同時にチャイナという英単語も覚えた。）当時の私にとって、中国は「チャイナにいっちゃいな」、というくらいだから、日本からどこか遠い国、というイメージにすぎなかった。

　译文　我上小学时,有段时间班里很流行谐音梗。除了同学们日常说的"棉被飞走了"之外,在全校大会上,校长也特别幽默。

　特爱说谐音梗的我们班级还有句很高级的谐音梗,就是"去中国呀"。有一天发生了一件很神奇的事情,班上有个同学,因为父母工作变动,要搬家去北京。为他送行时,大家打趣说:"这回真要去中国啦。"他为人风趣,在班里很受欢迎,有趣的是,和我们告别时,他的最后一句话竟是"中国超级大哟",这瞬间引发全班的爆笑。

　在那些特别特别开心的日子里,我第一次知道了中国这个国家（同时,也记住了 China 这个英文单词）。当时的我,只知道中国是一个离日本很远的国家。

　（mp.weixin.qq.com/s/8jk5gZkkwFV-va58tmXsIQ）

　「ダジャレ」也是双关语,带有一些"不够高明、不够高级"的语感,可理解为"双关俏皮话",或者套用一个网络流行语,就是"谐音梗"。这例中的画线部分都是谐音梗。这个译文除最后一句有一部分省略未译之外,在意思上基本是准确的,但中国读者却无法从中感受到原文的幽默。

　在此基础上,通过加注的方式,可较好地传达这些谐音梗的双关

语义,比如「チャイナにいっちゃいな」可译为:

……特爱说谐音梗的我们班级还有句很高级的谐音梗,就是"你快去中国呀(注)"。……

(注:原文写作"チャイナにいっちゃいな",读作"China-ni-ic-chaina"。前半部分的"チャイナ(China)"和后半部分的"ちゃいな(chaina)"谐音。)

但从表达效果来看,这一谐音在原文语境中所营造出的幽默感仍是不可避免地丢失了。可见从某种意义上来说,此例是不可译的。

由于语言文化的巨大差异而造成实际上的不可译,或者即使勉强译出,也无法使形式与内容两全其美,这种例子不胜枚举。事实上,每种语言都有自己独特的文字游戏,其中很多是不可译的。比如我国著名语言学家赵元任为说明汉语中同音异义字之多,写了一篇《施氏食狮史》:

石室诗士施氏,嗜狮,誓食十狮。氏时时适市视狮,适十狮适市,氏恃矢势,使十狮逝世。氏适石室食狮,石室湿,氏拭石室,试食十狮尸,食时,始识是十狮尸,实十石狮。

译文 石造りの家に住んでいる施という名の詩人は獅子が好物であった。彼は十匹の獅子を食べる誓いを立てた。それで彼はよく市場へ獅子を探しに出かけた。ある日折りよく十匹の獅子が市場に出てきたので、詩人は弓矢の腕を発揮して十匹の獅子をしとめた。彼は石造りの家に帰って獅子の死体を食べようとしたが、部屋がじめじめしているので、しめりを拭き取ってから獅子を食べかけた時になって、やっと十匹の獅子が実は十匹の石の獅子であることに気づいた。

这个译文虽然将原文的意思解释得很清楚,却丧失了原文精华,因为原文的形式要素——同音异义——远比内容重要。事实上赵元任出于同一目的还写了另外两篇短文(《季姬击鸡记》等),可见这篇短文内容并不重要,重要的是形式。

除此之外,还有人尝试用汉文训读法翻译这段文字,但同样无法

将原文的同音异义字这一特点传达出来,可见作为文字游戏的这段文字事实上是不可译的。

TIPS

　　语言文化差异基于语言本身的特点而产生,有一些单纯体现在语音上,更多的则体现在语音和语义两个方面,体现在二者的紧密结合中。

　　单纯体现在语音上的语言文化差异多数可通过变译、加译、意译等方法传达出来,变译是指换用罗马拼音或汉字词来表达,加译是指加上一些解释或说明等。

　　也有一些难以传达的语言文化信息,如果勉强译出,反而会造成译文臃肿晦涩,甚至影响主要信息的传达,这种情况下可选择减译或简译。

　　较之单纯的语音差异,更复杂的语言文化差异体现在文字游戏中,文字游戏是语音和语义的紧密结合,利用该语言文字独具的特点而创造,其形式与内容同等重要,甚至比内容更重要。翻译时若能二者兼顾,做到形式和内容都大致对等,当然最好不过;若是不能两全,则需加以取舍:要么适当牺牲形式而优先传达内容,要么尽量追求形式对等而替换具体内容。

　　有些简单的双关语,可以通过直译加注或意译的方式将形式和内容两方面要素都较好地传达出来。但是也有许多文字游戏,由于与语境结合紧密或其他原因,翻译时形式和内容难以兼顾,甚至无法传达最重要的要素,这种情况下便只能退而求其次。

课后练习

将下列文字翻译为中文。

1. 日本に多いのは栽培種の桜であり、その数は四〇〇以上とも言われる。栽培種の桜は、野生種に対して人間の住む里で咲く桜として「里桜」とも呼ばれる。また、野生種を全部ひっくるめて「山桜」と呼ぶこともある。

2. 会議中 本音と建前 懐疑中

3. YOASOBIが　大好きと言い　父あせる（注：YOASOBI 为日本乐队名）

4. 日本の住宅では、こうして床（ゆか）が清潔に保たれているがゆえに、一つの部屋が食堂にも、居間にも、寝室にもなる。先ほど、床（ゆか）と書いたが、これは中国語では"地板"の意味で、もし「ゆか」でなく「しょう」あるいは「とこ」と読んだ場合には、中国語と同じく「寝る場所（ベッド）」を指す言葉となる。「病床（びょうしょう）」「床（とこ）を上げる」「床（とこ）を取る」などという言葉がその例だ。

5. この丼という漢字は、現在の中国語では使われることがないため、私はてっきり日本の国字（日本でつくられた漢字）だと思っていたが、そうではないらしい。『説文解字』にも載っているれっきとした漢字であり、「井」の異体字であるそうだ。井戸の中に小石を落とすとドンブリと音がすることからドンブリと読むようになったと言われている。

6. 上産をみやげと読むのは当て字で、一説には宮笥（みやけ）から来たもので、宮笥とは、神から授かった箱のこと。それが後に転じて各地の特産品（＝土産）がみやげと読まれるようになったという。江戸時代、伊勢神宮へのお参りが庶民の間で大流行し、一生のうち一度は伊勢参りに行きたいというのが庶民の夢であった。しかし、費用も時間もかかり、簡単には行けないため、伊勢参りに行く人は、周囲の人を代表して行くという形になることが多く、人々からお餞別（せんべつ）をもらって出かける。そのお礼として、神社のお守りやお札（ふだ）を持ち帰ったのが「土産」の起こりだ。

第三单元　复句及复杂句翻译

第十二章

日汉复句构造差异与基本译法

　　语言从形态上大体可分三类：孤立语、黏着语、屈折语。日语属于黏着语，通过助词、助动词等语法要素将词语连接起来，组成句子。助词和助动词等所发挥的作用就如同黏合剂一样，所以称为"黏着语"。汉语则是孤立语，主要通过词语的叠加构成文句，语法功能主要通过语序来实现，还有一些虚词作为辅助。若用造房子来作比，日语句子的构造就像木头加钉子，汉语的句子则像榫接。从翻译的角度看，这种形态上的差异使日语和汉语在句子结构上产生了以下两方面的不同：

　　（1）语序不同：汉语句子的语序基本固定，叙述多按事物发展的实际顺序展开；日语句子的语序则相对自由，一般按信息的重要程度等排列。

　　（2）修饰语长度不同：汉语句子中不能有太长的修饰成分，否则会阻隔其前后成分的呼应，影响读者对句子结构的正确把握。日语则因有助词、助动词等形态上的标志，所以不易受修饰成分的干扰，句中常常有较长的修饰成分。

　　以上两点也是造成日汉复句构造差异的根本原因。

一、日汉复句构造差异

　　汉语的复句由两个以上连续的小句构成，每个小句就如同竹子的一节，各节之间有着因果、假设、转折、并列等各种关系，这种复句

结构称为线性结构。日语的复句则有两种不同的构造形式，一种与汉语复句相同，称主从复句；另一种与汉语大相径庭，称包孕复句。

（一）主从复句与包孕复句

日语的复句中，与汉语构造形式相同的那种，称为主从复句或并列复句。

例1.（日本の公務員の定年延長は）当初は21年度からの引き上げを目指していたが、二度の見送りで成立から施行までの準備期間が短くなることから、22年度に先送りする方向だ。（www.jiji.com/jc/article?k=2019121801224&g=pol）

这例由三个小句构成，一二小句间是转折关系，二三小句间是因果关系。这一构造方式与汉语的复句相同，翻译起来也比较简单，只需正确把握句间关联关系即可。

译文　（日本的公务员延退制度）当初的目标是从平成21年度（2009）开始逐步推行，但因两度推迟，造成从计划制定到实施之间的准备时间缩短，所以将推迟到平成22年度（2010）开始实施。

日语的另一种复句在构造形式上与汉语大相径庭，它的从句是包含在主句中的，也就是我们常说的有较长修饰语的句子。

例2. 光合成の過程には、光合成色素クロロフィルが、光エネルギーを吸収して水を分解する明反応（light reaction）と、二酸化炭素を糖などの有機物中に固定する暗反応（dark reaction）がある。

在这个句子中，未画线部分是句子主干，或者说主句；画线部分是两个定语从句，分别修饰其后的「明反应」和「暗反应」。换句话说，从整句结构看，从句是嵌套在主句中的，这种形式的复句称为包孕复句，或称嵌入式复句。包孕复句与汉语复句在形态上的巨大差异，使它成为日汉翻译中的难点之一。

（二）定语从句与多项定语

定语从句指的是句中充当定语成分的小句，不一定是完整的句子，但至少包含主谓结构、动宾结构或动补结构。被修饰的名词性成分称作"中心词"，比如在例2中，「明反応」和「暗反応」就是两个被定语从句修饰的中心词。

例3. 著者の藤田紘一郎・東京医科歯科大教授は〈「抗菌グッズ」の流行は、ヒトにとって敵か味方かと見極めず、すべての細菌を「異物」として排除しようとする発想を生んでいる。この「抗菌的発想」が日本には蔓延しつつある〉と書く。

画线部分是个包孕复句，结构可分解如下。其中画线的「発想」便是定语从句的中心词。

主句：「抗菌グッズ」の流行は、…発想を生んでいる。

定语从句：ヒトにとって敵か味方かと見極めず、すべての細菌を「異物」として排除しようとする

有时一个中心词前面的修饰成分不止一个而是多个，这种多个定语成分共同修饰一个中心词的情况，称为多项定语。多项定语又分并列关系和递进关系，并列关系的多项定语分别修饰中心词而彼此互不修饰；递进关系的多项定语则是前项修饰后项，层层推进。

例4. 国連などは、科学的な根拠をもとに温室効果ガスの削減に取り組む企業を認定する「SBT＝サイエンス・ベースド・ターゲット」と呼ばれる仕組みを2015年から始めています。（NHK新闻）

这句的结构可分解如下：

主句：国連などは、…仕組みを2015年から始めています。

定语①：科学的な根拠をもとに温室効果ガスの削減に取り組む企業を認定する

定语②：「SBT＝サイエンス・ベースド・ターゲット」と呼ばれる

在这个句子中，定语①和②共同修饰「仕組み」这个中心词，但二

者互不修饰,这两项定语之间是并列的关系。

例5. 幅の広い豊かなパーソナリティーが、今まで以上に研究者に求められる時代になったと言える。<u>あの人のためなら何でも協力してしまいたいと、周辺の人々に思わせる雰囲気を常に漂わせることができるような技術者になるべきだということである。</u>

画线的句子从结构上看,是个省略了主语的包孕复句,可分解如下:

主句:(技術者は)…ような<u>技術者</u>になるべきだということである。

定语①:あの人のためなら何でも協力してしまいたいと、周辺の人々に思わせる

定语②:…<u>雰囲気</u>を常に漂わせることができる

这两个定语从句中,①修饰②中的「雰囲気」,②修饰主句中的「技術者」。也就是说①②这两项定语之间是递进修饰的关系。

二、包孕复句的基本翻译方法

如上所述,日语的包孕复句呈嵌套式结构,汉语的复句则是线性结构。所以日译汉时需将嵌套结构拆开,把里面的从句拿出来,然后再把拆分后的主句和从句按汉语复句的构造方式重新排成一个线性的句子。具体该如何拆分,又如何重排呢?

拆分时首先要弄清哪是主句,哪是从句。主句即整个句子的主干结构,包括主谓宾补;从句则是嵌在句中的定语从句等修饰成分。搞不清哪是主干哪是修饰成分时,可以结合"倒推法"等加以分析,具体会在第十四章中加以介绍。

拆分之后还要重排。重排的原则,是遵循汉语复句的构造规律,包括时序律、因果律、远近律、总分律等。时序律是其中最基本的一个,指事物发生发展的先后顺序。在遵循这些规律的基础上,还要注意句间衔接,因为句中原本共用的一些成分在拆分后不再共用,会造

成有的小句成分缺失或与上下文衔接不畅,这种情况下应根据语境,适当补足缺失成分或添加指示词等。

在拆分和重排完毕后,一般还要润色一下译文,适当运用翻译技巧,使译文更加简洁、流畅、得体,符合汉语的表达习惯。以下根据这些要领试译一下前面几例。

例2. 光合成の過程には、光合成色素クロロフィルが、光エネルギーを吸収して水を分解する明反応(light reaction)と、二酸化炭素を糖などの有機物中に固定する暗反応(dark reaction)がある。

> Step1:拆分+译出
> 拆分的步骤前面已经列出,这里将分解后的主句和从句分别译出:
> 主句:光合作用的过程包括光反应和暗反应
> 从句①:光合色素—叶绿素吸收光能并分解水
> 从句②:将二氧化碳固定在糖分等有机物中
> Step2:重排
> ①②这两个从句虽然都不长,但直接放在主句中译出还是有些晦涩拗口,所以最好把它们提取出来,放到主句的前面或后面去,这例显然放到后面比较自然。此外还要根据拆开后的三个小句之间的内在逻辑关系适当添加指示词、代词等衔接成分,使之衔接顺畅。

译文1 光合作用的过程有光反应(light reaction)和暗反应(dark reaction),光反应是光合色素——叶绿素吸收光能并分解水,暗反应是将二氧化碳固定在糖分等有机物中。

> Step3. 润色

译文2 光合作用的过程包括光反应（light reaction）和暗反应（dark reaction），光反应是光合色素——<u>叶绿素吸收光能并分解水的</u>过程，暗反应是<u>将二氧化碳固定在糖分等有机物中的</u>过程。

例3. 著者の藤田紘一郎・東京医科歯科大教授は〈「<u>抗菌グッズ」の流行は、ヒトにとって敵か味方かと見極めず、すべての細菌を「異物」として排除しようとする発想を生んでいる</u>。この「抗菌的発想」が日本には蔓延しつつある〉と書く。

> Step1. 拆分＋译出
> 主句：'抗菌产品'的流行催生出思维方式
> 从句：不弄清对人体是否有益，就把一切细菌都当作'异物'清除掉
> Step2. 重排、润色

译文 作者是东京医科齿科大学的藤田纮一郎教授。他在文章中写道："'抗菌产品'的流行催生出<u>一种</u>思维方式，<u>即</u>不弄清对人体是否有益，就把一切细菌都当作'异物'清除掉。这种'抗菌思维方式'正在日本蔓延。"

译文中画线的词语是为使拆分后的小句衔接顺畅而进行的加译。

例4. 国連などは、<u>科学的な根拠をもとに温室効果ガスの削減に取り組む企業を認定する</u>①「SBT＝サイエンス・ベースド・ターゲット」と呼ばれる②仕組みを2015年から始めています。

如前所述，①②两项定语互不修饰，是并列的关系。并列关系的多项定语在翻译时，原则上哪个在前都可以，只要符合汉语习惯就行。比如：

译文1 联合国从2015年开始实施一项计划，名为"SBT（Science Based Targets）"，该计划依据科学标准对致力于削减温室气体的企业予以认证。

译文2 联合国从2015年开始实施一项计划,依据科学标准对致力于削减温室气体的企业予以认证,该计划名为"SBT(Science Based Targets)"。

不过在实际翻译中,由于多项定语一般长的在前、短的在后,所以最靠近中心词的定语成分多数比较短,常常可随中心词一道译出:

译文3 联合国从2015年开始实施一项名为"SBT(Science Based Targets)"的计划,依据科学标准对致力于削减温室气体的企业予以认证。

例5. 幅の広い豊かなパーソナリティーが、今まで以上に研究者に求められる時代になったと言える。①あの人のためなら何でも協力してしまいたいと、周辺の人々に思わせる②雰囲気を常に漂わせることができるような技術者になるべきだということである。

如前所述,①②两项定语是递进修饰关系,从句①修饰从句②,从句②修饰主句。或者换个角度看,是主句中包孕着从句②,从句②又包孕着从句①,如下图所示,是一个层层套叠的结构。所以翻译时也常常需要逐层拆开,先译主句,再译从句②,再译从句①。当然,为避免小句过多、译文啰唆臃肿,能不拆分的时候尽量不拆。

Step1. 拆分+译出
主句:也就是说应当成为……的技术人员
从句①:能够始终散发出……磁场
从句②:让周围的人愿意协助他做任何事情
Step2. 重排+衔接

译文1 可以说现在是这样一个时代,它比以往更加要求研究人员具有既深且广的人格魅力。也就是说应当成为这样一种技术人员,

他能够始终散发出一种磁场,让周围的人愿意协助他做任何事。

> Step3. 润色
> 在译文1的基础上,经过变译、意译等处理,可得到一个更加简练的译文。

译文2 当今时代比以往更加要求研究人员具有高度的人格魅力。技术人员应当能够始终散发出一种磁场,使周围的人愿意协助他做任何工作。

> **TIPS**
>
> 　　日语包孕复句译为汉语的基本方法是"拆分＋重排",具体步骤如下:
>
> 　　(1)将主句和从句拆开。从句中如果又包孕着从句,可进一步拆分;
>
> 　　(2)若句子比较复杂,可将拆开的各小句分别译出,以帮助组织译文;
>
> 　　(3)将各小句按时序律、因果律等汉语复句构造规则依次排列,并适当添加指示词等,使句间衔接顺畅。

三、重排的顺序

　　上面所举的例子在重排时都是主句在前,从句在后。是否所有情况都是这样呢?当然并非如此。那么排列顺序是根据什么确定的呢?请看例句。

　　例6. 器用な喜左衛門の手は、精緻な鳥籠もつくったし、茶筅、花筒、筆立、弁当箱など、調法な台所用品までに及んだ。(中略)部落に藪が多くなったのは、やがて、人びとが喜左衛門に習って細工物に精を出すようになり、その必要上から、材料を豊富に

するために、わざわざ土地を開き、それぞれの細工に応じた竹種の藪を育成した結果である。(『越前竹人形』)

　　译文　喜左卫门灵巧的手指编制出了精致的鸟笼，还有茶筅、插花筒、搁笔架、饭盒，甚至编制出很合手的厨房用具。(中略)＿＿＿＿＿＿＿＿＿＿＿＿＿＿＿＿＿＿＿＿＿＿＿＿＿＿＿＿＿。

　　画线部分是个包孕复句。以下分析其译法：

> Step1.拆分
> 主句：部落に藪が多くなったのは、…結果である。
> 从句：やがて、人びとが喜左衛門に習って細工物に精を出すようになり、その必要上から、材料を豊富にするために、わざわざ土地を開き、それぞれの細工に応じた竹種の藪を育成した
> Step2.重排
> 从时间顺序或者因果关系上看，是先有从句中的情况，才产生了主句中的结果，所以译文应按照这个顺序排列，这样与上文也能顺畅衔接。

　　译文　喜左卫门灵巧的手指编制出了精致的鸟笼，还有茶筅、插花筒、搁笔架、饭盒，甚至编制出很合手的厨房用具。(中略)没隔多久，人们纷纷去向喜左卫门学手艺，积极从事竹工艺生产，这就需要大量竹子。为此，人们特地开垦了土地，并培育用于各种竹工艺品的竹种。于是村子里的竹丛便愈来愈多了。(《越前竹偶》，有改动)

　　例7.　イングラムが狙っていたのは、二月に咲くカンヒザクラと四月にならないと咲かないマメザクラ(富士桜)を交配させることであった。日本では沖縄など温暖地に咲く目の覚めるような紅色のカンヒザクラと、富士山周辺に多く見られる可愛らしいが丈夫なマメザクラを交配して、頑丈で美しい桜を創ろうと考えたのだ。(『チェリー・イングラム』第83頁)

译文 英格拉姆的目标是将开在2月的寒绯樱和4月才开的豆樱（富士樱）进行杂交。

────────────────────────────────。

画线部分为包孕复句，以下分析其译法：

Step1.拆分

主句：…①…カンヒザクラと、…②…マメザクラを交配して、頑丈で美しい桜を創ろうと考えたのだ。

多项定语①：日本では沖縄など温暖地に咲く/目の覚めるような/紅色の

多项定语②：富士山周辺に多く見られる/可愛らしいが丈夫な

Step2.重排

这三个小句怎样重排才符合汉语习惯呢？是先介绍两种樱花各自的特点，再说杂交的目的；还是反过来，先说杂交的目的再说明两种花各自的特点呢？

译文1 ①英格拉姆的目标是将开在2月的寒绯樱和4月才开的豆樱（富士樱）进行杂交。②寒绯樱开在日本冲绳等温暖的地区，是一种明艳的红色樱花；③豆樱则多见于富士山周边地区，小巧可爱却十分健壮。④英格拉姆想要通过这一杂交培育出一种健壮又美丽的樱花来。

译文2 ①英格拉姆的目标是将开在2月的寒绯樱和4月才开的豆樱（富士樱）进行杂交，④他想通过这一杂交培育出一种又健壮又美丽的樱花来。②寒绯樱开在日本冲绳等温暖的地区，是一种明艳的红色樱花，③豆樱则多见于富士山周围地区，小巧可爱却十分健壮。

这两段译文语句排列都很自然，但相较之下，译文1的衔接更紧凑，译文2的②③小句与第①小句的呼应则不如译文1那样顺畅、自然。这可能是因为先解释原因（两种花各自的特点）再说明结果（杂交的目的）更符合汉语的叙事规律吧。这段文字如果还有下文，这一衔接上的差异应当会表现得更明显。

例8. 中国の「ニイハオ」という言葉も、最近よく耳にする。小さな子供でも、「ニイハオ」というのがおそらく「こんにちは」に当たるようなあいさつの言葉だということは知っている。<u>しかし、この「ニイハオ」も、日本語の「こんにちは」が、「おはよう」に比べて、自分の仲間というよりは外の人に対して使うあいさつであるということに類似した言い方であって、家族どうしなど非常に身近な中国人どうしが使うあいさつではないようだ。</u>もしわれわれが「ニイハオ」という言葉を覚え、いつでもその言葉を使っているとすれば、相手の中国人とは、いつまでたっても一定の垣根を乗り越えない関係にとどまる可能性がある。

译文 最近还常常听到中国的"你好"这个词。连小孩子都知道了"你好"是个打招呼的词,大致相当于日语中的"空你几哇(你好)"。_____。如果我们学了这个词,不分场合地使用的话,有可能会跟你的中国朋友永远保持着一定的距离而无法更进一步。

画线部分是个包孕复句,拆分后该如何重排呢?

Step1. 拆分

主句:しかし、この「ニイハオ」も、…ということに類似した言い方であって、家族どうしなど非常に身近な中国人どうしが使うあいさつではないようだ。

从句:日本語の「こんにちは」が、「おはよう」に比べて、自分の仲間というよりは外の人に対して使うあいさつである

Step2. 译出

主句:但这个"你好"也是与……类似的说法,好像不用于家人等关系亲密的人。

从句:日语中的"空你几哇"和"哦哈腰(早)"不同,一般不对关系亲密的人使用,而只对外人使用。

> Step3. 重排
> 按照汉语的叙述规则,要先有类比的对象,才能进行类比,所以应将从句部分放在前面。当然,还要考虑与上文的衔接是否顺畅。

译文　最近还常常听到中国的"你好"这个词。连小孩子都知道了"你好"是个打招呼的词,大致相当于日语中的"空你几哇(你好)"。日语中的"空你几哇"和"哦哈腰(早)"不同,一般不对关系亲密的人使用,而只对外人使用。这个"你好"也是一样,不用于家人等关系亲密的人。如果我们学了这个词,不分场合地使用的话,有可能会跟你的中国朋友永远保持着一定的距离而无法更进一步。

例9. AIが人間の仕事を奪う…。それはより厳密に言えば、AIが主体的に人間の仕事を奪取するのではなく、あくまでもAI管理する側の人間がその導入を決めることで、特定の仕事をする人間が不要になるということである。しかし、ここで気をつけなくてはいけないことは、人間の役割をAIが代行することで、人間が職場から排除され、経済的に追い込まれるという、単純な変化に目を奪われてはいけない、ということだ。例えば、デジタル化の急速な進展により、新聞や雑誌などのアナログのマスメディアが衰退する一方、インターネット関連のメディア(ウェブマガジン、企業のオウンドメディア、SNS、ネット通販サイトなど)が誕生し、ウェブマガジンの記者、ITエンジニア、ウェブデザイナー、ウェブ解析士など次々に新しい雇用を創造している。(《IT日语精读教程》第138页)

译文　人工智能将夺走人类的工作……确切地说,并非人工智能主动夺走人类的工作,而是因为管理者决定引进人工智能,而使得某些工作不再需要人了。＿＿＿＿＿＿＿＿＿＿＿＿＿＿＿＿＿＿＿＿＿＿＿＿＿＿＿＿＿＿＿。例如,数字化的迅速发展使报纸、杂志等纸质传媒持续衰退,但另一方面,网络媒体(网络杂志、企业的自由媒体、SNS、网络销售网站等)的诞生,也不断催生出网络杂

志记者、IT 工程师、网页设计师、网络分析师等新的职业。

画线部分的结构可分为以下三个层次：

> 主句：しかし、ここで気をつけなくてはいけないこと
> は、…②…ということだ。
>
> 从句①：人間の役割をAIが代行することで、人間が職場か
> ら排除され、経済的に追い込まれる
>
> 从句②：…①…という、単純な変化に目を奪われてはいけ
> ない

可分别译出为：

> 主句：但在此必须注意的是
> 从句①：人工智能替代人类的角色会使人失去工作并陷入经
> 济上的窘迫
> 从句②：不能只着眼于这一单纯的变化

这三个小句有几种不同的排列方法：

（1）但在此必须注意的是，我们不能只着眼于这一单纯的变化，即人工智能替代人类的角色会使人失去工作并陷入经济上的窘迫。

（2）人工智能替代人类的角色会使人失去工作并陷入经济上的窘迫，但在此必须注意的是，我们不能只着眼于这一单纯的变化。

（3）但在此必须注意的是，虽然人工智能替代人类的角色会使人失去工作并陷入经济上的窘迫，但我们不能只着眼于这一个方面的变化。

哪种译法更好呢？从上下文衔接的角度看，下文是在列举 AI 所带来的另一方面的变化，所以这句以"不能只着眼于这一单纯的变化"结束会比较好。这句的上文则是在说 AI 将夺走人类的工作，所以这句话以转折开头，可使层次更加清楚、语气更加有力。也就是说，（2）（3）两种译法都可以，但（3）更好些。

例10. 三月半ば過ぎの日曜日のことである。昼過ぎに由木修が難波の駅に着いた時、すでに光恵は先に来ていた。朝から曇っ

ていて彼女の何時になく着物を着けた身体がコートの緑の色を構内の外れの薄明かりの中で放つように、高い丸屋根の下に浮き出ていた。

译文　那是三月过半的一个星期日,过午时分,由木修抵达难波车站时,光惠已先到了。＿＿＿＿＿＿＿＿＿＿＿＿＿＿＿＿＿＿＿＿＿＿。

> Step1.拆分
>
> 主句:彼女の…①…身体が…②…高い丸屋根の下に浮き出ていた。
>
> ①定语从句:何時になく着物を着けた
>
> ②状语从句:コートの緑の色を構内の外れの薄明かりの中で放つように
>
> Step2.重排

从时序律来看,主人公先看到光惠的身影,继而才对其外套产生某种观感,所以翻译时也应按这一顺序,先译主句再译状语从句,才符合汉语习惯。至于定语从句①,是对光惠衣服的整体描写,移到后面与②这一细节描写连在一起,衔接会更加紧凑自然。但这里用了「いつになく」这样一个形容,可见主人公对这个细节印象特别深刻,也是想要特别强调的一个细节,所以放在前面译可突出这一感受,更好地传达原文语感。

译文1　那是三月过半的一个星期日,过午时分,由木修抵达难波车站时,光惠已先到了。那天从早上开始就阴沉沉的,光惠少有地穿了身和服,她的身影在车站高高的圆屋顶下浮现出来,绿色的外套仿佛在车站边缘的微光中放射着光芒。(高宁《日汉翻译教程》第110页,略有改动)

译文2　那是三月过半的一个星期日,过午时分,由木修抵达难波车站时,光惠已先到了。那天从早上开始就阴沉沉的,光惠的身影在车站高高的圆屋顶下浮现出来。她少有地穿了身和服,绿色的外套

仿佛在车站边缘的微光中放射着光芒。

这两段译文将定语从句①放到了不同的位置,译文1将其放在了主句前面,译文2则放到了主句后面。大家可自行体会一下它们在表达效果上的不同。

TIPS

拆分重排时,并非总是主句在前、从句在后,而是遵循一定的规则。这一规则包括两个方面,一是汉语表达习惯,即汉语叙事规则。汉语叙述事物一般遵循其发生发展的自然规律,如时序律、因果律、远近律等。

另一个方面就是语境。句子的翻译不是孤立的,而是语篇的有机组成部分,所以翻译时要考虑上下文的衔接、内在意义的连贯等。衔接是指字面能接得上,连贯是指意思能连得上。一个是外在的,一个是内在的,二者缺少任何一个,句子就无法构成有效的语篇。

四、常用技巧:结构转换法

如前所述,日语的长定语可以修饰句中的任何成分,只要是名词性成分。这些包含长定语的成分有时与前后成分连接紧密,若是拆开重排,势必影响上下文的衔接与连贯,所以最好不拆分。但如果直译,又会因修饰成分太长而晦涩难懂,这种情况下该如何处理呢? 一个办法是采取变译的手法,通过转换句子结构来解决这个问题。当然这种结构转换并非随意进行,而是针对特定情况的。

例11. この作品は、日露戦争の勝利によって、重工業を中心とする資本主義が急激に発展するとともに、戦後の莫大な公債・外債の負担が国民生活を極度に圧迫した時代背景の中で書かれた。

> Step1.拆分
>
> 主句：この作品は、…時代背景の中で書かれた。
>
> 从句：日露戦争の勝利によって、重工業を中心とする資本主義が急激に発展するとともに、戦後の莫大な公債・外債の負担が国民生活を極度に圧迫した
>
> Step2.重排
>
> 重排时可以先说时代背景，再说作品的创作；也可先讲作品的创作，再介绍创作背景，无论定语从句在前还是主句在前都是可以的，只要衔接顺畅即可。以下分别是两种译文。

译文1 这部作品创作于这样一种时代背景下：日本在日俄战争中取得胜利后，以重工业为中心的资本主义经济得到迅猛发展；但同时，战争带来的巨额公债和外债也使国民生活陷入极度贫困。

译文2 日本在日俄战争中取得胜利后，以重工业为中心的资本主义经济得到迅猛发展；但同时，战争所带来的巨额公债和外债也使国民生活陷入极度贫困。这部作品便是在这样一种时代背景下创作出来的。

除上述两种译法外，还有一种更简洁的译法：

译文3 这部作品创作的时代背景是：日本在日俄战争取得胜利后，以重工业为中心的资本主义经济得到迅猛发展；但同时，战争所带来的巨额公债和外债也使日本人民的生活陷入极端贫困的状态。

这段译文中画线部分使用了转换结构的方法，将"在××时代背景下"转换成了"时代背景是××"。这一转换是如何进行的呢？

"在××时代背景下"是一个介宾短语，中间夹着长定语。长定语阻隔了介词与宾语的呼应，造成翻译上的困难。转换结构后变成"时代背景是××"，这是一个主谓宾结构的句子，不存在长定语的干扰，句子结构一目了然。

可见，这种结构转换的具体方法是将整个"介—定—宾"结构颠倒过来，宾语提到前面，定语放到后面，二者之间适当添加"是""为"

等谓语成分,使其整体上变成主谓宾或动宾结构。同样地,"以××为核心"可转换为"核心是××","基于××认识"可转换为"认识到××",等等。

通过这一结构转换,夹在中间的长定语移到最后变成宾语,不再影响其前后句子成分的呼应。当然,使用这一技巧的前提,是不影响整个句子的信息结构及上下文衔接。

例12.(翻译画线部分)

1960年代は、日本人と日本歴史にとって、あるいは世界全体にとって、特別な現象の現れた時代であった。もう一度、同じようなことが起きるかどうかは分からないが、あの大きい文化変化——文化革命と呼べるような動きは、おそらく一過性の経緯であるだろう。<u>それはGNP(国民総生産)の拡大成長が、10年にわたって毎年10パーセント以上という水準を続けたことでしめされる、いわゆる高度経済成長時代である。</u>

画线部分可拆分如下:

> 主句:それは…いわゆる高度経済成長時代である。
>
> 从句①:GNP(国民総生産)の拡大成長が、10年にわたって毎年10パーセント以上という水準を続けた
>
> 从句②:…ことで示される

如上所示,主句是个简单的主谓句,谓语「高度経済成長時代」前面有三项定语,其中「いわゆる」很简单,放在主句中列出即可。其余两项呈递进修饰关系,定语①修饰定语②中的「こと」,定语②则修饰主句中的谓语「高度経済成長時代」。有学习者给出了如下译文,请对照原文思考是否可行?

译文1 所谓经济高度增长时期,就是指GNP(国民生产总值)的扩大增长在十年间每年都保持10％以上的水平。

与原文对照可以发现,这个译文为避开长定语,进行了结构转换。这一转换是否可行呢?

答案是否定的,因为这个译文的信息结构背离了原文。原文说的

是"A 是 B"，译文1说的则是"B 是 C"。具体来说，原文说的是「それは…高度経済成長時代である」，其中「それ」是已知信息，「高度経済成長時代」是新信息；译文1说的则是「高度経済成長時代とは…」，把「高度経済成長時代」作为已知信息来阐述，原来的已知信息「それ」则不见踪影。单看这个译文本身，可能不会觉得这是什么大问题，信息似乎也无遗漏。但如果把它放到语境中，与上下文连到一起看，就会发现它跟前面的内容接不上，语义无法连贯。前面的内容是：

　　20世纪60年代对日本人、日本历史抑或全世界而言都是一个特殊的时期，这一时期所出现的特殊现象今后是否会再次出现，我们无法断言，但可以肯定的是，它所带来的巨大的文化变革——或可称之为"文化革命"——是空前绝后的。

　　这段文字是在讲1960年代对日本而言是个极为特殊的时期，接下来的画线部分则是在解释它是怎样的一个时期。可见在画线句子中，「それ」一词承上启下，少了它，其前后内容便无法衔接，所以这个句子的整体结构是不可随意改变的。

　　那么这句中有无可以转换结构的部分呢？在 Step1的分析中，我们看到定语②是个"介定宾"结构。它可否使用上例所说的方法进行转换呢？完全没问题，因为"介定宾"结构转换为"主谓宾"结构，是小句内部转换，并不影响整个句子的重心和信息结构。定语②转换结构之后变成：

　　"以……为标志的"→"标志是……"

　　如此一来，原文便可重组为：

　　译文2 这就是我们通常所说的经济高速增长时期，其标志是，GNP（国民生产总值）在长达十年的时间里，以每年10％以上的高水平持续增长。

　　这样一来，夹在中间的长定语便移至最后变成了宾语，不再影响其前后成分的呼应。

> **TIPS**
>
> 　　对于含有长定语的介宾成分，翻译时可使用结构转换法，将其转换成主谓宾或动宾结构。具体方法是将整个"介—定—宾"结构颠倒过来，宾语提到前面，定语放到后面，二者之间适当添加"是""为"等谓语成分，使其整体上变成主谓宾或动宾结构。例如：
>
> 　　　在……前提下 → 前提是……
>
> 　　　由……组成 → 组成人员为……
>
> 　　　出于……考虑 → 考虑到……
>
> 　　这一结构转换只是修饰成分内部的局部转换，不影响整个句子的重心和信息结构。其他情况下的结构转换，则须综合考虑语境和上下文衔接，不可为翻译方便而随意改变句子结构。

课后练习

将下列文字翻译成中文。

1. 美那子は濡れた指先を白い前掛けで拭くと階段を上り、この家で応接室以外ではひと間だけ洋室になっている夫の書斎へと入っていった。

2. 興味深いのは、村田珠光を茶道師範としたとも言われる室町幕府8代将軍足利義政が珍重した青磁茶碗「馬蝗絆」の修復にまつわるエピソードである。

3. 土井氏が「（首相は）郵政民営化ばかり言うが、世の中の人々には年金や雇用が大事。いっぱい憤りがあるわ」などと批判すると、先の参院選で「（首相は）粗悪品で欠陥商品。回収してスクラップにしないと日本は大変なことになる」などと小泉批判を展開した真紀子氏も同調したという。

4. こま遊びには、いろいろな技を修得して楽しむ技術系の遊びと、回っている時間を複数人で競い合う勝負系の遊びに分けられます。技術系の遊びには、こまを空中に投げ、それを手のひらで受け取って回し続ける「手のせ」や、一方の手のひらからもう一方の手のひらへ、ひもを使ってこまを移動させる「綱渡り」などがあります。

5. 東京湾岸では自然体験活動があちこちで行われている。わずかに残された自然干潟の三番瀬や磐洲干潟では、貝やゴカイのような底生生物、ハゼなどの魚、渡り鳥など、海辺の生き物の観察会が定期的に行われている。一方、お台場や大森の埋立地の海岸でも、人工海浜が造成されたりしたところではかつての漁業者や市民団体が、ノリを網で育てて摘み、海苔漉きをして生産過程を一通り体験する機会を子供たちに提供している。埋立地の地先の海で、仔稚魚の揺籃場になるアマモ場の再生に努めている市民団体もある。

6. さらに、二〇〇六年に閣議決定された第三期科学技術基本計画では、「研究者等と国民が互いに対話しながら、国民のニーズを研究者等が共有するための双方向コミュニケーション活動であるアウトリーチ活動を推進する」とうたっている。「アウトリーチ」とは、手を伸ばして自分から接触するの意、これもまた研究者が町に出て市民と対話することを促している。

7. FSC認証製品は厳密な管理のもとで流通・販売されている。FSC認証には、認証を受けた森林で生産された木材が、OA紙などの最終製品になるまで流通加工過程を管理する、COC（Chain of Custody加工流通過程）認証もある。もし、木材が生産された後、加工－流通－販売される過程で一度でもCOC認証を取得していない事業者に所有されたら、それはもうFSC認証製品として扱われない。（中略）FSCなど聞いたことないぞ、とおっ

しゃる方は、ぜひお手元のOA紙の包装紙をご覧いただきたい。そこにFSC森林認証のロゴは印刷されていないだろうか。

8. 日本医学会によりますと、髪の毛や口の粘膜を採取して郵送するだけで、癌などの病気のなりやすさや音楽やスポーツの才能の有無を手軽に調べられるとうたった遺伝子検査がここ数年で急速に普及し、市場規模は、少なくとも数十億円に上ると見られています。

9. ところが、はじめの授業で『証言　水俣病』の一部を教材として読んでもらうと、学生の認識は変わる。この本は、一九九六年に東京で開催された「水俣・東京展」での水俣病被害者による講演を記録した証言集である。一九五六年五月水俣病が初めて公式に記録された（水俣保険所に届出があった）日の「幼い妹が『奇病』に」に始まり、その後の被害の広がり、被害者の暮らしと闘争などを一〇人の患者さんやご家族の証言でたどる構成になっている。

10. 安全性が確認された魚介類については、福島県漁業協同組合連合会が主導して「試験操業」を行っている。（中略）福島県水産事務所の根本芳春さんにうかがったところ、試験操業とは、モニタリングで放射性物質による影響をほとんど受けていない魚種、あるいは、時間の経過によって放射性物質濃度が明確に低下してほとんど検出されないことが確認された魚種について、小規模な操業と販売を試験的に行い、出荷先での評価を調査し、漁業再開に向けた基礎データを得ようとする、水産物流通のパイロット事業である。

第十三章

句首定语从句的译法

在包孕复句中,有的从句位于句首,有的从句位于句中。上一章所举的例子都是位于句中的,大致译法已经比较清楚。本章讲解定语从句位于句首时的翻译方法。

一、内在关系与外在关系

定语从句与其中心词(即被修饰名词)的关系可分为两种,一种是内在关系,中心词与其定语从句有逻辑上的互补关系,可还原为定语从句中的一个成分,将其补充完整。另一种是外在关系,中心词与其定语从句无互补关系,不能还原为定语从句中的成分。例如:

①魚を焼いた男子学生は僕のいとこだ。
＜男子学生は魚を焼いた。その男子学生は僕のいとこだ。＞
②魚を焼いた匂いが部屋に残っている。
＜(誰かが)魚を焼いた。その匂いが部屋に残っている。＞

在句子①中,实施「魚を焼いた」这一行为的,正是其中心词「男子学生」,也就是说「男子学生」和它的定语从句「魚を焼いた」共同构成一个完整的句子。这样一种修饰关系,便称作内在关系。
②则与①不同,在这个句子中,「魚を焼いた」与其中心词「匂い」之间并无逻辑上的互补关系,也就是说二者并不能共同构成一个句

子,而是分属两个句子。这样一种修饰关系,便称作外在关系。

　　例1. <u>それまでコマンドを打ち込み複雑な作業をしなければ動かなかった</u>①パソコンは、<u>マウスで直感的に使えるグラフィカルなインターフェースを持った</u>②Macの登場で一変する。(《IT日语精读教程》第19页)

　　句中画线的①②分别为「パソコン」和「Mac」的定语从句,它们都是不完整的句子,缺少主语。从逻辑关系上看,后面的中心词正是它们的主语,也就是说如果把中心词提前到定语从句中,定语从句就完整了:

　　①それまでコマンドを打ち込み複雑な作業をしなければ動かなかったパソコン→

　　パソコンはそれまでコマンドを打ち込み複雑な作業をしなければ動かなかった

　　②マウスで直感的に使えるグラフィカルなインターフェースを持ったMac→

　　Macはマウスで直感的に使えるグラフィカルなインターフェースを持っている

　　像这样,定语从句和它的中心词之间具有逻辑上的互补关系,二者共同构成一个结构完整的句子,这样一种修饰关系,便是内在关系。

　　例2. ①<u>機能性は満たしつつも、もっと造形的な美しさを追及しても良いのではという</u>人々の欲求から、20世紀初頭になると「インダストリアルデザイン」という概念が米国や欧州で発達し(T型フォードはその典型である)、「デザイナー」という職業が生まれたのである。②<u>デザインが20世紀以後、ブランドの差別化のドライバーのひとつとして機能している</u>ことは疑う余地もない。

　　画线的①②两个从句分别修饰「人々の欲求」和「こと」,这两个从句本身都是完整的句子,并不需要中心词来将其补充完整。这样一种修饰关系,便是外在关系。

236

二、基本译法

例1. <u>それまでコマンドを打ち込み複雑な作業をしなければ動</u><u>かなかった</u>パソコンは、<u>マウスで直感的に使えるグラフィカルな</u><u>インターフェースを持った</u>Macの登場で一変する。

如前所述,内在关系的定语从句与其中心词之间有着逻辑上的互补关系,二者共同构成一个完整的句子。所以翻译时,一般可将中心词提前到定语从句中,将从句补充完整并译出,然后再译后面的部分。

译时要注意,中心词身兼两职:一方面与前面的定语从句不可分割;另一方面也是后面主句中不可缺少的一个成分。所以在翻译时,把中心词提前后,后面的句子就会缺少一个成分,此时需要对后面的句子适当添加指示词等,使之能够与前面的句子顺利衔接。

另外,这例中两处内在关系的定语从句一个位于句首,一个位于句中。位于句首的一般可先于主句译出,位于句中的则按上一章介绍的原则确定排列顺序。

译文 之前的电脑必须靠输入指令并进行复杂的操作才能运行,而Mac的出现使<u>之</u>变成了用鼠标靠直观感觉操作的图形化界面。

这个译文中画线的"之"指代前句的"电脑",是为顺畅衔接而进行的加译。

例2. <u>機能性は満たしつつも、もっと造形的な美しさを追及し</u><u>ても良いのでは</u>という人々の欲求から、20世紀初頭になると「インダストリアルデザイン」という概念が米国や欧州で発達し(Ｔ型フォードはその典型である)、「デザイナー」という職業が生まれたのである。<u>デザインが20世紀以後、ブランドの差別化のドライ</u><u>バーのひとつとして機能している</u>ことは疑う余地もない。(IT日语精读教程:138)

这例中画线的定语从句与其中心词之间是外在关系,也就是说,二者各自都是完整的句子,可分别独立译出。翻译时可先将句首从句译出,然后再译后面的主句,二者之间注意适当衔接。

译文 如果既能满足功能性,又能更进一步追求外观上的美感,岂非更佳?在这一需求的驱使下,20世纪初,在美国和欧洲等地兴起"工业设计"的概念(T型福特汽车就是典型),"设计师"这一职业也应运而生。进入20世纪以后,设计成为产品品牌差异化的驱动力之一,这一点毋庸置疑。

由以上两例可见,句首定语从句的基本翻译方法是:

内在关系的定语从句,可将中心词提前至从句中,将从句补充完整后译出,然后再译主句;外在关系的定语从句,可将从句先行译出,然后再译主句。总之,句首定语从句一般放在主句之前译出。

例3. <u>敗戦で領土は失う、蓄積は尽きる、しかも人口はどんどん増えていく</u>という日本の経済が、自分だけの枠の中でいかに頑張ってみても、その効果には限度がある。(吉田茂『激動の百年史』)

画线的句首长定语由三个并列的小句构成,它们的中心词是什么?这个长定语与其中心词之间是内在关系还是外在关系?

答案是,中心词是「日本」,二者之间是内在修饰关系,可还原为以下句子:

日本は敗戦で領土は失う、蓄積は尽きる、しかも人口はどんどん増えていく

翻译方法同例1,把中心词「日本」提前到句首,将从句完整地译出之后,再接着译后面的内容。当然,由于中心词在整个句子中身兼两职,既是前面定语从句的有机组成部分,又是后面句子的一个成分,所以中心词提到前面译出后,后面的句子会变得不完整,翻译时需适当加译,以保证衔接顺畅。

译文 日本因战败而丧失了部分领土,耗尽了国力,而人口又迅速增加。在这种情况下,日本经济如果只在本国的范围内发展,无论

如何努力,效果也是有限的。

例4.同じ夜空に散りばめられた星でも、民族が違えば必ずしも同じ配列(つまり、星座)をそこに認めないのと同じように、言語が違えば、同じ対象でも多かれ少なかれ違った枠を通して眺めているということが起こる。(《新经典日本语高级教程》第二册,第66页)

此句的基本结构为:

…のと同じように、…ということが起こる。

句首长定语是个完整的句子,与其中心词「の」之间是外在修饰关系。拆分后是以下这样两个句子:

①同じ夜空に散りばめられた星でも、民族が違えば必ずしも同じ配列(つまり、星座)をそこに認めない。

②(これ)と同じように、言語が違えば、同じ対象でも多かれ少なかれ違った枠を通して眺めているということが起こる。

翻译时先译①,再译②,然后根据汉语习惯适当衔接、润色即可。

译文　即使是同一片星空,不同的民族从中看到的排列(即星座)也未必相同。同样地,如果语言不同,即便对同一个对象,观察的标准和方式可能多少也会有些差异。

例5.民族差別を煽るヘイトスピーチを行った個人や団体の名前の公表を定めた大阪市の条例が憲法に違反するかどうかが争われた裁判で、最高裁判所は「表現の自由の制限は必要やむをえない限度にとどまる」として憲法に違反しないとする判決を言い渡しました。(www3.nhk.or.jp/kansai-news/20220215/2000057807.html)

句首画线部分修饰「大阪市の条例」,二者之间有着逻辑上的主谓关系,是内在修饰关系,还原之后为:

大阪市の条例では、民族差別を煽るヘイトスピーチを行った個人や団体の名前の公表を定めた。

翻译时可将这部分先译,再与后面的内容适当衔接。

译文 大阪市有条例规定,对于发表仇恨言论、煽动民族歧视的团体和个人,可将其名字公布于众。在关于这一条例是否违宪的审判中,日本最高法院判定其不违宪,因为其"对言论自由的限制仅限于不得已的最小限度"。

例6.(門いっぱいにあたっている)油のような夕日の光の中に、老人のかぶった紗の帽子や、トルコの女の金の耳環や、白馬に飾った色糸の手綱が絶えず流れていく様子は、まるで絵のような美しさです。(芥川龍之介「杜子春」)

画线部分修饰后面的「様子」,对其加以具体描述。这个定语从句本身是个完整的句子,与中心词之间是外在修饰关系。

但是要注意,这个定语从句中又包孕着一个长定语,即句首的括号部分。可以看出,这部分与其中心词「夕日の光」之间有着逻辑上的主谓关系,二者是内在修饰关系,可还原为「油のような夕日の光が門いっぱいにあたっている」。

通过以上分析可以发现,这句的翻译可分两步走。第一步是将画线部分与后面的部分拆分开来,第二步是将句首括号部分从画线部分中提取出来。拆分重排并适当衔接之后,此句变为以下这样一个线性结构:

油のような夕日の光が門いっぱいにあたっている

その中に、老人のかぶった紗の帽子や、トルコの女の金の耳環や、白馬に飾った色糸の手綱が絶えず流れていく

その様子は、まるで絵のような美しさです。

译文 油彩般的夕阳洒满城门,在余晖之中,头戴纱帽的老人、佩着金耳环的土耳其妇女、装饰着彩线缰绳的白马络绎不绝地走过。这情景宛如一幅美丽的图画。(高烈夫译,有改动)

例7. 抱き合って再会を喜んでいる外国人の姿には、きわめて自然な人間の感情が現されている。しかし、感情を外にあらわに

出さずに、静かに心の中に包んで行動することを美しいと見てきた日本の伝統の世界では、西欧のあいさつの仕方は、「映画のようだねえ」と眺められてしまうのである。(高宁《日汉翻译教程》第193页,略有改动)

这例中有两处长定语,分别为以下括号中的部分,画线部分则是其中心词。

①(抱き合って再会を喜んでいる)<u>外国人</u>の姿には……

②(感情を外にあらわに出さずに、静かに心の中に包んで行動することを美しいと見てきた)<u>日本の伝統の世界</u>では……

它们与中心词分别是内在关系还是外在关系呢?①显然是内在关系,将它还原之后便是:

<u>外国人</u>が抱き合って再会を喜んでいる。<u>その</u>姿には、きわめて自然な人間の感情が現されている。

②也是一样,定语从句和它的中心词是内在关系,还原之后是:

しかし、<u>日本の伝統の世界</u>では感情を外にあらわに出さずに、静かに心の中に包んで行動することを美しいと見てきた

(<u>その世界では</u>)西欧のあいさつの仕方は、「映画のようだねえ」と眺められてしまうのである

译文 外国人喜欢用拥抱来表现重逢的喜悦,这种行为是人类感情的自然流露。然而,日本的传统是以感情不外露为美,喜欢将它悄悄地藏在心底。所以,西方人的问候方式在日本人看来就"像电影一样"了。

例8. 来るか来ないかわからないトラックに乗せてもらおうと、半日でも1日でも道端で辛抱強く待つことに慣らされたり、時間がもったいないという観念などない人々の中での暮らしがある程度身についてしまった私には、なぜ東京の人々はこんなに忙しそうに働いているのか、なぜ精神安定剤の世話になるほどいらいらしなければいけないのか、さっぱりわからなかった。

这是一个在非洲工作多年的日本人回国后所写的文章。此句主

干为：

…私には、なぜ東京の人々はこんなに忙しそうに働いているのか、なぜ精神安定剤の世話になるほどいらいらしなければいけないのか、さっぱりわからなかった。

句首的长定语又可分为两层：

①来るか来ないかわからないトラックに乗せてもらおうと、半日でも1日でも道端で辛抱強く待つことに慣らされたり、時間がもったいないという観念などない

②…人々の中での暮らしがある程度身についてしまった

可以看出，①②这两项定语之间是递进修饰关系，①修饰②句首的「人々」，②则修饰主句句首的「私」，①②与其中心词之间都是内在关系。将其分别还原为正常语序后可得到以下两个句子：

人々は来るか来ないかわからないトラックに乗せてもらおうと、半日でも1日でも道端で辛抱強く待つことに慣らされたり、時間がもったいないという観念などない。

私は（このような）人々の中での暮らしがある程度身についてしまった。

翻译时，在此基础上根据语境适当加以衔接、润色即可。

译文 人们完全没有"浪费时间"的概念，他们习惯于为了搭乘一辆不知会不会来的卡车，在路边一等就是半天甚至一天。长期生活在这些人中间，我也在某种程度上习惯了这一方式，完全无法理解东京的人们为何一定要过得如此忙碌、如此焦虑，甚至到了要吃抗焦虑药的程度。

例9. 昔、大岡昇平の『野火』の感想文を学生に書かせました。第二次世界大戦中、ガダルカナル島の激戦陥落のとき、ラバウル基地から飛行機を使って逃げた将校もあった中で、踏みとどまり何万の兵隊と運命を共にした陸軍参謀将校のお子さんが、一番心を打つ感想文を書きました。（『日本語練習帳』）

此例结构可拆分如下：

主干：A 昔、大岡昇平の『野火』の感想文を学生に書かせました。B…①②…<u>陸軍参謀将校</u>のお子さんが、一番心を打つ感想文を書きました。

从句①：第二次世界大戦中、ガダルカナル島の激戦陥落のとき、ラバウル基地から飛行機を使って逃げた将校もあった

从句②：…①…中で、踏みとどまり何万の兵隊と運命を共にした

如上所示，这段文字主干由 AB 两个句子构成，其中 B 句句首有复杂的定语成分①②。

译为汉语时，因 AB 两句衔接紧密，中间不宜插入太长的修饰成分。也就是说「陸軍参謀将校」的①②两个定语从句虽然位于句首，却不宜先行译出，而应放在主句之后，以免阻隔 AB 两句之间的连贯。

再来看 B 句句首的从句①②，二者之间是递进修饰关系。也就是说，从句①修饰从句②，从句②修饰主句。具体来说，从句①与其中心词「中」是外在关系，从句②与其中心词「陸軍参謀将校」之间是内在关系。二者可分别拆分如下：

①第二次世界大戦中、ガダルカナル島の激戦陥落のとき、ラバウル基地から飛行機を使って逃げた将校もあった中で

→ 第二次世界大戦中、ガダルカナル島の激戦陥落のとき、ラバウル基地から飛行機を使って逃げた将校もあった。そんな中で…

②踏みとどまり何万の兵隊と運命を共にした<u>陸軍参謀将校</u>

→<u>陸軍参謀将校</u>は踏みとどまり何万の兵隊と運命を共にした

这样拆分之后，再按照时序律将各小句重排即可。不过有一点要注意，句中有一处涉及意识形态的要素：「ガダルカナル島の激戦陥落」的「陥落」意为"失陷"，但我们知道这个岛并非日本领土，而是日本侵占的。日本的右翼历史教育将日本在二战中的行为正义化，将日本侵占的领土说成"大东亚共荣圈"的一部分。考虑到本例写作的年代，其文字表述难免受到这一意识形态的影响，所以翻译时需有意识地对此加以纠正（见译文画线部分）。

译文　我曾让学生就大冈升平的《野火》一书写过读后感，其中

最感人的一篇是一个陆军参谋官的孩子写的。在二战中，被日军侵占的瓜达尔卡纳尔岛即将被盟军夺回时（或：日军从瓜达尔卡纳尔岛败退时），有些日本军官乘飞机逃离了拉包尔基地，而这名参谋官却选择了留下来，与数万名士兵共生死。

　　例10．①芭蕉の「古池や蛙飛び込む水の音」の句は、静寂の中に蛙の飛び込んだ水の音が点じられることによって、いっそう静寂が深められる——そうした幽玄・閑寂の境地を詠んだものとして長く享受されてきた。②そして、これこそが芭蕉が蕉風に開眼した記念すべき一句だとされるのである。③けれども、この句の成立事情を伝える支考の『葛の松原』の記事や、この句の発表された深川芭蕉庵での句会の性格などから推察してみると、この句は、水ぬるむ春の昼さがりに、冬眠からさめた蛙が微かな水音を立てて時々池の中に飛び込む音が聞こえる——その春日遅々とした季感の中で、作者芭蕉は何か永遠の時間の流れのようなものを感じているのだと読みとれる。④そして、主観の露呈を排し、対象の姿をありのままにとらえることによって、みごとにサウンドスケープの世界を形象化した句として、たしかにこの句は「蕉風開眼」の句にふさわしいと評価してよい。

　　这段文字由四个句子构成，如文中①—④所示。每个句子都有长定语，有的在句首，有的在句中，翻译时需适当拆分重排，才能使译文层次清晰，简洁易懂。

　　译文1 长期以来，松尾芭蕉的"悠悠古池畔，寂寞蛙儿跳下岸，水声轻如幻"这一俳谐，被解读为描写青蛙在一片寂静中跳入水池后，水声的回响加深了寂静的感觉这样一种吟咏幽玄寂寥意境的诗句。并且这首俳谐被人们认为是芭蕉开始具有蕉风（芭蕉式风格）的具有纪念意义的作品。但是，根据各务支考撰写的记载了该俳谐创作背景的《葛之松原》的记录，以及芭蕉吟咏该俳谐的、举办于深川芭蕉庵的那次俳谐会的风格来推测，这首俳谐可以解读为：在池水回温的春日午后，时而能够听到从冬眠中醒来的青蛙跳入池塘发出的微弱

水声。在这春日迟迟的季节感中,作者松尾芭蕉感受到了时间的永恒流动。作为一句排除主观情感的表达、用如实描写自然景物的手法将声音世界具体化的诗句,这首俳谐的确可以称得上蕉风的开山之作。

此译文译笔优美,但长句未能适当拆分,因而翻译腔较重,有些地方晦涩难懂。如何修改才能使之更加符合汉语长句的线性结构,更加条理清晰、简洁易懂呢?以下对比较棘手的③略做分析。

けれども、<u>この句の成立事情を伝える支考の『葛の松原』の記事</u>や、<u>この句の発表された深川芭蕉庵での</u>句会の性格などから推察してみると、この句は、…と読みとれる。

这句译成汉语后基本结构为:

从……记录和……诗会的性质等来推断,这首俳谐可这样解读:……

两处画线部分都是多项定语。鉴于它们都嵌在句中,而且句子主干有些复杂,如果能不拆分而适当运用翻译技巧压缩变译,则最好不过(见译文2)。但如果做不到这一点,还是拆分一下较好。拆分时需综合考虑上下文衔接,详见译文3。

译文2 长期以来,松尾芭蕉的"蛙入古池内,静水泛清响"这一俳谐,被解读为吟咏幽玄与闲寂意境的诗句,通过描写青蛙在一片寂静中跳入水池时发出的清冷水声,使得整个画面更加幽静。这首俳谐还被人们认为是蕉风——芭蕉式风格的开山之作,具有重要纪念意义。然而从各务支考(注1)的《葛之松原》对该诗创作背景的记录,以及芭蕉创作该诗的深川芭蕉庵诗会(注2)的性质来推断,这首俳句可这样解读:在池水回暖的春日午后,时而能听到从冬眠中醒来的青蛙跳入池塘发出的轻微水声。在这春日迟迟的季节感中,作者松尾芭蕉感受到了时间的永恒流动。不过,这首俳谐排除主观情绪、用如实描写创作对象的手法将音声世界具体化的做法,的确可以称得上蕉风的开山之作。

注1:松尾芭蕉的弟子,蕉门十哲之一。

注2:松尾芭蕉隐居深川的芭蕉庵后,于贞享3年(1686年)春召集

江户弟子到芭蕉庵举行以蛙为主题的诗歌会，会上创作了这首俳句。
(zhuanlan.zhihu.com/p/270607015)

译文3 长期以来，松尾芭蕉的"蛙入古池内，静水泛清响"这一俳谐，被解读为吟咏幽玄与闲寂意境的诗句，通过描写青蛙在一片寂静中跳入水池时发出的清冷水声，使整个画面更加幽静。这首俳谐还被人们认为是蕉风——芭蕉式风格的开山之作，具有重要纪念意义。但从其创作背景和此次诗会的风格来看，这首俳句应作另外一番解读。其创作背景记载于芭蕉的弟子各务支考撰写的《葛之松原》，而此俳谐的创作，则是在深川芭蕉庵举办的一次以"蛙"为主题的诗会上。这另一种解读为：在池水回温的春日午后，时而能听到从冬眠中醒来的青蛙跳入池塘所发出的轻微水声。在这春日迟迟的季节感中，作者松尾芭蕉感受到了时间的永恒流动。不过，这首俳谐排除主观情绪、用如实描写创作对象的手法将音声世界具体化的做法，的确可以称得上蕉风的开山之作。

TIPS

定语从句与其中心词的关系可分外在和内在两种。外在关系的定语从句本身是完整的句子，翻译时与后面的主句直接拆开来翻译即可。内在关系的定语从句不是完整的句子，后面的中心词正是它缺失的成分，所以翻译时可将中心词提前到从句中，将从句补充完整后再进行拆分翻译。拆分时要注意，中心词身兼两职，既是前面从句的必要成分，也是后面主句的必要成分，所以中心词提前后，后面的主句会变得不完整，翻译时需适当将其补足，以免上下文衔接不畅。

不管从句位于句首还是句中，以上两种关系及其译法都是相同的，不同的是拆分后从句的排列位置。句首从句一般放在主句之前译出，而句中从句则需根据汉语叙事规则及上下文衔接等情况来确定重排位置。

> 另外，被动句、"有"字句等句式译为汉语时语序常常会发生改变，原本位于句首的定语从句会随中心词转移到句中，这种情况下需根据实际情况来考虑是否拆分、如何重排。归根结底，是要遵从时序律、因果律等汉语篇章构造的基本原则。

三、名词结尾句与省略主语的名词谓语句

"名词结句（体言止め）"是日语中一种常见的句式，古时多用于短歌、俳句等韵文，以使诗句更富余韵；现代日语中则常见于新闻报道、文学作品等文体。这一句式通过省略句尾动词或助动词的方式，使语句表达更加简洁有力、语篇行文更富于节奏感。比如以下两段文字中的画线部分便是这一用法。

都心は、4日ぶりの青空が広がっていますが、午前10時の積雪がまだ3センチあります。日陰などで路面が凍結していますので、スリップや転倒事故に<u>注意</u>。（雅虎日本新闻）

「ヨーグルトは乳酸菌のみのものと、乳酸菌にプラスしてビフィズス菌が入っているもの、大きく2つに分けられます。どちらの菌も腸内環境を整えますが、乳酸菌が主に小腸で働くのに対して、ビフィズス菌は主に大腸で働き、食事からは摂取できない短鎖脂肪酸を生み出すことが<u>特徴</u>。乳酸菌だけのヨーグルトも良いですが、乳酸菌とビフィズス菌、2種類の菌が入っているヨーグルトのほうが、より健康メリットがあり『健康コスパ』が高いと言えるんです」（雅虎日本新闻）

可以看出，这种句式只是将句尾成分省略，翻译时根据汉语习惯，直译或适当补出省略的成分即可，无须特别处理。但下面这种结

构的句子,虽然乍一看也是"名词结句",但实际大不相同,在翻译时也需特别对待。

例11. たいへん好奇心が強く、他人の気付かない点を鋭く感じとる回転の早い頭脳と、こだわりのないおおらかな気持ちをもっていたために退学になった黒柳さん。なにかに熱中すると、それ以外のことにはまるで無頓着になってしまい、とことん考えぬく、群をぬく集中力と、人並みはずれた探究心のために、退学したエジソン。いまふうにいいますと、ふたりとも、いわゆる「落ちこぼれ」の児童です。優等生志向の、成績優先のお母さんだったらどうでしょうか。現在の黒柳さんも、発明王のエジソンもなかったのではないでしょうか。(日研中心对译语料库:『ひとりっ子の上手な育て方』)

这例画线的两个句子从结构上看并非完整的句子,而是"长定语＋名词"的构造,句尾的名词和前面的长定语为内在关系。这种句式给人简洁有力的感觉,同时也能突出前面的部分。在翻译时,为传达出这种语感,如果定语不是很长,可按原文语序直译;如果定语较长,不宜直译,则可按内在关系定语从句的译法,变序译出。

译文 黑柳女士小时因好奇心特别强、感知力特别敏锐,总是会关注别人注意不到的事物,性格又大大咧咧,无拘无束,因而被劝退学。爱迪生小时也因一旦热衷于某事就忘掉一切,冥思苦想,寻根求源,具有超群的专注力和探索欲而半途退学。用现在的话来说这两个人都是"跟不上班"的孩子。如果做母亲的硬要这样的孩子成为优等生,后果会怎样呢?恐怕就没有现在的黑柳女士和发明大王爱迪生了吧。(《独生子女优育法》,有改动)

例12. 満潮時には海水でふくれ上がる、漏斗(じょうご)型の運河の口に、最後の締め輪のように架けられた、いかにも旧式なぼってりと肉厚の橋。(『箱男』第31页)

这句也是"长定语＋名词"结构,句尾的名词「橋」与其定语从句

之间是内在关系,还原成正常语序是:

満潮時には海水でふくれ上がる、漏斗型の運河の口に、いか<u>にも旧式なぼ</u>ってりと肉厚の橋が、最後の締め輪のように架け<u>られている</u>。

这是个被动句,中心词「橋」在句中实际充当的不是主语,而是宾语,即"运河口架着桥"。

可以看出这句话的主干结构是"运河口架着桥",其中"运河口"之前也有个内在关系的定语从句,翻译时需适当拆分,具体可拆分如下:

漏斗型の運河の口は満潮時には海水でふくれ上がる

運河の口には、いかにも旧式なぼってりと肉厚の橋が、最後の締め輪のように架けられている

重排时应按照汉语叙事规则,先描述运河口的情况,再介绍架在运河口的桥的情况。当然若有良好的中文功底和翻译技巧,也可直译。

译文1 涨潮时便有海水涌上来的漏斗状的运河口上,像最后收口的铁箍一样架着的、厚墩墩的旧式的桥。

译文2 这条漏斗形状的运河,每当涨潮时,海水就会回涌。运河的入海口处架着一座老式的厚墩墩的桥,像是给它箍了个大铁环。(笠家荣:20,有改动)

译文1是直译,译文2是拆分重组。二者读上去的感觉大相径庭,前者如同静物画,后者则是有层次感的动态描写。另外,前者读起来可能有些晦涩,后者则更简明易懂。总体来说,译文2更符合汉语表达习惯。但考虑到这是部文学作品,孰优孰劣也不能一概而论,要看它与语境的契合度,还有原文的风格等。最终的评判者依然是读者。

与这种名词结尾句类似的,还有另外一种句式,从结构上看是"长定语+名词+である",只比名词结尾句多了个「である」,但二者却是完全不同的句式,译法自然也有所不同。例如:

例13. 商科大学を出てから、池田氏の引きで、横浜税務署の

課長を務め、それから政界に出てきた長い歳月である。

这是一个"长定语＋名词＋である"结构的句子,仔细分析会发现它有以下两个特点:

(1)长定语与中心词为外在关系;

(2)省略了主语。

这个句子补充完整后是「これは…長い歳月である」这样一个结构。可见长定语其实并非位于句首,而是位于句中的,所以翻译时应按句中从句的译法来拆分重排。具体可分两步:首先,将句子主干补充完整并译出,然后将从句译出并与主句适当衔接。在排列顺序上,一般主句在前,从句在后,因为它的主语是承前省略的,所以主句与前文一般衔接紧密,不宜从中断开。

译文 这是一段漫长的岁月,他商科大学毕业后,经池田先生引荐当了横滨税务局的一个科长,而后又进入政界。

例14. 妻が家事を担い、夫は働きに出ていたという家庭が多い世代でしょうから、現代に見られる理想的な平等意識を夫が持っているかといえば、そうでもないかもしれません。でも、夫の定年前後に家事分担を見直したいと考える人は多いのではないでしょうか。(雅虎日本新闻)

画线部分与上例一样,也是个省略了主语的名词谓语句,将主语补充完整后是「この世代は…世代でしょう」,定语从句实际是位于句中的。从句与中心词的关系是外在修饰关系,可拆分如下:

主句:この世代は…世代でしょう

从句:妻が家事を担い、大は働きに出ていたという家庭が多い

同样地,因主句的主语为承前省略,翻译时考虑到与上文的衔接,应先译主句,再译从句。

另外要注意,这例中两处"有"字句,在翻译时应遵照汉语习惯变序:

…という家庭が多い

…と考える人は多い

译文　这代人大多数是妻子负责家务、丈夫外出工作的家庭模式，所以若说丈夫是否具有当代这种理想化的平等意识，答案可能是否定的。但是一定有很多人希望在丈夫退休前后重新考虑一下如何分担家务吧。

例15. そんな考えで99の項目を選び、解説を記した。<u>海外に出た時日本について尋ねられたら、少なくともこれくらいの答えは用意しておきたい、そして自分たちのことについてこれくらいは知っておきたい99の日本文化。</u>

这例画线部分乍一看与前两例不同，句尾没有「である」，似乎是个"长定语＋中心词"结构的名词结尾句。但仔细分析便可发现，首先，中心词「99の日本文化」与其定语从句之间是外在关系；其次，它是在对前文所说的「99の項目」加以说明，也就是说这句话的主语仍然是「99の項目」，只是承前省略了而已，句末的「である」也是为使表达更加简洁有力而省略的。将句子补充完整后便是：

主句：(これら)99の項目は…99の日本文化(である)。

从句：外に出た時日本について尋ねられたら、少なくともこれくらいの答えは用意しておきたい、そして自分たちのことについてこれくらいは知っておきたい

翻译方法同以上两例，以下为润色后的译文。

译文　基于这样的考虑，本书遴选了日本文化的99个专题并加以解说。这99个专题是日本人在国外被人问到时应具备的基本知识，也是对自身文化所应具有的起码的了解。

TIPS

在名词结尾句(长定语＋中心词)中，长定语和句尾名词为内在修饰关系。翻译时可按内在关系的句首从句的译法，将句尾名词提到从句中，恢复其正常的句子结构再译出。有时为达到特殊的修辞效果，在定语不太长的情况下，也可直译。

在省略主语的名词谓语句(长定语＋名词＋である)中,长定语和句尾名词为外在修饰关系。翻译时可分两步:首先将句子补充完整,然后将主句和从句分别译出,主句在前,从句在后,二者适当衔接。

课后练习

一、找出译文中不恰当或错误之处并加以修改。

千重子が実子ではないと、父と母から、はじめて打ちあけられた時、千重子はまったく、その実感がなかった。中学にはいったころだった千重子は、自分がなにか親の気に入らぬところがあって、そんなことを言われるのかと、疑ってみたほどだった。

译文 父母第一次坦白告诉千重子她不是亲生女儿时,千重子完全没有那种感觉。千重子刚上中学的时候,她甚至曾经怀疑过:是不是自己做了什么令父母不满意的事,父母才这样说的。

二、将下列文字翻译成中文。

1. 念のために、いちおう覗いておくことにした。(中略)最初に見えたのは、大きな仕事机の角に据えられた電気スタンドだった。…塗り重ねたペンキも、表面の傷みを隠しきれない、時代がかった壁とドア。…広いばかりで、おおよそ無趣味な部屋だが、仕事机の横にはステレオ装置なども備えてあり、どうやら医者の書斎、兼、居間といったところらしい。

2. 彼女は廊下を一つ隔てて、彼の事務室の向かい側にある八千代新興産業会社にいた。両側に同じ形の事務所の並んでいる長い廊下は暗く、彼が彼女に出会ったり、すれ違ったりする時間は、ごく短いものであったので、彼は彼女の顔をこまかく観察するというようなことはできなかったが……

3. われわれ人類に、途方もなく豊かで便利な暮らしをもたらしてくれるかもしれないAI。その一方で扱い方を誤れば、人類を破滅に導くかもしれないAI。

4.「脱炭素社会」に向けた機運が国際的に高まる中で、日本企業の間では、取引先を含めたサプライチェーン全体で温室効果ガスの排出量を算定し、削減を目指す取り組みが増えています。(中略)地球温暖化対策をめぐっては対策が不十分な国からの輸入品に排出量に応じて課税する「炭素国境調整措置」と呼ばれる制度がEU＝ヨーロッパ連合で議論されていて、こうした規制の流れが強まるとみて対応を急ぐ企業が多いということです。

5. ひと昔前は結婚するのがあたり前で、結婚しない女性は「いかず後家（ごけ）」と揶揄され、女性の社会進出が進んでからは、仕事に熱中し婚期を逃した女性が「負け犬」と自嘲していたものだが、晩婚や非婚化のために30代・40代の女性の一人暮らしが増え、さらには高齢者の一人暮らしが増加するといった昨今の社会の変化が背景となり、最近では一人でいることを前向きにとらえる動きが出て来ている。

6. 東日本大震災の津波で滑走路が海水に漬かるなどした仙台空港の防災機能を強化するため、学識経験者などで作る委員会は、浸水を防ぐ防御壁の整備などを盛り込んだ提言をまとめました。

7. 一時話題になった、セキュリティが脆弱な監視カメラがハッキングされ、その映像をネット上に公開しているサイトの存在など、IoTデバイスが悪用されたケースは今後も増えることが予想されているという。

8. もちろん、こうして生まれた日本の言語習慣が、和やかな

人間関係を維持するのに大きな役割を果たしていることは言うまでもない。ところで、言語習慣といえるかどうか分からないが、わざと曖昧な表現でトラブルを避け、問題の本質に触れずに迂回しようとする傾向が日本の一部の政治家にあるのが目立つ。

　9.古代よりシルクロードを渡って取引されていた蘇州シルクの歴史とその技術を紹介した蘇州シルク博物館には、皇帝に献上された絹織物や皇帝たちがまとったシルクの衣装など、今も鮮やかな輝きを放つアンティークシルクのコレクションが多数展示されています。

第十四章

复杂句的类型及译法

　　日语的复句并不都是单纯的包孕复句或主从复句,更多的是这两种复句互相组合、嵌套而成的多重复句,或称之为复杂句。从构造上看,大体可分多处包孕的复句、多重包孕的复句、排比结构的复句这三种。其中多重包孕复句的基本译法是层层拆分、逐层翻译,这点在第十二章已做介绍,本章再简单练习一下。重点介绍另外两种复杂句的基本译法,以及分析复杂句结构时常用的一些技巧。

一、多处包孕复句和多重包孕复句的译法

　　例1. 従来の近代化論においては、いわゆる下部構造が上部構造を規定していくという考え方が強く、したがって、日本の工業化が西欧の水準に達すれば、社会のあり方も西欧と同様なものになるはずだという見方に支配されていたので、西欧にないような社会現象を一括して、日本の後進性とか、封建遺制と説明する傾向が強かった。(中根千枝『タテ社会の人間関係』)
　　【结构分析】
　　主干:従来の近代化論においては、…①…という考え方が強く、//したがって、…②…という見方に支配されていたので、//…③…傾向が強かった。
　　定语从句:
　　①いわゆる下部構造が上部構造を規定していく

②日本の工業化が西欧の水準に達すれば、社会のあり方も西欧と同様なものになるはずだ

③西欧にないような社会現象を一括して、日本の後進性とか、封建遺制と説明する

从以上分析可见,这句话的主干是个主从复句,从双斜线处分开,共三个小句。各小句中又分别包孕着一个定语从句,从句①是个单句,从句②是个复句,从句③也是个单句。这是个典型的多处包孕结构的复杂句。

【译法】

对于多处包孕的复杂句,翻译时首先要考虑整体的衔接,如果主干句不宜从中断开,则应将主干译出后,再综合考虑从句的摆放位置。如果可以从中断开,则可按汉语习惯将拆分出来的从句就近安置在其主句之后,同时注意与上下文的衔接等。当然,如果能不拆分则尽量不拆分。比如①可直接放在句中译出,不必拆分。②太长,需提取出来单独翻译,因其所在小句与上一句连接紧密,不宜断开,故而应将②放在其主句后,③也是一样。综合以上分析,本例可大致翻译如下。

译文1 在以往的现代化理论中,所谓经济基础决定上层建筑的想法很强烈,因而受到一种观点的支配,即:如果日本的工业化达到欧洲的水平,则日本的社会状况也会变得与西欧一样。这造成了一种很强的倾向——把所有与西欧不一致的社会现象统统解释为日本的落后性和封建残余。

在此基础上经过润色,可以得到一个更加简洁通顺的译文。

译文2 传统的现代化理论强调经济基础决定上层建筑,认为如果日本的工业化达到欧洲的水平,日本的社会状况也会变得与西欧一样,所以常常把那些与西欧不一致的社会现象统统归结为日本的落后性和封建残余。

例2. 水車の道の上へ大きな枝を広げている、一本の古い桜の木の根元から、その道から一段低くなっている花畑の向こうに、

店の名前をローマ字で真白にくりぬいた、空色の看板が、さまざまな紅だの黄だのの花とすれすれの高さに、しかしそれだけくっきりと浮いて見えている。(『美しい村』)

【结构分析】

主句：…①…一本の古い桜の木の根元から、…②…花畑の向こうに、…③…空色の看板が、…④…の高さに、…⑤…見えている。

长定语(句子或短语)：

①水車の道の上へ大きな枝を広げている

②その道から一段低くなっている

③店の名前をローマ字で真白にくりぬいた

④さまざまな紅だの黄だのの花とすれすれ

⑤しかしそれだけくっきりと浮いて

可见,此句主句是个单句,但状语成分较多,基本结构是「空色の看板が見えている」,其余都是状语,状语中有几处又分别包孕着内在关系的长定语(①②③)。这是一个含有多处包孕成分的复杂句。

【译法】

此句主干为复杂的单句,又多处包孕长修饰语,直译有一定难度,可试着拆分重排。重排时应按汉语叙述规则组织语句。

这是一段描写景物的文字,汉语描写景物时多按观察景物的实际顺序展开,一般是由近及远或由远及近。这例显然是由近及远,先是道路和樱树,然后是花田,最后是花田对面的招牌。组织译文时,应在全面把握原文信息的基础上,跳出原文结构的束缚,把这些景物信息按照汉语的语篇规则重组,由近及远,一步步描写清楚,哪里有什么,它是怎样的。以下为参考译文。

译文1 通向水车的道路旁有棵老樱花树,粗大的枝条伸展在道路上方,道旁是低洼的花田。从老樱花树下向花田对面望去,可以看到一块与各色花朵堪堪齐高的天蓝色招牌,上面镂空雕刻着英文店名,在五彩缤纷的花田那端显得分外醒目。

当然,这例修饰成分虽多,但都不是很长,若母语功底较好,也可

257

考虑直译：

译文2 从水车道旁一棵枝叶婆娑的老樱花树下，可以看到路旁低洼的花田对面有一块镂空雕刻着英文字母的天蓝色招牌，与五颜六色的花朵差不多高，被衬托得格外醒目。

这两个译文哪个更好，见仁见智。译文2与原文形式更加一致，也比较简洁，但译者为将定语尽量译得简短，充分运用了意译、变译等技巧，煞费苦心，如果没有较好的汉语功底并耐心反复推敲锤炼，很难达到这个效果。译文1的译法则不受定语复杂程度所限，无须对原文信息进行刻意的压缩、合并和转换，能够更加完整、自如地传达出原文信息。

例3. 差別的な内容を剥ぎ取っていく抽象化の極限に「平等」が立ち現れるのとは違って、差別的な内容もそうでない内容もひっくるめて、自他の人となり（人柄）に関心を持ち、関心と理解を深めていく中で、上下や優劣にこだわることが意味をなさなくなるような、そんな関係を指して「対等」な関係だというのだ。（《新経典高级日语1》第110页）

【结构分析】

主句：…ような、そんな関係を指して「対等」な関係だというのだ。

从句①：…②…のとは違って、…③…中で、上卜や優劣にこだわることが意味をなさなくなる

从句②：差別的な内容を剥ぎ取っていく抽象化の極限に「平等」が立ち現れる

从句③：差別的な内容もそうでない内容もひっくるめて、自他の人となり（人柄）に関心を持ち、関心と理解を深めていく

如上，此句主句为单句，句首包孕着从句①，从句①中又包孕着从句②和③，可见此句总体上是个多重包孕的复句，应逐层拆开，再按汉语规则重排。具体来说，可分以下四步：

Step1.

①与中心词「そんな関係」之间为内在关系，可还原并拆分如下：

そのような関係は…のとは違って、…中で、上下や優劣にこだわることが意味をなさなくなる

そんな関係を指して「対等」な関係だというのだ。

Step2.

②与中心词「の」之间是外在关系。②是比较的对象，按汉语叙事规则，应排在前面，因为要先有比较的对象，才能进行比较。

差別的な内容を剥ぎ取っていく抽象化の極限に「平等」が立ち現れる

そのような関係はこれとは違って、…

Step3.

③与中心词「中」之间也是外在关系，可拆分如下。重排的顺序从时间先后来看应为从句在前：

差別的な内容もそうでない内容もひっくるめて、自他の人となり(人柄)に関心を持ち、関心と理解を深めていく

その中で、上下や優劣にこだわることが意味をなさなくなる

Step4.

综合以上分析，整句可大体重排为"从句②-从句①-从句③-主句"这样一个结构：

差別的な内容を剥ぎ取っていく抽象化の極限に「平等」が立ち現れる

そのような関係はこれとは違って、…

差別的な内容もそうでない内容もひっくるめて、自他の人となり(人柄)に関心を持ち、関心と理解を深めていく

その中で、上下や優劣にこだわることが意味をなさなくなる

そんな関係を指して「対等」な関係だというのだ。

译文1　"平等"出现在剥除所有差别性要素达到抽象化极限时。这种关系则与之不同，它关注彼此的人格，包括所有差别性或非差别

性要素在内,在不断加深彼此关注和理解的过程中,上下或优劣关系不再具有意义。我们将这样一种关系称作"对等"。

在此基础上经过润色,可得到更加准确、通顺的译文:

译文2 "平等"出现在剔除所有差别性要素、将人抽象化到极限之后。"对等"则不同,它指的是这样一种关系:彼此关注对方的人格,包括所有差别性或非差别性要素,在不断加深彼此关注和理解的过程中,上下或优劣关系不再有意义。

译文3 "平等"是在剔除所有差别性要素、将人抽象到极致后才呈现出来的,而"对等"则不同,它关注的是包括所有差别性或非差别性要素在内的彼此的人格,在彼此关注和理解不断加深的过程中,上下或优劣关系不再具有意义。

例4. 先日、厚生省で「特定保健用食品」に関する定義と表示事項がまとめられ、近く施行される。これは機能性食品検討会での検討を受け、

「食品や食品成分と健康のかかわりに関する知見から見て、ある種の保健の効果が期待される食品で、食生活において特定の保健の目的で使用する人に対し、その摂取によりその保健の目的が期待できる旨の表示が許可された食品」を特定保健用食品と定義し、許可申請者が提出した商品ごとの資料などを、学識経験者により構成される審査会において、個別に審査した上で認可するといった、個別審査システムによって許可する仕組みになっている。(《科技日语读本》第282页)

【结构分析】

这段文字的第二句是个复杂句,可大致拆分如下:

主句:これは機能性食品検討会での検討を受け、…①…食品を特定保健用食品と定義し、…②…仕組みになっている。

从句①:…③…旨の表示が許可された

从句②:許可申請者が提出した商品ごとの資料などを、…④…といった個別審査システムによって許可する

以上从句①②中又分别包孕着从句③和④：

从句③：「食品や食品成分と健康のかかわりに関する知見から見て、ある種の保健の効果が期待される食品で、食生活において特定の保健の目的で使用する人に対し、その摂取によりその保健の目的が期待できる

从句④：学識経験者により構成される審査会において、個別に審査した上で認可する

【译法】

可见，此句中包孕着①②两处从句，①②中又分别包孕着③④两个从句，整体上是个多处且多重包孕的复句。翻译时为保证意义连贯，应将主干整体译出后再确定如何拆分以及从句的摆放位置。以下译文1为初步拆分重排后的结果，译文2是润色后的结果。

译文1　日前，日本厚生省就"特定保健食品"的定义和标示内容做出规定，并将于近日施行。该规定经功能性食品研讨会讨论，将以下食品定义为特定保健食品，并制定了对申请人提交的相关材料进行逐一审核的体系。特定保健食品的定义是"从食品及食品成分与健康的关系来看，有望起到某种保健效果的食品。在日常饮食中出于特定保健目的而服用该食品的人，可望通过其摄取达到该保健目的"。逐一审核体系则是由专业人士组成的审查委员会对产品逐一加以审核、批准。

译文2　日前，日本厚生省就"特定保健食品"的定义和标示内容做出规定，并将于近日施行。该规定经功能性食品研讨会讨论，将"特定保健食品"定义如下：

"从食品及食品成分与健康的关系来看，有望起到某种保健效果的食品。在日常饮食中出于特定保健目的而服用该食品的人，可望通过其摄取达到该保健目的"。

该规定还包括特定保健食品的逐一审核体系，规定需由专业人士组成的审查委员会对申请人提交的相关材料进行逐一审核、批准。

TIPS

　　不同类型的日语复杂句译法也有所不同。

　　主从复句包孕多处长定语所构成的复杂句(如例1),翻译时要考虑句子整体的衔接和连贯,能不拆分的从句尽量不拆分。

　　如果必须拆分,而整句主干又不宜从中断开,则应先将主干译出,再考虑从句的摆放位置。如果可以从中断开,则按汉语习惯将拆出的从句就近安置在该小句的主句之后,并注意上下文衔接。

　　单句包孕多处长定语构成的复杂句(如例2),一般来说主句中有一些状语、补语等修饰成分,再加上多处包孕从句,会使直译有一定难度,所以更适合采取拆分重排的方法。重排时应跳出原文结构束缚,按事物发展的实际顺序等组织语句。比如描写景物的文字,一般可按远近律组织译文;描写事件的句子,可按时序律等组织译文。首先看到了什么或发生了什么,该事物是怎样的;然后又看到什么或发生了什么,该事物又是怎样的;就这样一步一步把景物或事件叙述清楚即可。

　　单句包孕多重长定语构成的复杂句(如例4),定语间是递进关系,在结构上层层套叠,所以翻译时也常常需要逐层拆开。拆开后重排的顺序应遵从时序律、因果律等。当然,能直译的也尽量直译,避免过度拆分。

二、排比结构复句的译法

　　日语中还有一种长句,从结构来看并不复杂,但因为含有较长的排比成分,所以变得很长。例如:

　　例5. 事実、読書は一種の悪徳なのだ。私たちが常に強烈な愉悦感を持って立ち返る習慣、私たちがその中に逃避し一人閉じこ

もる習慣、私たちを慰め、ちょっとした幻滅の憂晴らしともなる習慣、そういった習慣がすべて悪徳であるように。

此例第二句之所以长,是因为含有排比成分,其实本身构造并不复杂,画线部分的三个排比成分共同作句子的主语。这是个典型的排比结构的复句,可直译如下。

译文1　事实上读书是一种恶习,就像所有那些我们总是带着强烈的愉悦感一再重复的习惯,我们想要独自躲进其中沉浸其中的习惯,能够抚慰我们、让我们从小小的幻灭中重新振作起来的习惯一样,都是恶习。

这个译文总体来说还是比较准确易懂的,但比起下面的译文2来,层次感和节奏感的表达就逊色了一些。

译文2　事实上读书是一种恶习,就像所有那些让我们带着强烈的愉悦感一再重复的习惯,那些让我们想要独自躲进其中沉浸其中的习惯,那些能够抚慰我们、让我们从小小的幻灭中重新振作起来的习惯一样,都是恶习。

造成这两个译文语感差别的,便是译文2中添加的画线的词语。译文2使用的这种句式可称作“叠用句式”(孔繁明:143),就是把跟排比成分直接关联的成分在每个小句中都重复一下,把排比成分用重复强调的形式一一凸显出来。在这句中,排比的成分是“习惯”,跟排比成分直接关联的成分便是“那些”一词。

对于排比结构的复句,翻译时常常使用这种句式,以使译文层次清晰、节奏明快,更好地传达原文的语感。

例6. 以上のすべての点で、中国共産党の指導する人民の軍隊は、ブルジョアジーの軍隊、および搾取階級に奉仕し、少数の者に駆使され、利用されるすべての旧軍隊と根本的に異なっている。(孔繁明《日汉翻译要义》第144页)

译文1　所有这些,就使得中国共产党领导的人民军队,根本区别于资产阶级的军队以及一切为剥削阶级服务的、为少数人所驱使和利用的军队。

这句中也有个排比结构，即画线部分。排比的成分是"军队"，与之直接关联的成分是"区别于"这个词。可用上例讲过的方法将它改成叠用句式如下。

译文2 所有这些，就使得中国共产党领导的人民军队，根本<u>区别于</u>资产阶级的军队，<u>区别于</u>一切为剥削阶级服务的、为少数人所驱使和利用的军队。

例7. 参加者の多くが感想で触れた漁業者 N 氏の話は、横浜市柴地区で長年漁業を営む経験に基づいている。柴地区が半農半漁の村であった時代に始まり、海苔養殖で栄え、金沢地先の埋立事業以後は漁船漁業を専らとし、全国に知られるような資源管理型漁業を実践するにいたった経緯、その後の環境の変化に対する漁業者自身の観察結果、地域の漁業者間で伝承される漁と気象とのかかわりなどについてであった。(『海辺に学ぶ』第118頁)

这段文字以「N 氏の話」为主题，介绍了其大致内容，具体来看可分几个不同的层面。若能通过叠用句式将其一一分述，可使译文更加层次清晰、简洁易懂。

译文 很多参加者在感想中提到的渔民 N 先生的讲话，基于他在横滨市柴地区长期从事渔业的经验。他从柴地区还是个半农半渔的村庄讲起，讲到该地区因海苔养殖而繁荣，讲到它在金泽地区填埋开发后大力发展渔船捕捞业并以资源管理型渔业而闻名全国的过程，<u>还讲到</u>那之后渔民们对环境变化的亲身体会，以及当地渔民间传承的关于捕鱼与气象的相关知识等。

例8. アレクサンダーはアメリカ文明によって象徴される現代文明の物質化を嘆きつつ、限りなく高い塔を、しかもそれがほとんど虚しいことであることを知りつつ、建てざるを得ない人間の運命を、ヨーロッパ文明の将来とともに問おうとするのである。

此例后半句的主干是「人間の運命を、ヨーロッパ文明の将来とともに問おうとする」，也就是说对这两个事物均提出质疑。翻译

时为避免长定语对句子结构的干扰,使译文层次清晰,可采用"叠用句式",给两个质疑对象都搭配一个「問う」。

译文　亚历山大对以美国文明为象征的现代文明的物质化发出叹息,他追问明知徒劳却不得不修建通天塔的人类的命运,同时也追问欧洲文明的未来。(陶振孝《日汉翻译方法》第232页,有改动)

如上所述,排比结构的复句,在翻译时常常使用"叠用句式",以使译文层次清晰、重点明确。具体方法是将与排比成分直接关联的词语在每个小句中都重复一次,把排比成分用重复强调的形式一一凸显出来。

总之,日语的复杂句类型多样,不一而同,以上举出的只是其中较为典型的几种,介绍的翻译方法也是总体上的原则,具体情况还需具体对待。

三、复杂句结构分析技巧1:「は」和「が」

正确掌握语法对把握句子结构有很大帮助。我们常在日语句子中看到「は」和「が」这两个助词,二者在功能上有何不同呢?我们知道,「は」表示旧信息,「が」表示新信息,这是它们的基本区别,比如「私は学生です/私が学生です」这两个句子的重心就是不同的,前者的主语是已知信息,所以重心在谓语上;后者的主语是新信息,所以重心在主语上。那么,在一个既有「は」又有「が」的句子里,二者各自具有怎样的功能呢?

「は」是"主题",也称大主语,是整句叙述的中心,对它进行陈述的部分是它的述语,如果中途不出现新的主题,它将一直统领整句、整段乃至整个语篇直至最后。而另一方面,「が」只是"主语",或称"小主语",只对与它直接相关的谓语产生影响。

例9. 象は　　鼻が長い。→(鼻が　　長い)
　　　主题　　述语　　　　主语　谓语

在这个句子中,「象」是主题,「鼻が長い」是对主题加以陈述的「述語」。这个述语本身又是个完整的句子,由一对主谓语构成,主语是「鼻」,谓语是「長い」。可以看出,主题「象」的影响力覆盖整句,直达句尾;而主语「鼻」的影响力仅限于「鼻が長い」这个小句内部,只能支配它的谓语「長い」,对该小句以外的其他句子成分是毫无影响力的。这一点在下例中体现得更加清楚。

例10. 象は　　鼻が長く、足が太く、性格がおとなしい。
　　　 主题　　　　　　　述语
→(鼻が　長く、足が　太く、性格が　おとなしい)
　主语　谓语　主语　谓语　主语　　 谓语

这句中「象」是主题,支配整个句子,后面的成分都是它的述语。述语中又包含了三个小句,每句都由一个主语和一个谓语构成。三个小句的主语只能支配其各自的谓语,对其他小句或整个句子并无影响力。下面这个包孕复句也是一样。

例11. 象は　　(鼻が長く、足が太く、性格がおとなしい)動物
　　　 主题　　　　　　　　　　　　(連体修飾語)述语
です。
→(鼻が　長く、足が　太く、性格が　おとなしい)
　主语　谓语　主语　谓语　主语　　 谓语

可见,不论在单句还是复句中,「は」都统领全句,「が」则只对它的谓语产生影响。再来看两个长一点的例子。

例12. この課題を解くための本書の提言は明快である。何より人口増加を抑制するために家族計画を普及させ、人口急増地域における初等教育を充実させなければならない。現代の世界における最大の安全保障問題とは、環境破壊と食糧危機を如何に防ぐかという問題にほかならない。優れた農業技術を持つ日本が人類の生存のために果たすべき役割について示唆に富んでいるし、市

場開放と食糧自給の関係についても議論の素材となるべき論点を提供している。金さえあれば食料が買える時代はもうすぐ終わるのだ。(大野晋『日本語練習帳』第95-96页)

文中画线句子的主干是「…示唆に富んでいるし、…論点を提供している」,它的主语是什么呢?结合语境分析,会发现这段文字的主题是「本書の提言」,且中途未出现过新的主题。也就是说画线句子仍是对这一主题的陈述,它的主语就是「本書の提言」。

画线部分还有个「日本が」,在这句话的开头部分。它能否成为这个句子的主语呢?从语法结构来看,它有自己的谓语「果たす」,二者共同构成一个主谓短语,作后面「役割」一词的定语,即:

(…日本が…果たすべき)役割

也就是说,这个「が」的影响力仅限于括号内,不能成为整句的主语。

译文 本书对解决这一问题的提议简单明确——当务之急必须普及计划生育以控制人口增长,同时须完善人口快速增长地区的初等教育。当今世界所面临的最大安保问题就是如何防止环境破坏和粮食危机。本书对拥有先进农业技术的日本应为人类生存所发挥的职能提出了富于启发性的建议,也为探讨市场开发与粮食自给的关系提供了可供参考的观点。只要有钱就能买到粮食的时代即将一去不复返了。

例13. ソ連筋によると、ブレジネフ書記長は田中首相が領土問題だけを取り上げ、その他の問題の討議に移ろうと水を向けても、いつも領土問題に話を戻してしまうのに嫌気がさし、一日目の八日の会談後は話をするのも嫌だといって、すぐ休んでしまったという。

这句话的开头部分出现了「は」,并且后面未出现新的主题,所以「は」是整句的主语,统领全句直至句末。而「が」则只是它所在的小句、即「田中首相が領土問題を取り上げ」这句的主语,其后的小句主语分别是什么,需根据语境判断。此句可拆分如下:

①ソ連筋によると、…という。

②ブレジネフ書記長は…③…のに嫌気がさし、一日目の八日の会談後は話をするのも嫌だといって、すぐ休んでしまった

③田中首相が領土問題だけを取り上げ、(ブレジネフ書記長が)その他の問題の討議に移ろうと水を向けても、(田中首相は)いつも領土問題に話を戻してしまう

最外层的结构①是新闻报道常用句式,表示消息来源,此处忽略不谈。②是句子主干,③是定语从句,由三个小句组成,主语分别补出如上。

根据句子的内在逻辑关系,从句③的事项在先,是原因;主句②的行为在后,是结果。所以译文应根据因果律(或者说时序律),将从句放在主句之前。

译文 据苏联方面透露,此次会谈上田中首相只谈领土问题,不管勃列日涅夫总书记怎样努力将话题引向别的方面,田中首相还是一个劲儿地将话题拉回领土问题上来。对此,勃列日涅夫感到十分厌烦,在首日(8日)会谈结束后,说是连话都不愿说,就立刻休息了。

综上所述,「は」提示主题,统领整句、整段甚至整个语篇;「が」则只对它的谓语产生影响。所以著名语言学家大野晋说,「ハの文を理解するには、まずはその文末を見ることが大切です」(『日本語練習帳』:53、70)。也就是说,要把握「は」字句的结构,应首先看句子的最后部分。掌握了这一区别,就可以对句子结构有个比较宏观的把握,在此基础上再通过对标点、助词及其他语法标志的分析,可进一步理清句子结构。

四、复杂句结构分析技巧2：倒推法

对于结构复杂的句子，可以结合倒推法（高宁，2010）进行分析。所谓倒推法，顾名思义，就是从句末往前倒推。倒推时多以助词等为标志，以句节或小句为单位，一节一节向前倒推。这一方法适用于修饰关系复杂的句子，尤其是多重包孕的复句。在大体把握句子主干的基础上，以此作为辅助手段，有助于理清复杂的修饰成分。

例14. これらの研究は、英語母語話者を対象とした坂本（2004）と奥川（2014）を除き、主に中国語や韓国語の母語話者を対象に学習者全体と日本語母語話者のデータを比較したものである。（中略）さらに、視点のとらえ方の違いを手掛かりとなる構文の全体の使用頻度や視点が置かれた登場人物の数などで主に数量的に比較分析しているため、どのような場面でどのような構文が使用されるのかは不明なところがある。（矢吹ソウ典子：91）

画线部分的结构可能是这段文字中最难把握的部分，我们来结合倒推法分析一下。方法是从这部分的末尾，以助词等为区分单位，按句节逐步向前推导。在使用倒推法分析时，划分句节的参考有很多，包括格助词、定语或状语的标志词、常用搭配形式等。比如表示方法或依据的助词「で」、宾格助词「を」、表示定语的「という」、表示目标的「ように」，再比如「や～など」的呼应等，都是很好的参考标志。

①…主に数量的に比較分析している

②…視点が置かれた登場人物の数などで主に数量的に比較分析している

③…手掛かりとなる構文の全体の使用頻度や視点が置かれた登場人物の数などで…

④視点のとらえ方の違いを手掛かりとなる構文の全体の使用頻度や…

通过以上倒推分析，可以大致把握此句结构为：

…違いを…使用頻度や…登場人物の数などで…比較分析している

接下来我们使用倒推法分析并试译一个复杂句。

例15. 平成三年六月、大自然に囲まれた旭川市において、注目すべき市民セミナーが開催された。これは環境に関係する疾患の因果関係の解明、予防、治療、社会復帰が、がんや脳血管疾患、臓器移植等とともに二一世紀の重要な医学の課題となるという認識のもとに、これからは環境と疾病の問題に体系的かつ総合的に取り組まねばならないことを市民や医療の専門家へのアピールを目的に、北里大学医学部石川哲教授を中心とする第一線の医学研究者からなる日本臨床環境医学会準備会が主催したものだ。

这段文字的第二句是个单句包孕多重＋多处定语从句的复杂句,修饰成分复杂,但整体看下来会发现主干很简单。以下具体分析。

Step1. 首先根据前面讲过的「は」「が」的区别,可确定主句为「これは…ものだ」。同时也可确定「もの」前的成分是它的定语从句:

これは…日本臨床環境医学会準備会が主催したものだ。

Step2. 在上述基础上,根据句中的标点和状语标志,可进一步确定其主要修饰成分。这句中状语成分的标志有「～という認識のもとに」「～を目的に」,看到这些标志,就可以确定后面有一个被它修饰的动词,这个动词看下来只能是「主催した」。这样一来句子结构进一步明确为:

これは(…という認識のもとに、…を目的に、…日本臨床環境医学会準備会が主催した)ものだ。

括号内为定语从句,修饰后面的谓语「もの」。这个从句中又包孕着多处从句,即省略号部分。

Step3. 如果进行上一步的分析有困难,也可在step1之后直接使用倒推法辅助分析,具体过程如下:

①日本臨床環境医学会準備会が主催したものだ

→第一線の医学研究者からなる日本臨床環境医学会準備会が主催したものだ
→北里大学医学部石川哲教授を中心とする第一線の医学研究者からなる日本臨床環境医学会準備会が主催したものだ
（→修饰成分是递进关系的多项定语）

②アピールを目的に
→市民や医療の専門家へのアピールを目的に
→ことを市民や医療の専門家へのアピールを目的に
→これからは環境と疾病の問題に体系的かつ総合的に取り組まねばならないことを市民や医療の専門家へのアピールを目的に
（→主干是「～ことを～へのアピールを目的に」）

③二一世紀の重要な医学の課題となるという認識のもとに
→がんや脳血管疾患、臓器移植等とともに二一世紀の重要な医学の課題となるという認識のもとに
→環境に関係する疾患の因果関係の解明、予防、治療、社会復帰が、がんや脳血管疾患、臓器移植等とともに二一世紀の重要な医学の課題となるという認識のもとに
（→主干是「～が～とともに～課題となる」）

至此，句子结构已完全理清，句子主干是"这是在…③…这一认识下，以…②…为目的，由…①…的日本临床环境医学会筹备会主办的"，①②③是长定语，分别对"认识""目的""日本临床环境医学会筹备会"加以说明。

Step4. 拆分重排。

如前所述，重排时需遵循汉语叙事规则，就本例而言，有以下几个要点：

（1）此句主要涉及三个要素，主办者、目标及背景，重排时先讲哪个后讲哪个并无定规，符合汉语习惯就好。当然，如果还有下文，也要考虑与下文的衔接。

（2）句中有多处"介定宾"结构，可以根据之前学过的方法适当转换成主谓宾或动宾结构，比如：

"在……认识下"可转换为"认识到……"；

"以……为目的"可转换为"目的是/在于……"；

"由……主办"可转换为"主办者是……"。

（3）①是递进关系的多项定语，翻译时可根据需要逐层拆分重排。但为避免过度拆分造成结构臃肿，能不拆的尽量不拆为宜。在不影响读者理解的前提下，可适当运用意译、变译等技巧，将部分定语加以转化。

（4）拆分重排后，还要考虑各小句之间的衔接，根据需要适当增减文字，不要啰唆重复，也不能前言不搭后语。

译文1 1991年（平成三年）六月，在大自然环抱的北海道旭川市，举办了一场令人瞩目的市民研讨会。研究人员认识到，环境相关疾病的原因分析、预防、治疗以及患者重新回归社会的问题将与癌症、脑血管疾病以及器官移植等问题一道，成为21世纪重要的医学课题。基于这一认识，北里大学医学部石川哲教授所率领的一线医学研究人员组成日本临床环境医学会筹备会，举办了此次研讨会，目的在于向市民和医疗专家呼吁：今后必须对环境和疾病问题加以系统性、综合性的研究。

译文2 1991年（平成三年）六月，在自然环境优美的北海道旭川市，一场令人关注的市民研讨会开幕了。此次研讨会由日本临床环境医学会筹备会主办，筹备会成员为北里大学医学系石川哲教授所率领的一线医学研究人员。他们认识到，环境相关疾病的原因分析、预防、治疗以及患者重新回归社会的问题将与癌症、脑血管疾病及器官移植等问题一道，成为21世纪的重要医学课题。此次研讨会便是基于这一认识而举办，目的在于号召市民和医疗专家共同致力于环境与

疾病问题的系统性、综合性研究。

译文3 1991年(平成三年)六月,在青山绿水的北海道旭川市举办了一场值得关注的市民研讨会。研究人员认识到,与环境相关疾病的原因解析、预防、治疗以及患者回归社会的问题,将与癌症、脑血管疾病及器官移植等问题一道成为21世纪的重要医学课题。为使广大市民与医疗专家认识到,今后必须系统性、综合性地对待环境与疾病的问题,北里大学医学部石川哲教授率领的一线医学研究者组成日本临床环境医学会筹备会,举办了此次研讨会。

译文4 1991年(平成三年)六月,在自然环境优美的北海道旭川市,一场令人关注的市民研讨会开幕了。这次研讨会由日本临床环境医学会筹备会主办,筹备会成员为北里大学医学系石川哲教授所率领的一线医学研究人员。研讨会的目的是向市民和医疗专家们呼吁:今后必须系统性、综合性地对待环境与疾病的问题。这是因为,与环境相关疾病的原因解析、预防、治疗以及患者回归社会的问题,将与癌症、脑血管疾病及器官移植等问题一同成为21世纪的重要医学课题。

综上所述,对于修饰成分复杂的包孕复句,可首先根据标点、助词、从句标志等找出句子主干,然后在此基础上,结合倒推法,从句尾或某个中心词一节节往前推导,来理清复杂的修饰成分。最后再看一例。

例16. この法律は、我が国が世界において、歴史的にまぐろの漁獲及び消費に関し特別な地位を占めていることに鑑み、最近におけるまぐろ資源の動向、その保存及び管理を図るための国際協力の進展その他まぐろ漁業を取り巻く環境の著しい変化に対処して、まぐろ資源の保存及び管理の強化を図るための所要の措置を講じ、もってまぐろ漁業の持続的な発展とまぐろの供給の安定に資することを目的とする。(陈岩《科技日语读本》第90页)

在使用倒推法来帮助理清结构之前,可先根据标点和助词等找

出句子主干。首先可以确定「法律は」是整句主题，并且后面未出现新的主题，也就是说这个句子的主干是个单句。确定主题后可直奔句尾，找到它的述语，将整句框架确定下来：

この法律は、…ことを目的とする。

在此基础上，还要确认一下句中有无其他并列的述语成分。从前往后梳理下来，再加上倒推法分析，可找到以下几个可能成为述语的动词成分：

…①ことに鑑み、…②変化に対処して、…③措置を講じ、…④安定に資する

从语境来看，②③④都是宾语「こと」的修饰成分，①则有些难以确定，既可理解为整句的述语，也可理解为与②③④并列的成分。参考法律文本的一般写法，我们将其列为前者。如此一来，句子结构可划分如下：

主句：この法律は、…①…ことに鑑み、…②…ことを目的とする。

从句：

①わが国が世界において、歴史的にマグロの漁獲及び消費に関し特別な地を占めている

②…a…環境の著しい変化に対処して、…b…所要の措置を講じ、もってマグロ漁業の持続的な発展と供給の安定に資する

a： マグロ資源の動向、その保存および管理を図るための国際協力の進展その他

b： マグロ資源の保存及び管理の強化を図るための

为帮助组织译文，可将上述拆分内容译出如下：

主句：本法律鉴于……①……情况而制定，目的在于……②……。

①：日本在世界金枪鱼的捕捞及消费方面，自古以来都占有着特别的地位

②：为应对……a……环境的剧烈变化，采取……b……必要的措施，并以此增进金枪鱼渔业的持续发展与稳定供给

a：在金枪鱼资源的变动、保护及管理方面的国际协作的发展等

b：为加强金枪鱼资源的保护和管理的

结构梳理清楚后，便可大体把握这段文字内容，主要是两点：此法律鉴于日本的特殊地位而制定；目的是应对资源环境的变化并采取措施来促进发展。这两部分内容可分别拆分重组，然后再有机组合到一起。注意使用技巧，以使句子层次清晰、衔接顺畅。

译文　日本自古以来在金枪鱼捕捞及消费方面具有特殊的国际地位，本法规鉴于此点而制定，旨在应对金枪鱼捕捞业环境的显著变化、特别是金枪鱼资源的变化趋势以及金枪鱼资源保护与管理方面的国际协作的发展趋势等，并通过采取必要的措施以加强金枪鱼资源的保护和管理，促进金枪鱼捕捞业的可持续发展及金枪鱼的稳定供给。

课后练习

将下列文字翻译成中文。

1. 数年前までは半分壊れかかった水車がごとごとと音を立てながら回っていた小さな流れのほとりには、そのたいていが三、四十年前に外人の建てたと言われる古いバンガロオが雑木林の間に立ち並んでいたが、そこいらの小道はそれが行き詰まりなのか、通り抜けられるのか、ちょっと区別のつかないほど、ややっこしかったので、この村へ最初にやってきたばかりの時分には、私は一人で散歩をする時などは本当にまごまごしてしまうのだった。

2. そして1910（明治四三）年、ロンドンで大規模な日英博覧会が開催される。この博覧会は、日露戦争の勝利に気をよくした当時の外相、小村寿太郎が「国際社会で日本の国力を誇示し、イギリス都の通商関係も強化したい」と願い、一九〇二年から同盟関

係にあって日露戦争で日本に協力したイギリスでの開催を強力に後押ししたと言われる。

3. 厚生労働省は、社員の働きすぎを防ぐため一定の休息時間を確保する制度を導入した企業に来年度から助成金を支給するなど、働き方改革の実現に向けて長時間労働への対策に力を注ぐことにしています。

4. ある倉の二階に、オルフォイスとオイリディケというネズミ夫婦が住んでいました。オルフォイスはネズミの世界では絶世の詩人として広く知れ渡っていました。よく磨かれた宝石のように鋭く澄み渡ったその叫びは、暗闇を引き裂いて光を招き、ネズミたちの心を喜びに美しく輝かせたばかりでなく、猫の爪を起こすあの恐ろしい筋肉を麻痺させ、猫いらずの毒を中和させ、ネズミとり機のバネを伸ばしてしまい、小麦の袋は自ら香りを発散させて、そのありかを知らせ、油の壺は重石を撥ね退け蓋を開け、自らコロコロと転がってネズミたちの巣を訪れ、板や土の壁ばかりでなくコンクリートや石の壁までネズミたちの交通に便利なようにと、顔や胸の真ん中に穴を開けてしまっていたということです。

5. そういう誰かへの訴えとしての＜顔＞が、今とても貧しくなっているように感じられる。先ほど述べたような、自分に向かって語りかけてくる、あるいは微笑みかけてくる顔に、反応しないでいられる装置としてのテレビの日常生活への侵入が、他人の＜顔＞の切迫的な力を感じ取るという私たちの経験を希薄にしてしまったのだろうか。少なくとも影響は大きいと思う。相手は無防備にも全てを見せているのに、こちらは全く見られることなくその相手を見ることが出来るという、擬似的知覚を反復することによって。双方向ではない一方通行的な視線の使い方が身についてきたことによって。

第四单元　语篇翻译与仿写

第十五章

语篇衔接与连贯

句子与句子之所以能连成为语篇，是因为彼此之间存在着各种有形和无形的连接。有形的连接是指句子与句子之间通过关联词语或其他语法手段连为一体，这称为衔接（cohesion，結束性）。无形的连接是指句子间通过各种语义手段保持着内在的逻辑关系，这是语篇的深层结构，称为连贯（coherence，論理関係）。

一、日汉衔接方式差异

站在翻译的角度，一般无须考虑原文是否连贯，只需考虑译文如何衔接。不同的语言在衔接方式上也不尽相同，译文衔接的错误或不畅，可能会造成语篇的不连贯甚至信息传达错误。

语篇的衔接手段分为语法衔接和词汇衔接，语法衔接包括照应（指示代词和人称代词等）、替代、省略、连接（接续词和关联词）等。词汇衔接包括重复、同义词、反义词、上下位词、搭配等。日语和汉语的语篇衔接都是以上这几种手段，但各自使用习惯和频率不同，因而在翻译时应做相应调整。比如有些情况下，原文中衔接关系是隐性的，译文中则需通过某种方式建立显性衔接。

例1. しかし、こうした計画は、人口が五十万人に達するまで何十年かかってもよいという、のんびりとした社会的、経済的風土だからこそ成立つ。わが国の大都市圏はわずか一年でブラジリ

アの総人口を呑み込むくらいの早いテンポで膨張をつづけている
のである。

　　这例前后两句之间的逻辑关系为转折关系,原文使用了省略衔
接的方式,译成汉语时需将其明示出来,才能使上下文意思连贯。

　　译文　但这一计划之所以得以实施,是因为巴西利亚的社会经
济发展缓慢,人口增长至五十万需要数十年。而日本的大城市圈正在
高速膨胀,一年时间增长的人口数量就可以超过巴西利亚的总人口。

　　译文中画线的"而"便是为明确上下句逻辑关系而进行的加译。

　　例2. ロンドンデリーの街を歩いていたからと言ってロンドン
デリーの歌がそう簡単に聞ける訳が無いくらいのことは、新潟を
歩いていたからと言って新潟甚句を聞くことがそう簡単ではなか
ろうというのと同じ意味で判ってはいる心算なのだが、それにし
ても、この街では、旅行案内所や、観光協会や、学校で訊ねてみ
ても、誰もが歌などに興味を示さないのだった。

　　译文1　尽管我再清楚不过,即便在这伦敦德里街头走上这么一
遭,也还是不那么容易听得到伦敦德里的歌儿的。正如在新潟走上一
遭,不会那么容易听到新潟民谣一般无二。但是,尽管如此,在这座城
市,去旅行问讯处、观光协会、学校等处打听,对于歌曲之类,没有一
个人感兴趣的。

　　这段译文乍一看忠实于原文,语句也很流畅,但整体读下来总觉
得最后一句似乎缺了点什么,未能把上下文间内在的逻辑关系表达
清楚。到底缺了点什么?最后一句与上文之间是怎样一种逻辑关系
呢?可以看到,整个句子前后两部分是转折关系,前半部分说的是已
预想到的情况,后半部分则是意料之外的情况,整句完整的表达
应为:

　　「…ことは…判ってはいる心算なのだが、それにしても、…の
は意外だった。」

　　可见原文后半部分省略了画线部分。译文1未能将这一隐含的逻
辑关系明示出来,从而造成了最后一句与上文呼应不畅。可改译

279

如下：

译文2 即便在这伦敦德里的街头走上这么一遭，也不是那么容易听得到伦敦德里的民歌的；正如在新潟走上一遭，也不会那么容易听到新潟民谣一般无二。尽管我对这点再清楚不过，却还是没想到，在这座城市，我去旅行问讯处、观光协会、学校等到处打听，竟没有一个人对民歌之类感兴趣的。

例3. マンガン団塊は、1860年代に北極海のシベリア沖海底で最初に発見され、1870年代にはイギリスの調査により、世界中の大洋の海底のほとんどに分布することがわかった。（中略）1970年代には先進国国際ジョイントベンチャーにより太平洋東赤道域深海底のマンガン団塊分布密度調査が試みられたが、採掘手法やニッケル回収技術の評価、資源量評価など検討されたものの、①その後の商業的開発には至らなかった。②海洋汚染防止のロンドン条約（1972）や海底資源の国際的公平性を求める国連海洋法条約（1982）などの法規制もあるが、③陸上資源が需要に応えるに足る程度に十分確保されており、マンガン団塊は深度4000～6000メートルの深海底で高密度に分布しているため、掘削コストが現状の技術レベルでは経済性にあわないためと考えられる。（https://kotobank.jp/word/海洋資源）

译文 19世纪60年代，西伯利亚近海的北冰洋海底首次发现锰结核，到19世纪70年代，英国的调查表明，全世界大洋的海底几乎都有锰结核的分布。（中略）20世纪70年代，发达国家的国际合资企业尝试对太平洋东赤道区域深海海底锰结核的分布密度进行调查，虽然对采矿方法、镍回收技术和资源评估等进行了研究，①但最终未走向商业性开发。②虽然也有防止污染海洋的《伦敦公约》（1972年）和追求海底资源公平分配的《联合国海洋法公约》（1982年）等相关法规的制约，③但是因为陆上资源已确保满足需求，而且锰结核密集分布在4000～6000米的深海海底，因此，挖掘成本在现有技术水平下是不符合经济效益的。

原文画线的三个句子之间是怎样一种逻辑关系?译文是否正确传达出了这一关系?如果没有,问题出在哪里?通读全篇,可以发现①和②③之间是因果关系,后者是对前者的原因说明,①②之间省略了「これは」这样一个衔接成分,要补充完整的话,便是:

…商業的開発には至らなかった。これは…法規制もあるが、…ためと考えられる。

译文未能以适当的方式将这一内在连贯体现出来,因而造成①②③之间语义连贯出现问题,无法正确传达原文信息。

改译 19世纪60年代,西伯利亚近海的北冰洋海底首次发现锰结核,到19世纪70年代,英国的调查表明,全世界大洋的海底几乎都有锰结核的分布。(中略)20世纪70年代,发达国家的国际合资企业尝试对太平洋东赤道区域深海海底锰结核的分布密度进行调查,并对采矿方法、镍回收技术和资源评估等进行了研究,①但最终未走向商业性开发。②这一方面是因为有防止污染海洋的《1972伦敦公约》(1972年)和追求海底资源公平分配的《联合国海洋法公约》(1982年)等相关法规的制约,③另一方面也是因为陆上资源已确保能够满足需求,而且锰结核密集分布在4000～6000米的深海海底,以目前的技术水平而言,开采成本过高而经济效益太低。

例4. 私の海淀区での一日は早朝7㌔のジョギングとともに始まる。毎朝のジョギングを通して北京にまつわるいくつかの通念が覆っていった。空気がすがすがしいこと。これらのコースはいずれも並木や植樹が行き届いていて、滴るほどの緑に囲まれているせいだろう。水が豊かであること。北京は乾燥し水不足に悩む人口過密都市と思っていたが、至るところに池がうがたれ幾筋もの川が流れている。海淀区という、二つのさんずいを持つ地名に納得した。

译文1 我在海淀区的一天是从清晨的7公里慢跑开始的。通过每天早上的慢跑,我对北京的一些认知被颠覆了。①空气很清新。这可能是由于这些道路都有很好的绿化,被青翠欲滴的绿色植物所包

围的缘故。②水资源丰富。我曾以为北京是一个干燥缺水、人口过度密集的城市，③但到处都开凿了池塘，有好几条河流流过。我理解了海淀区这个有两个三点水的地名了。

可以明显看出，这个译文中有几处衔接不畅，主要表现在画线的①②③与其前文之间。衔接不畅的原因在于未能将原文中隐含的逻辑关系明示出来，也就是说未能根据日汉衔接方式的差异适当转换表现手法、将内在的连贯关系转化为外在的衔接关系。下面的译文2为使衔接顺畅，进行了多处加译和变译等。具体来说，④是变译，比起直译成"对北京的一些认识被颠覆了"，变译之后的句子与下句之间衔接更加顺畅自然。⑤⑥是加译，原文中画线的「こと」具有列举条目的功能，译文中需以相应的方式将其表现出来，才能使译文信息准确、层次清晰。⑦也是加译，通过"事实上"与"以前我一直认为"的呼应，将隐含的转折关系明示出来，使语义更加连贯。⑧是意译和加译的结合，这句可以说是全文的结论，是通过前面的原因陈述所得出的结论，加译的"终于"传达出了原文中隐含的这一"结论"之意。另外，译文1的"理解了海淀区这个有两个三点水的地名"这一译法受原文句式影响，有一些翻译腔，它的实际意思是"理解了这个地名中有两个三点水的原因"，译文2用了意译的方法，使译文更加符合汉语表达习惯，更加明白易懂。

译文2 我在海淀区的生活，始于每天7公里的晨跑。通过每天的晨跑，④我对北京逐渐有了一些新的认知。⑤首先/比如，空气清新。这大概是因为道路两旁都栽种了很多树，晨跑路线一路被青翠欲滴的绿色围绕着的缘故吧。⑥其次/再比如，水资源丰富。以前我一直认为北京是一个干燥缺水、人满为患的城市，但⑦事实上池塘随处可见，还有好几条河流蜿蜒流过。⑧我终于明白海淀区的名字里有两个三点水的原因了。（人民中国训练营2021年春，有改动）

如上所述，日汉语篇衔接方式有所不同，特别表现在省略和明示方面。日语的语篇中，衔接手段隐含较多，常常省略指示词、关联词等，以使语句简洁。译为汉语时，这些隐含的衔接手段常常需要补出，

才能使上下文衔接顺畅、意义连贯。

二、共指链的把握

在语篇中，指称同一对象的词语在语篇中先后出现，形成一条共指链。共指链可能以人称代词的形式存在，也可能由指示代词或复现的名词充当。若不能正确把握共指链并将其有效传达出来，译文的连贯性就有可能出现问题。

例5. かつてどこにでもあった①公衆電話は、ピークの1984年度から6分の1まで減ったという。②それが一時的に脚光を浴びたのは、ＫＤＤＩの通信障害でスマホがつながらなくなったからだ。大切な人と話すため、③緑色の電話を探す人が増えた。

しかし④その少なさゆえ簡単には見つからず、スマホで⑤場所を調べることもできない。障害のある肉親に連絡を取ろうと車で20分⑥探したあげく、小銭の持ち合わせがないのに気づいた人の話が本紙デジタル版にあった。

安全策として2台目の携帯電話を持つのがいいと言われても、とてもそんな費用はかけられない。同じようにＮＴＴも、万が一のため⑦公衆電話を大幅に増やすのは難しいだろう。せめて自宅近くだけでも⑧場所を確認しておきたい。

スマホの電子マネーが使えない場合に備え、ポケットに小銭を入れておく。大切な電子チケットは念のために写真を撮る。小さな避難所を作っておくことの大切さを知る。（天声人語）

通读全文，可确定本例共指链是「公衆電話」，它在原文中以各种形式时隐时现，维系着语篇的连贯，具体如文中画线部分所示。在把握这一共指链的基础上，试着将其译成中文并比较共指链在各句中的体现方式，会发现它与原文中的体现方式不尽相同。

译文 ①公用电话在日本曾随处可见，但现在已大为减少，据说

数量只有1984年巅峰期的六分之一。这次②重新受到关注，是因为KDDI通信故障导致手机无法打通，因而有很多人为与亲朋取得联系而四处寻找③公用电话。

但是因为④公用电话数量少，难以轻易找到；[又因手机网络故障，]也无法用手机查找⑤公用电话的位置。本报电子版上就刊登了一则新闻：一位市民为了联系身有残疾的亲人，开车20分钟才找到⑥公用电话，却发现没带零钱。

虽说也可以配备两家[运营商的]手机，以做到有备无患，但钱包不允许。同样，NTT也很难为了防患于未然而[投入大量资金]大幅增加⑦公用电话的数量吧。[所以]我们能做的是，至少搞清楚家附近的⑧公用电话的位置；[还有]往钱包里放些零钱，以应对不能使用手机支付的情况；重要的电子票据也要拍照留底，以防万一。[这次事件让我]认识到未雨绸缪、预先采取一些小小的防灾措施的重要性。

对照原文和译文，可以看到，原文和译文的共指链分别是：

原文：①公衆電話－②それ－③緑の電話－④その－⑤省略－⑥省略－⑦公衆電話－⑧省略

译文 ①公用电话—②省略—③公用电话—④公用电话—⑤公用电话—⑥公用电话—⑦公用电话—⑧公用电话

可以看出，汉语的共指链重复名词的较多，日语的共指链则往往表现为指示词或省略的形式。

除此之外，译文中还加译了一些成分（方括号中波浪线部分），将隐含的信息明示了出来，以保证内容连贯、衔接顺畅。

例6. 未明の帰途、同僚が自宅近くのコンビニに寄った。そこの「名物」、トリの空揚げを寝酒のつまみにする算段だが、売り切れていた。

お目当てがなくて怒る人がいるでしょうと聞くと、「ほかので我慢してくださる方も多いですよ」。確かに時間も時間だし、規模も小さい店のことだ。わがままな客は寛容の心を学び、今日も終夜営業の灯を目指す。

下町の商店街のように見知った顔と出会うことはない。デパートのように係員が近づいてくるわけでもない。人の気配を淡く感じながら寡黙に品を選ぶ。孤独を邪魔されずに、孤独がいやされる二律背反的な空間。その微妙な距離感が、社会の同調圧力に疲れた多くの人を引き寄せる。

这个语篇的共指链是什么?通读下来可发现贯穿全文的主题是「コンビニ」。这一内在的语义连贯通过多处明示或省略的共指链联成一线。翻译时需按照汉语的方式加以调整,适当加译和意译,以保证衔接顺畅、语义连贯。

译文　凌晨,在回家的路上,同事顺便去了家附近的便利店,打算买点这里的"特色食品"油炸鸡块作睡前的下酒菜,不料却已售完。

<u>他</u>问<u>营业员</u>有没有人因为买不到想要的东西而发火,<u>对方</u>回答说"也有不少客人将就着买点其他东西"。的确,一来时间已晚,二来又是小店。任性的客人学会了宽容,今晚也会去通宵营业的便利店。

<u>在便利店买东西</u>,既不会像在旧城区的小商业街那样总碰到熟人,也不会像在大百货商店那样总有营业员来<u>搭讪</u>。既能淡淡地感受到人的气息,又能不受打扰地默默购物。既可以尽守自己的那份孤独,又能抚慰心中的孤寂。便利店便是<u>这样一个</u>对立统一的空间,这种微妙的距离感吸引了众多疲于追赶社会的人们。

译文中画线部分为加译,其中有几处是为明确隐含的共指链而加出的,若没有这些加译,上下文便无法连贯。

例7. 「ひそかに気に入っている自分だけの流行」を意味する①マイブームという言葉は、世にすっかりなじんでいる。しかし②登場した当初は、ブームという社会現象にマイという個人的な色合いをつけたのが新鮮だった。

③造語したイラストレーター、みうらじゅんさんのセンスであろう。選挙前になると「④マイ争点」という言葉も耳にするが、あまり浸透はしていないかもしれない。それでも⑤自分なりの判断基準を持てば、選挙が身近な存在になる気がする。

⑥物価高や安全保障など前面に出ている話だけでなく、奨学金問題、夫婦別姓、あるいは移民政策などもあろう。ＮＰＯ「移住者と連帯する全国ネットワーク」のサイトをのぞくと、入管のあり方や難民の保護などについて各党に問い、回答を公開している。

スリランカ人ウィシュマ・サンダマリさんが入管で死亡したのが昨年3月で、本来なら主要な⑦争点になってもおかしくない問題だ。次から次へ押し寄せるニュースに翻弄されないためにも、いくつか⑧マイ争点を持ちたい。

投票には一種のあきらめが必要だと、選挙のたびに思う。⑨マイ争点 Aで心強く思う候補や政党に、⑩マイ争点 Bでげんなりさせられる。それでも、よりましな選択をするしかない。棄権は誰か他の有権者に未来をおまかせする行為だからだ。

そういえば最近の街頭演説でこんな訴えを聞いた。「我々も100点満点ではないかも。消極的な支援で結構です」。身もふたもない言いぶりではあるが、よくお分かりで。

　　译文　日语中有一个词叫"自己的热潮"，指默默喜欢的专属于自己的流行。如今这个词已经为大家耳熟能详了，但它刚出现时，因为在表示社会现象的"热潮"前加上了"自己"这一具有个人色彩的词，令人觉得格外新鲜。这大概是出于创造这个词的插画家三浦纯的个人灵感吧。

　　每到大选之前，我们还会听到"自己的争论焦点"一词，不过这个词好像流传不广。但我仍觉得有了自己的判断标准，选举才会成为一件与自己息息相关之事。

　　物价上涨、安保政策这些显而易见的问题自不必说，助学金问题、夫妻异姓（女性婚后不改夫姓）、移民政策等也是不容忽视的焦点。登录日本 NPO 法人"全国移住者连带网"的网站，可以看到各党派关于出入境管理局现状以及难民保护等问题的公开问答。

　　去年3月，斯里兰卡女性威诗玛·桑德马利在出入境管理局死亡，这个问题本来也该成为主要争论焦点之一。所以我想保留几个自己关心的焦点，以避免在层出不穷的新热点里失去方向。

每逢选举我总是能体会到，投票也是需要某种妥协的。比如在我关心的焦点问题 A 上让人信服的候选人或政党，在焦点问题 B 上却令人大失所望。可即便如此，也必须择优而选，因为弃权就意味着把未来拱手托付给其他选民了。

说起来，我在最近的街头演讲中听到了这样的呼吁："我们可能也达不到满分，所以请大家给予我们消极的支持就足够了。"这话虽然有些过于直白，但也看得出他们颇具自知之明。

本例是一篇"天声人语"，它的共指链、亦即贯穿全篇的主题是什么呢？是「マイ〜」。从日本人耳熟能详的「マイブーム」引出不那么广为人知的「マイ争点」，分析了它对候选人和选民的重要性以及国民应对其抱有的态度。从原文中有①②等标记的画线部分可以看出，这一共指链有时明示，有时省略，但始终存在于语句的连贯之中。在把握这一共指链的基础上，我们会发现原文省略了逻辑中的一环，位于⑦⑧所在的两句之间：

　　…サンダマリさんが入管で死亡したのが昨年3月で、本来なら主要な争点になってもおかしくない問題だが、次から次へ押し寄せるニュースに埋もれ忘れられてしまった。次から次へ押し寄せるニュースに翻弄されないためにも、いくつかマイ争点を持ちたい。

译文中需补出这半句，意思表达才完整，才能使读者明白其内在的语义连贯，并与下文正常衔接。此外最后一段中的「消極的支持」也需适当注释，来帮助译文读者理解。后半部分可改译如下。

改译 （前略）去年3月，斯里兰卡女性威诗玛·桑德马利在出入境管理局死亡。这个问题本来也该成为主要争论焦点之一，但新的热点接连不断，这个问题便很快被遗忘了。所以为了避免在层出不穷的新热点里失去方向，也应该保留几个自己关心的焦点。（中略）我在最近的街头演讲中听到了这样的呼吁："我们可能也达不到满分，所以请大家给予我们消极的支持(不是因为好而支持，而是因为没有更好的选择而支持)就足够了。"这话虽然有些过于直白，但也看得出他们颇具自知之明。

例8. 私は①一年の大半を人気の無い高原に立って、空の色、山の姿、草木の息吹をじっと見守っていた時がある。それは、まだ結婚もせず、幼稚園に間借りをしていた昭和十二、三年のことである。②八ヶ岳の美しの森と呼ばれる高原の一隅に、ふと、好ましい風景を見つけると、その同じ場所に一年のうち十数回行って、見覚えのある一木一草が季節によって変わってゆく姿を、大きな興味を持って眺めたのである。

译文1 我曾经花了大半年时间,站在人迹罕至的高原上,默默凝望着天色、山影,饱吮着草木的气息。那是1937年和1938年(昭和十二、十三年),我尚未结婚,租赁幼儿园的一间房子住着。这里是八岳高原的一隅,生长着优美的森林。我一旦找到可爱的风景,一年中连连跑来十几趟,以极大的兴趣,观看我所熟悉的一草一木随季节而变化的情形。(陈德文《放眼风景》,出自《和风景的对话》)

这例的共指链是"高原"。原文中①②之间有着内在的连贯。②是对①的具体说明,高原是怎样的高原,景物是怎样的景物,大半年时间又是怎么花掉的。从②可以看出,并非一次性在山上待大半年,而是分很多次去的。译文1未能正确体现这一共指,因而造成上下文之间缺乏内在连贯,让人感觉前后说的是两件事。译文2则通过指示词的正确使用(见画线部分)将这一共指准确地体现了出来:

译文2 有一个时期,一年中的大半时间里,我都是站在渺无人影的高原上,静静地凝望着,感受着天空的色彩、山峦的姿态和草木的气息。那是在1937、1938年(昭和十二、十三年),我尚未结婚,借住在一家幼儿园里时。那时我在称作八岳美丽森林的高原一隅,一旦发现令人喜爱的风景,便会在一年之中十数次地来到那个地点,抱着莫大的兴趣,眺望着熟悉的一草一木随季节而变化的千姿百态。(唐月梅《风景开眼》,有改动)

例9. ①私は汗と埃にまみれて走っていた。足もとには焼け落ちた屋根瓦が散乱していて、土煙りが舞い上がった。②汚い破れたシャツのこの一団は、兵隊と云うには、あまりにも惨めな恰好

をしている。③終戦間近に召集を受けた私は、千葉県の柏の連隊に入隊すると、すぐその翌日、熊本へ廻された。そこで爆弾を持って戦車に肉薄攻撃する練習を、毎日やらされていたのである。④そんな或る日、市街の焼け跡の整理に行って熊本城の天守閣跡へ登った帰途である。

⑤私は酔ったような気持ちで走っていた。魂を震撼させられたものの陶酔とでもいうべきものであろうか。つい、さっき、私は見たのだ。輝く生命の姿を――

熊本城からの眺めは、肥後平野や丘陵の彼方に阿蘇の裾野が霞む広闊な眺望である。雄大な風景ではあるが、特に珍しい眺めというわけではない。なぜ今日、私は涙が落ちそうになるほど感動したのだろう。なぜ、あんなにも空が遠く澄んで、連なる山並みが落ち着いた威厳に満ち、平野の緑は生き生きと輝き、森の木々が充実した佇まいを示したのだろう。（中略）

あの風景が輝いて見えたのは、私には絵を描く望みも、生きる望みもなくなった。（中略）私の心がこの上もなく純粋になっていた。死を身近にはっきりと意識する時に、生の姿が強く心に映ったに違いない。

⑥自然に心から親しみ、その生命感をつかんでいたはずの私であったのに、制作になると、題材の特異性、構図や色彩や技法の新しい工夫というようなことにとらわれて、最も大切なこと、素朴で根元的で、感動的なもの、存在の生命に対する把握の緊張度が欠けていたのではないか。（中略）

⑦汗と埃にまみれて熊本市の焼け跡を走りながら、私の心は締め付けられる思いであった。（東山魁夷「風景開眼」）

译文1　①我跑着,汗水混着尘埃。脚边散落着烧毁的瓦片,尘烟飞旋。②一群人穿着又脏又破的衣衫,虽说是军队,但那样子实在凄惨。③战争结束的前夕,我应征加入千叶县柏树团,第二天很快转移到熊本。在那里,我们每天都要练习使用炸弹爆破战车。④一天我们去清理焚烧后的市街,归途中登临了熊本城的天守阁遗迹。

⑤<u>我怀着如醉如痴的心情奔跑</u>,简直就像一个灵魂受到震撼的人,忽然陶醉起来。我刚刚看到了,看到了那生命的光辉的姿影。

站在熊本城楼眺望,隔着肥后平原和丘陵,眼前是一派广阔的天地,远处的阿苏山隐隐约约。不过,这雄伟的景观对于我这个经常旅行的人来说,并不感到十分稀奇。那么,今天我为何会激动地流下眼泪?为什么天空那般清澄、深远,连绵的群山那样肃穆威严?为什么平原的绿色那样生机勃勃,森林的树木那样葱郁,壮观?

(中略)⑥<u>我发现那风景闪耀着光辉,是因为我再没有绘画的愿望和生存的希望了。</u>我的心变得无比纯粹了。当我清楚地意识到死神即将临近的时刻,心中就会强烈地映出生的影像来。

⑦<u>我打心里热爱自然,我是强烈感受到它的生命力的,然而每当作起画来,便囿于题材的特异性以及构图、色彩和技法等新的规定,而对那些更为重要的方面,对朴素而带有根本性的令人感动的东西,对存在的生命,缺乏准确的把握能力。</u>(中略)

⑧<u>我的汗水混着尘埃在熊本市的焦土上奔跑着</u>,我感到我的心都凝缩在一起了。(陈德文《放眼风景》)

读译文1,会感觉时间线混乱,难以把握事件全貌。它的主要问题在于未能将原文共指链用适当的方式体现出来,因而造成句子间、段落间失去连贯。那么这个语篇的共指链是什么呢?

本篇以"我的奔跑"为共指链,从"我跑着"写起,然后运用插叙的手法解释了我为何在奔跑,继而描写了奔跑时的心情和产生这种心情的缘由,接下来对自己的过往展开反思,最后又回到"奔跑"上。循着原文中有数字标记的地方,可理出下面这样一条共指链(时间线):

①我在奔跑。

②我在跟队伍一起奔跑,我们是一群士兵,衣衫褴褛、形容凄惨。

③④插叙奔跑的缘由:我被征召入伍。这天,我们连队被派去清理街区,登上了熊本城的城楼遗迹,现在是在奔跑回营途中。

⑤我奔跑时的心情。

⑥对产生这种心情的原因分析。

⑦由⑥生发出的对于过往行为的反思。

⑧镜头拉回现实。我仍在奔跑,但已是另外一种心情。

基于对上述共指链的正确把握，通过适当的衔接方式将其在译文中体现出来，便可实现语篇的顺畅衔接和前后呼应：

译文2 我跑着，汗水混合着尘埃。脚边散落着烧毁的瓦片，尘烟飞旋。⑨我们这群浑身脏污、破衣烂衫的队伍，要称作军队，样子未免过于凄惨。我在战争临近结束时被征召入伍，加入千叶县柏地区的连队，翌日即被调到熊本，在那里被迫每天练习用炸弹对坦克作自杀式袭击。⑩这天我们被派去清理焚烧后的市街，登上了熊本城的天守阁遗迹。⑪这便是在从天守阁回来的途中。

我奔跑⑫着，心中如醉如痴。也许可以称之为灵魂受到震撼后的陶醉吧。⑬因为就在刚才，我看到了，看到了那光辉的生命的姿影——

站在熊本城楼眺望，是一派广袤的景致，隔着肥后平原和丘陵，远处的阿苏山隐约可见。这风景虽然壮美，但对于经常旅行的我来说，并无特别的稀奇。然而我今天为什么竟感动得几乎要落泪呢？为什么天空是那般的遥远而清澄，层峦叠嶂是那样肃穆而威严？为什么草原绿得那样生机勃勃，森林的树木那样葱郁、壮观？

（中略）我发现风景闪耀着光辉，是因为我已没有绘画的愿望和生存的希望，我的心变得无比纯粹。当我清楚地意识到死神即将临近时，心中强烈地映出了生的影像。

我打心里热爱自然，我是强烈感受到它的生命力的，然而每当作起画来，便囿于题材的特异性以及构图、色彩和技法的新颖性，而对那些更为重要的方面，对朴素而带有根本性的令人感动的东西，对存在的生命，却缺乏准确的把握能力。（中略）

我汗流浃背、浑身尘土地奔跑在熊本市的焦土上，感到心中紧紧地揪成一团。

译文2通过⑨～⑬的加译，将原文共指链的部分隐含环节明示出来，从而使语篇前后形成呼应，语句之间的语义连贯也得到了正确的表达。

综上所述，日汉语篇在衔接方式上有所不同，翻译时需正确把握

原文共指链并以适当形式将其体现出来。总体而言，日译汉时常常需要将原文中省略的衔接手段补充出来，有时还要辅以变译、意译等手段，来保证译文衔接顺畅、内容连贯。

<h2 style="text-align:center">课后练习</h2>

将下列文字翻译成中文。

1. 夢に本屋が出てきたことがある。書棚で何かを探しているのだが、そこはむかし郷里にあった小さな店なのだ。子どもの頃から通い、マンガ雑誌の発売日に駆け込んでいた。文庫本の棚では星新一の面白さに出会った。

自分のなかでは本屋の原型なのかもしれない。これからの子どもたちには縁のない話になるだろうか。身の回りから書店がどんどん消えている。小さなまちでも、そして大都市でも。

東京の赤坂駅周辺にいくつかあった一般書店が、全てなくなったと本紙東京版の記事で知った。最後に閉店した文教堂赤坂店では、店の前に従業員一同の名で紙が張り出されたという。「書店という業態は世の中に街に必要とされなくなっているのだろうか？」。

アマゾンなどのインターネット通販は確かに便利だ。それでも書店に入るのは自分の関心を広げてくれる気がするからだ。書店員の「おすすめ」に、こだわりを感じることがある。ネット通販の「あなたへのおすすめ」では出会えない本がある。

西暦79年、火山の噴火で滅びた古代ローマのポンペイには、すでにこんな本屋があった。白く塗った壁に赤い文字がある。書かれているのは新作の発売日だったり、最新の翻訳版のお知らせだったり（ジャン＝イヴ・モリエ著『ブックセラーの歴史』）。

おおげさにいえば書店は人類の文明とともにあるのだろう。私たちの代で失われてしまうなんて絶対ありえない。そう断言する自信が持てなくなるほどの書店消失が続いている。

2. コーヒーチェーンのスターバックス、インターネット通販のアマゾン、そしてiPhoneなどを扱うアップルストア。この三つの共通点は何か。それはここ1年、労働組合を結成する動きが米国で現れたことだ。

アップルストアの場合、メリーランド州の店で先月中旬、労組結成を問う投票が行われ、従業員の多数が賛成した。全米270以上ある店舗で初めての出来事となり、他の店にも広がる可能性があるという。

結成ドミノを食い止めたい会社側は、最低時給の20ドルを22ドル（2980円）に引き上げるなどの懐柔策に出た。しかし米メディアによると、同じく結成をめざしているニューヨーク中心部の店の従業員たちは、時給30ドル（4060円）の要求を掲げているという。

日本と同じく労組の組織率が下がり続けてきた米国だが、ここにきて労組結成ブームとも呼ばれるほどの潮流になっている。背中を押しているのが急激なインフレで、消費者物価指数の伸びは40年ぶりの水準に達しているという。

米国ほどでないにしろ、日本の物価上昇もなかなか止まらない。参院選でも争点になっているが、最大の処方箋はやはり賃上げだ。原材料から商品への価格転嫁が進むなか、それを支える購買力がなければ経済は回らない。賃上げもまた、社会に必要な価格転嫁の一種であろう。

3. チャプリンが初めてつくったトーキー映画は1940（昭和15）年の「独裁者」だった。権勢をきわめていたヒトラーに敢然と挑んだ作品は、時代への深い洞察に満ちた名画の中の名画とされる。

それまでは無声映画にこだわっていたという。だが、対決する独裁者は、言葉を操って人心をあおる扇情の徒である。自ら語る聲なしには挑めなかっただろう。結びのヒューマニズムあふれる演説は名高く、映画史上最も感動的な台詞という人が少なくない。

　　北アフリカのチュニジアで、長年の独裁政権が崩壊した。強力な警察組織によって言論が厳しく制限されてきた国である。打ち破ったのはインターネットだったそうだ。強権にあらがうコミュニケーションの道具に、チャプリンが頼みにしたトーキーが重なり合う。

　　時代も背景も違うが、ともに「個」を権力者に対峙させうる利器であろう。チュニジアでは、携帯で撮影されたデモの映像や、次のデモの呼びかけが広がり、市民を動員していった。その威力を、天上の喜劇王はうらやんでいようか。

　　映画のチャプリンは演説で「飛行機とラジオは私たちの距離を縮めた。民主主義の旗の下で手をつなごう」と呼びかけた。いまやネットで世界が瞬時につながる時代である。「両刃の剣」は承知しつつ、より良き世界への希望を見る。

第十六章

实用文体翻译与仿写（一）：新闻报道

同一类型的语篇（text，テクスト）在词汇、句型句式、语篇结构、修辞手法等各个层面共同具有一系列典型的表达特征，这称为"文体"。文体大致可分文艺文体和实用文体，前者可概括为诗歌、小说、戏剧、散文四类体裁；后者主要指事务文体、科技文体、新闻文体和政论文体。李长栓在《非文学翻译理论与实践》中指出：对于没有把握的文体和学科领域，可以先通过网络或其他手段查找相关汉语文本，学习其写作风格和表达习惯，然后运用到自己的翻译中。这便是平行文本仿写，是译者应具备的重要能力之一。本章介绍新闻文体的翻译技巧及仿写要点。

一、文体特点

新闻文体形式繁多，根据纪实性与时效性的强弱以及写作特点等方面的不同，一般可分为三个梯级：一是新闻报道，或称硬新闻（hard news），包括简讯和电讯稿等，纪实性与时效性最强；二是中间新闻，又称"新闻特写"，包括新闻专题报道、采访、人物介绍、新闻评述等，多融新闻及文化等知识于一体，信息性、时效性和娱乐性兼有；三是软新闻，包括富有文艺性和感染力的社会新闻、科普文章和杂文小品等，纪实性最弱而娱乐性最强。这三类语篇的文体各具特点，本章主要介绍第一类。

新闻报道的功能主要在于以尽可能少的语言更多更快地传递信

息,因而在遣词造句上具有简洁、准确、可读性较强的特点。日语新闻一般由标题(見出し)、导语(リード)和正文(本文)三部分组成。新闻标题的功能在于提炼内容、美化版面和吸引读者,导语揭示结论或结果,后面的正文则叙述起因和经过。例如:

(見出し→)働き方改革実現に向け長時間労働対策に注力 厚労省

(リード→)厚生労働省は、社員の働きすぎを防ぐため一定の休息時間を確保する制度を導入した企業に来年度から助成金を支給するなど、働き方改革の実現に向けて長時間労働への対策に力を注ぐことにしています。

(本文→)少子高齢化社会のなか、多様な働き方ができるようにする働き方改革では、アメリカやヨーロッパに比べて長いとされる労働時間の抑制が大きな課題となっています。

厚生労働省は、社員の働きすぎを防ぐため、退社してから次の日の勤務開始までに一定の休憩時間を設ける「勤務間インターバル」を導入した中小企業に助成する支援制度を来年度、新たに設けることにしました。労務管理のシステムの導入や社労士や中小企業診断士への相談費用などとして、最大50万円を支給するということです。

また、通勤にかかる時間や残業を減らすため、テレワークを活用して駅などに近い共同のオフィスで仕事をするモデル事業も来年度から始めます。

このほか、労使の合意があれば上限なく時間外労働が認められる、いわゆる「36協定」の在り方を見直すための検討会を来月から設けるなど、厚生労働省は長時間労働への対策に力を注ぐことにしています。(NHK新闻)

由上可见,新闻报道在信息结构上呈倒金字塔状。倒金字塔结构是指新闻的各部分内容按其新闻价值的大小依次排列的形式。最前面的部分在重要程度、新鲜程度以及读者感兴趣的程度上为最高,随着内容逐渐推进,其重要性和价值度也逐次降低。可见,标题和导语虽短,却占据十分重要的地位。

二、新闻标题的翻译与仿写

英国翻译家纽马克认为，翻译方法的选择取决于三个要素：文本类型、读者身份和翻译目的。新闻报道的文本类型为信息型，翻译目的是为译入语读者提供资讯。这决定了其翻译较多地采用交际翻译的方法，即意译、归化和适度的再创造。译者可以打破原文形式上的束缚，在原语和译入语表达方式之间发生矛盾时，要优先考虑译入语的习惯。要实现这一目标，就要了解和掌握汉语新闻报道的写作方法，并进行适当的仿写。首先来看新闻标题的仿写。

标题在新闻报道中具有举足轻重的作用，新颖独特的标题能有效地吸引读者的注意力。因此标题翻译的好坏，直接影响着整个语篇的交际效果。按照纽马克的观点，"译者通常有权利改动文本的标题"。

（一）标题的理解

日语新闻语篇的标题在语言形式上具有一些特点，翻译时要正确把握这些特点，了解它们与汉语新闻标题的差异所在，并仿照汉语平行文本进行适当的仿写，以有效传达信息并通过适当的再创造突出重点、吸引读者。例如：

例1. 今週は北日本に前線停滞　大雨恐れ

例2. 記録的な大雨で被害　村上市でボランティアが復旧作業

例3. 落雷でキューバの石油施設炎上 1人死亡・121人負傷

例4. 文科省「ギフテッド」の子を支援へ

例5. 岩瀬仁紀氏の長男　甲子園デビュー

例6. 東京五輪パラ談合事件 本大会含む400億円規模か 詰めの捜査

例7. ヘイトスピーチ規制 大阪市の条例は「合憲」｜最高裁判決

例8. 吉川氏辞職勧告案、採決されず　自民難色で審議末了国会

例9. 大雨で孤立の馳浩・石川知事「改めておわび」 県庁に登庁

例10. 採用拡大へ、社員「共有」など工夫さまざま 福利厚生拡充も

显而易见,这些标题中都有一些省略,试着将较为简单的例1～5分别补充完整,便是:

例1. 今週は北日本に前線が停滞し、大雨の恐れがある

例2. 記録的な大雨で被害が出て、村上市でボランティアが復旧作業を進めている

例3. 落雷でキューバの石油施設が炎上し、1人が死亡し、121人が負傷した

例4. 文科省が「ギフテッド」の子を支援する

例5. 岩瀬仁紀氏の長男が甲子園デビューする

可以看出,日语新闻标题中省略的主要是助词、助动词和句末动词成分。除此之外还有其他几个特点,总的可归纳如下:

（1）常省略助词、助动词和句末动词

（2）常将事件前置、行为主体、地点状语等后置（如例7、例8）

（3）常在句末使用助词「へ」代替动词来表示趋向和趋势（如例4）

至于例6～例10,则复杂一些,站在翻译的角度看,有些信息是需要加以解释或补充完整的,比如「談合」的内容是什么（例6）,「吉川赳」是什么人（例8）,「知事」因何致歉（例9）,「福利厚生拡充」的行为主体和背景是怎样的（例10）等等。以下是例6～例10的导语或相关内容,大家可站在翻译的角度试着将这几个标题补充完整。

例6. 東京五輪パラ談合事件 本大会含む400億円規模か 詰めの捜査

東京オリンピック・パラリンピックのテスト大会に関連する業務の入札をめぐる談合事件で、大会組織委員会側が入札の前に「落札した企業が原則として本大会までの業務を受注する」という内容の資料

を作成していたことが関係者への取材で分かりました。

　東京地検特捜部などは組織委員会の元次長や広告大手・電通の担当者らが本大会の運営を含め400億円規模の事業を対象に談合を行っていたとみて独占禁止法違反の疑いで詰めの捜査を進めているものと見られます。

　例7. ヘイトスピーチ規制 大阪市の条例は「合憲」｜最高裁判決

　民族差別をあおるヘイトスピーチを行った個人や団体の名前の公表を定めた大阪市の条例が憲法に違反するかどうかが争われた裁判で、最高裁判所は「表現の自由の制限は必要やむをえない限度にとどまる」として憲法に違反しないとする判決を言い渡しました。

　例8. 吉川氏辞職勧告案、採決されず　自民難色で審議未了　国会

　18歳女性に飲酒させるなどの疑惑が報じられ、自民党を離党した吉川赳衆院議員（比例代表東海ブロック）に対する辞職勧告決議案は5日、国会での採決が見送られた。立憲民主党が衆院に提出したものの自民党が難色を示し、協議が調わなかった。審議未了で廃案となる。

　例9. 大雨で孤立の馳浩・石川知事「改めておわび」　県庁に登庁

　石川県などを襲った豪雨の影響で、同県白山市の山あいで孤立状態となっていた馳浩知事が5日早朝、宿泊していた旅館を出発し、県庁へ向かった。

　県秘書課によると、馳知事は金沢市内の知事公舎に立ち寄った後、午前8時半ごろに登庁。午前10時からの県災害対策本部会議に出席し、冒頭あいさつで、「本部の立ち上げに立ち会うことができなかった。改めておわびを申し上げたい」と陳謝した。

例10.採用拡大へ、社員「共有」など工夫さまざま　福利厚生拡充も

少子高齢化で労働人口の減少が続き、将来に向けた人材確保が大きな課題となっている。企業は採用拡大や離職者の抑制に知恵を絞らないと存続が危うくなりかねない。こうした中、複数の顧客企業を、あたかもそこの社員のような存在として渡り歩ける経験が魅力の働き方や、類を見ないほどの手厚い福利厚生で社員の満足度を高める企業が注目を集めている。

（二）标题的翻译与仿写

翻译新闻标题时应突出重点,以实现吸引读者的功能。中日两国读者一方面因为文化背景差异,一方面也因为阅读习惯,所关注的重点不尽相同,因此翻译时需对原题中信息的重要程度加以判断及取舍。在此过程中,仿写可发挥很大作用。搜集汉语新闻标题,了解其写作特点,在此基础上进行汉日比较,弄清其各自的构成要素和结构特点,可帮助我们更好地抓住重点、吸引读者。例如:

例11. 王毅:坚决抵制美方公然挑衅和政治赌博

例12. 白宫医生:拜登新冠仍为阳性将继续隔离

例13. 自贡路边餐馆突发大火 隔壁医院20余人紧急参与扑救

例14. 茅台日赚1.65亿元之后,经销商们开始忧心忡忡

例15. 吃了区长高档宴席,6名厅级干部被处理

例16. 现场视频:我国成功发射陆地生态系统碳监测卫星

例17. 欧洲"生命线"告急核电巨头突然警告

例18. 美参议院95:1批准瑞典芬兰加入北约,拜登表态

可以看出,与日语相比,汉语新闻报道的标题有如下特点:

（1）多为主谓宾结构,遵循时序律、因果律等。日语新闻标题则比较自由,常常省略句子成分,而且常将事件放在前面用来吸引眼球,行为主体或地点后置。

（2）常用两段式结构,两个小句多为对仗形式,字数大致相同,内容为连续的句子,且常使用逗号等标点符号;日语也常使用两段或

三段式结构,但形式不拘,一般事件在前,人物、地点等在后作为补充,而且较少使用标点,多以空格隔开。

(3)常用冒号代替"说",如例11、例12。

(三)标题翻译实训

基于上述分析,我们可试着翻译一下前面举出的日语新闻标题。翻译时我们会发现,由于新闻报道涉及的领域十分广泛,并且深深根植于日本特有的文化和社会语境,有些专业术语和具体细节需根据语篇内容加以确定,并通过平行文本仿写来提高专业性和准确度。

例1. 今週は北日本に前線停滞　大雨恐れ

这个标题中的「前線」辞典译词为"锋""锋线",是否可以这样用呢?

通过平行文本检索(关键词"日本　大雨　锋"),可以获得相关术语及句式的参考,如:

> 报道称,日本气象厅此前对日本上空正在向西移动的雨锋发出了预警。
>
> (baijiahao. baidu. com/s? id ＝ 1707891244054319536&wfr ＝ spider&for＝pc)
>
> 据日本气象厅消息,位于日本南部的太平洋高压在向北移动时减弱,⋯⋯进一步激发了停滞在日本上空的大雨前锋,导致多地普降大雨。
>
> (view. inews. qq. com/a/20210814A00G5B00? startextras ＝ 0_05fa21f2e77ac&from＝ampzkqw)

在此基础上,按照汉语新闻标题的习惯,以主谓宾句式、按时序律译出即可。

译文　日本北部雨锋滞留 本周恐将持续大雨

例2. 記録的な大雨で被害　村上市でボランティアが復旧作業

　　記録的な大雨で住宅などに被害が出た村上市ではボランティアセンターが開設され、7日朝から作業にあたっています。（www.fnn.jp/articles/-/400058）

　　这个标题中的地名是一般中国读者所不熟悉的，翻译时需对信息加以补充，明确它所在的省份"新潟县"。「記録的な大雨」这一气象术语也可通过平行文本检索和仿写使之更具专业性，如：

> 数据显示，九州地区72小时的降水量创历史纪录……（m.gmw.cn/baijia/2021-08/14/1302485282.html）
> 日媒：日本九州北部大雨强度创历史最高纪录 长崎700毫米熊本超500毫米
> 由于降雨带锋面停滞，长崎和熊本两县截至13日的两天降雨量创观测历史新高，造成创纪录的强降雨。（k.sina.com.cn/article_7517400647_1c0126e47059019130.html）

　　译文 新潟县村上市降水创纪录，志愿者积极投入灾后修复

　　例3. 落雷でキューバの石油施設炎上 1人死亡・121人負傷（雅虎日本新闻）

　　此标题信息一目了然，无须参考导语或正文也可顺利译出，但要注意「石油施設」的规范译法，最好检索一下。另外，对于这种突发性、灾难性新闻，为表达其令人震惊的程度并吸引读者，汉语也常常使用倒装句式，将一些重要的数字或信息前置，或将译入语读者最关注的信息加到标题中。以下是关于此事件的四个报道，修辞法和侧重点均各有不同：

> 遭雷击！古巴储油基地爆炸起火 上百人受伤 17名消防员失踪（baijiahao. baidu. com/s? id ＝ 1740574417943650286&wfr ＝ spider&for＝pc）

> 已致1死121伤!古巴一石油储备基地遭雷击引发大火!
> (www.163.com/dy/article/HE85HR2D0525D9ET.html)
> 古巴储油基地遭雷击起火爆炸!121人受伤17人失踪,能源短缺问题或"雪上加霜"
> (baijiahao. baidu. com/s? id = 1740496606331361976&wfr = spider&for=pc)
> 古巴一储油设施遭雷击起火燃爆,致1死122伤,邻国伸出援手
> (baijiahao. baidu. com/s? id = 1740595007921030345&wfr = spider&for=pc)

译文略。

例4. 文科省「ギフテッド」の子を支援へ

「ギフテッド」意为"天赋异禀""智力超常",对于这样的孩子,日本文部科学省要提供怎样的支持和帮助呢,是要开展天才教育吗?读完导语,我们发现并非如此:

「ギフテッド」と呼ばれる突出した才能を持つ子どもが円滑な学校生活を送れるよう、文部科学省は来年度から支援に乗り出す。周囲となじめず困難を抱える子のために、学習プログラムを展開するNPOなどの情報を提供。こうした子たちへの理解を深めるため教員の研修も充実させる。(雅虎日本新闻)

较之日本,中国对"天才儿童"学校生活的关注和支持尚有很多不足,民众也大多不具备这方面的背景知识,所以翻译时应根据导语和正文内容适当补充信息,以帮助读者迅速了解内容并产生阅读兴趣。若能再进行一下平行文本检索,对术语等进行仿写,效果会更好。

译文 日本文部科学省拟出台措施,助力"天才儿童"正常在校学习

例5. 岩瀬仁紀氏の長男 甲子園デビュー

棒球是日本的"国球",许多球星在日本可谓家喻户晓。通过平行

文本检索可知,"甲子园"是日本著名棒球场,尤其因每年春夏两季的全国高中棒球大赛而著名;岩濑仁纪则是一位著名投球手。翻译时可将这些信息适当补充出来,使汉语读者一看即知这是哪方面的报道。

译文 著名投手岩濑仁纪之子,初次亮相甲子园棒球大赛

例6. 東京五輪パラ談合事件 本大会含む400億円規模か 詰めの捜査

東京オリンピック・パラリンピックのテスト大会に関連する業務の入札をめぐる談合事件で、大会組織委員会側が入札の前に「落札した企業が原則として本大会までの業務を受注する」という内容の資料を作成していたことが関係者への取材で分かりました。

東京地検特捜部などは組織委員会の元次長や広告大手・電通の担当者らが本大会の運営を含め400億円規模の事業を対象に談合を行っていたとみて独占禁止法違反の疑いで詰めの捜査を進めているものと見られます。(NHK 新闻)

从导语可以看出,标题中「談合」的内容是「東京オリンピック・パラリンピックのテスト大会に関連する業務」,翻译时应基于译文读者所处的文化语境对此信息加以明确。同时应结合平行文本检索,把握译文读者对此类信息的关注重点,将可能削弱关键信息传达效果的冗余信息减译。

【平行文本】

东京奥运会竞标舞弊案又出现新进展。

1月30日,朝日新闻报道称,关于东京奥运会和残奥会的测试赛业务招标过程中存在串标的事件,相关人士在接受该媒体采访时透露,组委会多份资料显示,在测试赛业务中标的企业,原则上可不通过竞标,就能承接正式比赛总额约400亿日元的业务订单。

> 东京地方检察厅特搜部考虑对此一并立案调查。
> （baijiahao.baidu.com/s?id＝1756424865444052553&wfr＝
> spider&for＝pc)

译文　东京奥运会竞标舞弊案　涉案金额或高达400亿日元

例7. ヘイトスピーチ規制　大阪市の条例は「合憲」｜最高裁判決

民族差別をあおるヘイトスピーチを行った個人や団体の名前の公表を定めた大阪市の条例が憲法に違反するかどうかが争われた裁判で、最高裁判所は「表現の自由の制限は必要やむをえない限度にとどまる」として憲法に違反しないとする判決を言い渡しました。（NHK 新聞）

首先可根据导语内容将标题补充完整：

「ヘイトスピーチを規制する大阪市の条例は「合憲」だと最高裁が判決した」

然后通过平行文本检索(关键词：日本最高法院　大阪　仇恨言论)确定其中术语译法，最后按照汉语习惯调整语序译出即可。以下为平行文本之一。

> 日本经济新闻2月4日对日本法务省采访后获悉，应23个都道府县的约70个自治体要求，法务省汇总了《仇恨言论对策法》的基本解释，并向这些自治体出示了违法的"不当歧视性言论"的具体例子，例如"滚回你的国家"等关键词。致力于抑制仇恨言论的自治体相关负责人评价称，"可以作为参考"。(中略)日本第一个出台仇恨言论防治条例的大阪市相关负责人也表示，"具体例子的增加有助于抑制仇恨言论"。(www. guancha. cn/internation/2017_02_06_392898.shtml)

译文　日本最高法院：大阪市仇恨言论防治条例"合宪"

例8. 吉川氏辞職勧告案、採決されず　自民難色で審議未了
国会

18歳女性に飲酒させるなどの疑惑が報じられ、自民党を離党し
た吉川赳衆院議員（比例代表東海ブロック）に対する辞職勧告決議
案は5日、国会での採決が見送られた。立憲民主党が衆院に提出
したものの自民党が難色を示し、協議が調わなかった。審議未了
で廃案となる。（雅虎日本新闻）

通过平行文本检索可知吉川赳为日本自民党众议员，退党原因
是"让18岁女生陪同饮酒并开房"等"桃色丑闻"，「辞職」是指辞掉议
员职务。翻译时可适当补足信息，让汉语读者大致了解事情原委并产
生阅读兴趣。

> 译文　自民党议员吉川赳"桃色丑闻"，劝辞提案未获国会通过

例9. 大雨で孤立の馳浩・石川知事「改めておわび」　県庁に
登庁

石川県などを襲った豪雨の影響で、同県白山市の山あいで孤立
状態となっていた馳浩知事が5日早朝、宿泊していた旅館を出発
し、県庁へ向かった。

県秘書課によると、馳知事は金沢市内の知事公舎に立ち寄った
後、午前8時半ごろに登庁。午前10時からの県災害対策本部会議
に出席し、冒頭あいさつで、「本部の立ち上げに立ち会うことが
できなかった。改めておわびを申し上げたい」と陳謝した。（雅虎
日本新闻）

从新闻内容可知这里的「孤立」是被困山中、孤立无援的意思。
「陳謝」则是因自己未能参加「県災害対策本部の立ち上げ」这一工作
而道歉。译时需适当加译，使意思明确。另一方面，知事的姓名对中国
读者来说并不重要，译出来反倒臃肿，会干扰主要信息的传达，所以
可减译。

> 译文　石川县知事被大雨围困山中，复工首日为缺席工作致歉

例10. 採用拡大へ、社員「共有」など工夫さまざま　福利厚生拡充も

少子高齢化で労働人口の減少が続き、将来に向けた人材確保が大きな課題となっている。企業は採用拡大や離職者の抑制に知恵を絞らないと存続が危うくなりかねない。こうした中、複数の顧客企業を、あたかもそこの社員のような存在として渡り歩ける経験が魅力の働き方や、類を見ないほどの手厚い福利厚生で社員の満足度を高める企業が注目を集めている。(雅虎日本新闻)

这个标题翻译时首先需注意明确行为主体,使意思明确。其次要以某种方式体现出原文强调的「工夫」,突出这些举措的创新性,以吸引读者进一步阅读。在这点上,平行文本检索与仿写可为我们提供一些思路和参考。

译文　日本企业为吸引人才"花式"拓展员工福利

从以上标题译例可见,平行文本检索与仿写可为新闻标题的翻译提供很好的参考和帮助,尤其在缺乏相关背景知识和专业知识的情况下,是一种不可或缺的补充。事实上,不仅标题的翻译如此,正文翻译也是一样。

三、导语和正文的翻译与仿写

新闻报道涉及领域广泛且时效性强,所以新词、外来语多,专有名词、专业术语多,在翻译时需勤加检索,以免造成信息传达错误。同时,新闻报道需具备高度的客观性和较强的可读性,这使日语的新闻语篇在句式上具有被动句多、长句和复杂句多的特点,翻译时需适当运用相应技巧进行拆分、变译等,使译文简洁准确、层次清晰,符合汉语新闻报道的句式、用语等表达习惯。

导语是对新闻内容提纲挈领的介绍,可以说是新闻报道文本中

最重要的部分,翻译时一定要开门见山,简明扼要。另外在具体格式方面,日汉新闻语篇也有一些差异。通过平行文本仿写,我们不仅可以参考词、句的译法,还可以学习该类型文本的写作手法。

(一)时间状语提前

关于这一点,第八章中曾讲到过。在导语和正文的开头部分若有具体时间状语,汉语新闻报道通常将其置于句首,日语在这一点上则相对自由。所以翻译时应注意适当变序,使之符合汉语新闻文体规范。

例11. 世界保健機関(WHO)は9日、ブラジルで多発しているサルへの虐待に対して不快感を示し、現在感染が広がっているサル痘(MONKEYPOX)は、サルとは関係がないことを強調した。(雅虎日本新闻)

> 【平行文本】
> 当地时间8月9日,WHO 发言人玛格丽特·哈里斯(Margaret Harris)在日内瓦的记者上对此表示了谴责,她指出,不能将巴西猴痘病例的激增归咎于灵长类动物,"人们需要知道的是,我们观察到的(猴痘)传播是发生在人类之间的。"
> (baijiahao.baidu.com/s?id=1740738032555857212&wfr=spider&for=pc)

译文 当地时间9日,世界卫生组织(WHO)对发生在巴西的多起虐猴事件表示谴责,强调指出目前猴痘病例的激增与灵长类动物无关。

例12. 米国のトランプ前大統領は8月8日、南部フロリダ州のパームビーチにあるリゾート「マール・ア・ラーゴ」の別荘に、FBIが家宅捜索に入ったと発表した。(雅虎日本新闻)

> 【平行文本】
>
> <u>当地时间8月8日</u>，美国前总统特朗普称，联邦调查局当天对其位于佛罗里达州的海湖庄园进行了搜查。
>
> （baijiahao.baidu.com/s?id＝1740636706832942251&wfr＝spider&for＝pc）

译文　当地时间8日，美国前总统特朗普称，他位于佛罗里达州棕榈滩的别墅"海湖庄园"遭到联邦调查局突然搜查。

比较以上两例及其平行文本，可以看到表示具体时间的状语成分在汉语的新闻语篇中通常出现在句首，日语则无此约束，故翻译时应按汉语习惯适当调整。

（二）"引用＋评述"句式

吴大纲在《日语笔译实务2级》中指出，日本与人物相关的新闻往往直接引述人物的原话，随后再加以总结或评论。对于这一表达形式，翻译时往往需要变序，将前后两句颠倒过来翻译。

例13. 保存か、解体か——。東日本大震災後、遺族や町民を二分する議論となった宮城県南三陸町の旧防災対策庁舎は、町が県から所有・管理を引き継ぎ、震災遺構として保存することになった。（中略）村井知事は1日、報道陣に対し、「津波の悲惨さを後世に伝えるのに一番適した施設だ。ご遺族は厳しい現実を見続けなければならないが、これから生まれる子どもたちもどう行動すればよいか知ることができるのではないか」と、震災遺構として保存する町の判断に理解を示した。（雅虎日本新闻）

译文1　是保留，还是拆除？日本东部大地震后，围绕宫城县南三陆町的旧防灾对策厅舍的处理方式，遇难者家属及町民的意见分成两种。最终确定由町政府从宫城县接管其所有权和管理权。（中略）宫城县的村井知事1日在记者会上说："要向后世传达海啸的悲惨，这一设施最合适不过。虽然遇难者家属不得不继续目睹残酷的现实，但今

后出生的孩子们也会知道该如何行动吧",他表示理解町政府将这一设施作为震灾遗迹保留的决定。

译文2 是保留,还是拆除?日本3·11大地震后,围绕宫城县南三陆町的防灾对策厅旧址的处置方式,遇难者家属及町民的意见出现分歧。最终町政府决定从宫城县接管该设施的所有权及管理工作。(中略)本月1日,宫城县知事村井嘉浩在记者会上对町政府将这一设施作为震灾遗迹保留的决定表示理解,他说:"要向后世展示海啸的惨状,这一设施最合适不过。虽然遇难者家属不得不继续目睹残酷的现实,但今后出生的孩子们也会从中懂得该如何行动吧"。

总体而言,在词句和文体表达上,译文2比译文1更加准确、规范,但二者的主要区别不在于此,而在于对后半段引文部分的处理方式。译文1按原文语序直译,先译引语,再译陈述部分,给人的感觉是在说两件事情。译文2则采取了变序的方法,将后面的陈述部分提到前面。这样一来陈述行为在前、陈述的具体内容在后,一看便知是对同一内容的表述。经过这一处理,不仅更准确地传达出了原文信息,而且衔接更自然、语句也更简洁了。

这一译法是在参考了大量平行文本的基础上得出的技巧,这种例子很多,再如以下几例。

例14. ベトナム商工省によれば、同国の裾野産業で国際的なサプライチェーン(供給網)に製品を供給している企業は30%にとどまっている。(中略)商工省産業局のファム・トゥアン・アン次長は…「金利補助は裾野産業にとって非常に重要」と強調し、決議の着実な実行の必要性を訴えている。(雅虎日本新闻)

译文 据越南工商部统计,越南的支持性产业(supporting industries)中为全球供应链提供产品的企业不过30%。(中略)越南工商部产业局副局长范顺安(Pham Thuận An)指出切实执行决议的必要性,他强调说:"利息补贴对于支持性产业非常重要"。

【附:平行文本】
（baijiahao. baidu. com/s? id ＝ 1717074251880513985&wfr ＝ spider&for＝pc）
（vn. mofcom. gov. cn/article/jmxw/202203/20220303284785. shtml）

另外,人名使用了必应翻译。

例15. ウクライナのキスリツァ国連大使は「我々は専門家チームの派遣の必要性を訴えてきた。だが占領者(ロシア)は情報操作を行い、チームの派遣に不当な条件を突きつけ、さらに原発を砲撃してきた。それらが派遣を不可能にしている」と強調し、IAEAに全面協力する考えを改めて示した。また、ロシア側に対しザポロジエ原発からの軍の即時撤退を要求した。(雅虎日本新闻)

【平行文本】
　　乌克兰再次指责俄罗斯向扎波罗热核电站(Saporischschja)进行炮击,并阻止国际原子能机构(IAEA)执行公务。乌克兰驻联合国大使谢尔盖·基斯利齐亚(Serhij Kyslyzja)在周五召开的联合国安理会会议上说:“俄罗斯在核电站周围不断煽动战斗,并策划了炮轰核电站的戏码嫁祸给乌克兰军队”。(www.163. com/dy/article/HEJS11U705533T1G.html)

译文　乌克兰驻联合国大使谢尔盖·基斯利齐亚（Serhij Kyslyzja)再次表明将全面配合国际原子能机构(IAEA)开展工作,他强调说:“我们一直呼吁派遣专家组的必要性,但占领者(俄罗斯)通过信息操控,对专家组的派遣提出无理要求,并对核电站进行炮击,这些都使派遣无法进行”。他还要求俄方立即从扎波罗热核电站撤军。

(三) 姓名与头衔排列顺序

从以上多个例子(如例12、例13、例14、例15)及其平行文本的对照中可以发现,日语和汉语中人名和头衔的排列顺序是相反的,汉语是头衔在前,日语是姓名在前。

例16.

中国的报道:

目前,由自然资源部中国地质调查局和中央广播电视总台组成的联合科考队,正在对广西乐业新发现的天坑——"神鹰天坑"进行为期七天的科学考察。(中略)据中国地质调查局岩溶地质研究所<u>副研究员沈利娜</u>介绍,他们在坑底发现大量珍稀植物,有的物种过去在广西境内是没有被发现过的,有可能会形成广西的新分布种,这也说明天坑底部的生态环境是很有利的。(新浪新闻)

日本的报道:

中国自然資源部中国地質調査局と中央広播電視総台(チャイナ・メディア・グループ、CMG)による合同科学調査隊が中国南部の広西チワン族自治区百色市楽業県で新たに発見した巨大な陥没孔の「神鷹天坑」に対して7日間にわたる科学調査を行っています。(中略)中国地質調査局カルスト地形研究所の<u>沈利娜副研究員</u>によりますと、天坑の底部では大量の希少植物が見つかりました。これまで同自治区内で発見されていなかったものもあり、底部の生態環境が大変良好であることが示されています。(ΛFPBB 新闻)

例17.

中国的报道:

联合国近东巴勒斯坦难民救济和工程处<u>主任专员菲利普·拉扎里尼</u>25日说,巴勒斯坦加沙地带面临一场"人为制造"的饥荒,如果以色列现在肯放行关键援助物资进入加沙,仍有机会避免灾难发生。(新浪新闻)

日本的报道：

国連パレスチナ難民救済事業機関（UNRWA）のラザリーニ事務局長は25日、UNRWAが1月23日以降、北部に食料を配給できていないと明かし、「（イスラエル側に）食料の配布を求めても、拒否されている。これは人災だ」と主張した。（雅虎日本新闻）

（四）术语、表达方式仿写

新闻报道涉及的领域包罗万象，翻译中时常会遇到自己不熟悉的领域，这种情况下检索平行文本并进行仿写可令翻译工作事半功倍。

例18. 岸田文雄首相（自民党総裁）は内閣改造・党役員人事を10日に実施する方針を固めた。これまで9月前半で調整していたが、看板政策の「新しい資本主義」や物価高対策を推進するため、秋に見込む臨時国会に向けて態勢を早く整えるべきだと判断した。党の麻生太郎副総裁、茂木敏充幹事長については続投させる意向だ。複数の政権幹部が5日、明らかにした。

首相は8日に党臨時役員会を開き、役員人事の一任を取り付ける。9日の長崎原爆犠牲者慰霊平和祈念式典に参列した後の10日に内閣改造、党役員人事を行う。

官邸を中心とした継続的な政策遂行の観点から、政権の骨格は維持する方向。

（nordot.app/928208688352067584?c＝899922300288598016）

【平行文本】

据共同社5日报道，日本首相岸田文雄基本决定于10日进行内阁改组和自民党高层人事调整，此前拟在9月上半月实施。

报道称，岸田文雄有意让自民党副总裁麻生太郎、干事长茂木敏充留任。岸田文雄将在8日召开自民党临时高层会议，获得高层人事调整的全权委任。

> 报道还称,从以官邸为中心持续推行政策的角度出发,将维持政权现有框架。除麻生、茂木外,也在协调官房长官松野博一的留任。
>
> (www.cankaoxiaoxi.com/world/20220806/2487420.shtml)

从这个平行文本中,我们可以找到不少可供参考的词句,包括一些政治名词和术语等。当然还可寻找另外的平行文本,进行多个文本的仿写。通过仿写,不仅可提高译文表达的准确度和规范性,还可丰富知识、拓宽视野,为类似文本的翻译积累经验。请大家参考以上平行文本,并结合自己的检索,将此例译成中文。

例19. 週明けの東京外国為替市場の円相場は現在、ドルに対しては、先週末に比べて、11銭円高ドル安の1ドルが122円52銭から53銭、ユーロに対しては、先週末に比べて、19銭円高ユーロ安の1ユーロが135円34銭から35銭となっています。

> 【平行文本】(关键词:东京外汇市场日元对美元汇率)
>
> 东京外汇市场美元兑日元汇率早盘开盘在122.028日元附近,较上一交易日上涨0.17日元。(futures.hexun.com/2022-03-31/205632959.html)
>
> 报道称,截至14日上午11点,日元兑美元汇率为1美元兑137.90~137.91日元,较上一交易日贬值0.86。日元兑欧元汇率为1欧元兑138.12~138.19日元,贬值0.64。
>
> (m.gmw.cn/baijia/2022-07/14/1303044606.html)

对于不熟悉汇率术语的译者来说,这两个平行文本可为我们提供很好的参考,通过对其中的术语和表达形式进行仿写,可使译文更加简洁、准确、规范。

译文 本周首个交易日,东京外汇市场日元对美元汇率为1美元兑122.52~122.53日元,较上一交易日上涨0.11日元;日元对欧元汇率为1欧元兑135.34~135.35日元,较上一交易日上涨0.19日元。

TIPS

在实用文体翻译中,平行文本检索和仿写发挥着重要作用。在新闻报道翻译方面,平行文本仿写至少可为我们提供两个方面的参考,一是术语和专有名词,二是文体写作手法。小到词语的准确表述,大到整段文字的借鉴,平行文本都可为我们提供很好的参考。建议大家在翻译新闻报道时,在全面把握原文信息的基础上,积极检索平行文本并进行仿写。

最后归纳一下新闻翻译的原则。是否忠实于原文的形式并非新闻翻译的关键所在,译文简洁、流畅、符合译入语表达习惯才是最重要的。从句子层面来看,译者应尽力摆脱原文形式的束缚,确保译文的传播效果。

顺便说一下,摘译和编译也是新闻翻译常用的方法。"摘译就是将材料中重要并且对己有用的部分摘录出来加以翻译。编译则是翻译和编写之意,一般说来,编译作品在忠于原文的原则下,允许编译者根据原著内容和本族语言固有的表述形式,重新安排章节段落,自行遣词造句,并允许编译者在译文中增加一定的合理想象,正确推理论断和加工润色文字等;必要时,也允许编译者删去某些无关紧要的段落和文字。编译和摘译的区别在于,编译可加人一些个人成分,而摘译则不能,它只是把文中的主要部分客观地翻译出来。国内各家媒体发表的新闻报道、时事综述、科技小品等,大都是根据国外有关文章和资料编译而成的。"(引自 www. etogether. net/htm/commercial/20170315/3000. html)

作为非新闻专业的译者,我们尽可能以全译为原则,但有时为提高读者的阅读体验,也可站在译入语读者的立场上进行适当的取舍。一般来说,对于中国读者不关心的信息或影响重要信息表达的词句,可以适当删减;反之,则可在充分检索的基础上依据事实适当加译,使之更加明确、具体。通过这些处理来实现新闻翻译的真正功能和目的。

课后练习

将下列文字翻译成中文。

1. 東海道・山陽新幹線のダイヤが乱れた17日午前、新大阪駅（大阪市淀川区）は、列車を待つ人らで混雑した。切符売り場の前には大行列ができ、構内の柱や荷物にもたれかかって休憩する人たちや、駅係員に運行状況の確認を求める人たちの姿もあった。（雅虎日本新闻）

2. 7月、大分県日出町沖の別府湾で潮に流された母親などを助けるため的確に通報した小学生の男の子に17日、大分海上保安部から感謝状が贈られました。（雅虎日本新闻）

3. 日米韓、ホットライン開設　緊急時に備え、首脳合意へ　米高官

米国家安全保障会議（NSC）のキャンベル・インド太平洋調整官は16日、今週行われる日米韓首脳会談で3カ国の首脳や政府高官が利用するホットライン（専用回線）の設置を発表すると明らかにした。（雅虎日本新闻）

4. ロシア、イランの衛星打ち上げ　ウクライナ侵攻で軍事利用懸念も

【8月10日 AFP】イランの衛星「ハイヤーム（Khayyam）」が9日、ロシアのロケットに搭載され、同国がカザフスタンで運営するバイコヌール宇宙基地（Baikonur Cosmodrome）から打ち上げられて軌道に到達した。

5. 米大使館前で男が発火物所持「投げ入れるため来た」

東京都港区の米国大使館前で8日夜、警戒中の警視庁機動隊員が職務質問した男の所持品から、手製の発火物のようなものが見つかったことが10日、捜査関係者への取材で分かった。男は任意

の事情聴取に「ネットで火薬の作り方を学び、アメリカ大使館に投げ入れるために来た」などと話し、同庁が火薬類取締法違反容疑で捜査している。

　　6. 睡眠「成人は6時間以上」　新ガイドは日本人の眠りを変えられるか

　「成人の睡眠時間は6時間以上が目安」——。厚生労働省が2月に公表した、健康づくりのための新たな睡眠ガイドで、そんな基準が示された。ガイドのまとめに携わった有識者検討会の座長は、「日本ではこれまで睡眠が軽視されてきた」と指摘する。国民の眠りは変わるのか。

　新たな睡眠ガイド案が東京都内で開かれた検討会で了承されたのは2023年12月だ。検討会座長で日本睡眠学会理事長の内村直尚・久留米大学長（神経精神医学）は、出席した委員の前で「すばらしい内容のものができた。これをいかに一般国民の方に普及啓発するかが大切だ」と語った。（中略）

　東京慈恵会医科大葛飾医療センター精神神経科の山寺亘教授は「眠りに困っている人たちがどこに行けばいいかすごく迷ってしまうことが問題だ」と話す。不眠症やナルコレプシー（過眠症）の患者は精神科、無呼吸症候群の患者は呼吸器内科や耳鼻科、循環器内科、歯科、子どもの場合は小児科などを受診することが多いという。

　日本睡眠学会は睡眠医療への受診機会を増やそうと、医療法施行令で「睡眠科」を認めるよう厚労省に働きかけている。ただ、厚労省と関係学会などとの議論が不十分で、まだ認められていない。山寺さんは、「睡眠に医療的な問題を抱えている人たちが、適切な治療を受けられない『睡眠難民』にならないよう、受け入れ態勢を整備することが必要だ」と訴えた。（雅虎日本新聞）

　　7. 国承認の後発薬、特許侵害を認定…知財高裁判決

　後発医薬品（ジェネリック医薬品）を輸入・販売する会社に製法特

許を侵害されたとして、先発医薬品メーカーの中外製薬（東京）が販売の差し止めを求めた訴訟の控訴審で、知財高裁大合議部は25日、差し止めを命じた1審・東京地裁判決を支持し、後発薬4社の控訴を棄却する判決を言い渡した。

後発薬は国の承認で販売されるが、設楽（したら）隆一裁判長は「製法が先発薬と実質的に同一で、特許侵害に当たる」と判断した。

後発薬は、先発薬に含まれる化合物などの「物質」や「用途」に関する特許（最長25年）が切れたことを厚生労働省が確認して販売を承認するが、製法特許についてはチェックしない。製法特許は切れていないのに、同一の製法で製造・販売されたとして先発薬メーカーが訴訟を多数起こしており、知財紛争に大きな影響力を持つ同高裁大合議部が初めて示した今回の判断は、後発薬の普及に影響を与えそうだ。

8. タイガーとサーモスの「炭酸対応ボトル」、猛暑で販売好調
節電ニーズも追い風に

記録的な猛暑が続く中、タイガー魔法瓶とサーモスが販売する、炭酸飲料の持ち運びに対応した魔法瓶（以下「炭酸ボトル」）の売れ行きが好調だ。販売数が前週比で倍増しているケースもあるという。猛暑に加え、電気料金の値上げで節電ニーズが高まり、保冷性が高い魔法瓶に注目が集まっている点も好調な売れ行きを支えている。

2社のうちタイガーによると、特に販売数の伸びが顕著なのが、最高気温が35度を記録した6月25日から7月1日までの1週間。自社の直販サイト経由での販売数を見ると、前週比で約2倍の売り上げを記録したという。サイト限定デザインの炭酸ボトルに限れば、同2.4倍増を記録した。

同社は「0.5L」「0.8L」「1.2L」「1.5L」の4種の炭酸ボトルを販売している。東急ハンズ・ロフトに行ったヒアリング調査を基に、直近3カ月間（4～6月）の売り上げの推移を見たところ、1.2Lと1.5Lの

大容量モデルの売り上げが増加し、全体の構成比が上がっていることも分かった。

　同社は1月に炭酸ボトルを発売。社内外からの要望を踏まえ、約2年かけて、ペットボトルの構造や圧力炊飯器の技術を応用した独自の安全弁を開発し、炭酸飲料の持ち運びを実現した。仕事中に炭酸水で気分転換したり、アウトドアシーンでビールなどのアルコール類を持ち運んだりする楽しみ方を提案している。

第十七章

实用文体翻译与仿写（二）：合同及其他

上一章介绍了新闻报道文体的翻译要点，明确了平行文本仿写在其翻译中的重要作用。除此之外，在实际翻译工作中，我们还会接触到其他多种文体，如合同、致辞、商务信函等。这些文体各自都具有一些相对固定的格式和用语，通过平行文本仿写可使译文更加准确、规范。本章以合同为例，介绍其翻译及仿写要点。

合同属于法律文件，法律文件是各种文体中最正式、最严肃的文体，讲究用词准确、文字严谨。其正式性主要体现在专业词汇和句式方面，合同文本的翻译应尽量简洁、庄重，为做到这一点，在用词上可注意一些细节，比如：有些双音节词如不影响原意可改为单音节词，如"但是"可省略为"但"，"或者"可省略为"或"，"并且"可省略为"且"，"除了"可省略为"除"，等等。再如，尽量避免口语化词汇，而选择使用庄重的书面用语，比如"才可以"改为"方可"，"不需要"改为"无须"，"也是一样的"改为"亦同"等等。

除此之外，合同文本在日译汉时需着重关注两点：一是同形汉字词，二是合同法规类文本特有的句式和表达方式。日汉同形词的差异以多种形式存在，有意思完全不同的、意思部分不同的、语体色彩不同的、也有搭配习惯不同的，翻译时要勤于检索，以免落入"陷阱"。关于这点本章不再赘述，以下主要介绍合同法规类文本的一些常用句式及表达方式，供大家参考借鉴。

一、合同文本的开头

日语合同文本开头的常见写法有：

株式会社○○（以下「甲」という。）と○○（以下「乙」という。）は、以下の通り○○契約（以下「本契約」という。）を締結する。

或者再复杂些。

○○（以下甲）と○○（以下乙）は、…に基づき、…ため、○○契約を以下の通り締結する。

相应地,汉语合同文本的开头也有大体固定的写法,可通过平行文本仿写来进行翻译。以下为两种常见的写法。

×××（以下简称"甲方"）：身份证号：
○○○（以下简称"乙方"）：身份证号：
甲乙双方就……事项,经协商一致,达成以下协议条款。

甲方：
法定代表人：
注册地址：
乙方：
法定代表人：
注册地址：
根据《中华人民共和国××法》和有关规定,甲乙双方经平等协商一致,自愿签订本合同,共同遵守本合同所列条款。

二、合同条款的结句

合同条款的结句明确、严谨,不可语气含糊或模棱两可。日语的

合同等法律文本一般以动词终止形或其他明确的语气结句,翻译时也应使用相应表达形式。如:

　　ことができる:可……

　　てはならない:不得……

　　なければならない:须/必须……

　　～とする(接体言后):为/视为……

　　～ものとする/こととする(接用言后):应/需……。有时可不译。

　　例1. 双方は、本取り決めを実行し、日中両国の経済交流を拡大するため、必要な科学技術分野において技術協力を行うことに同意する。(→动词终止形结句)

　　译文　双方同意在必要的科学技术领域开展技术合作,以执行本协议和扩大中日两国的经济交流。

　　例2. 本取決めの実行及び本取決めに関する問題を協議するため、双方の代表は、毎年一回交互に東京と北京で会談を行う。(→动词终止形结句)

　　译文　为执行本协议和协商有关问题,双方代表每年轮流在北京和东京举行一次会晤。

　　例3. 乙は、乙の店舗に配属させる乙の従業員全員がそれぞれ本契約に基づいて甲が提供する教育訓練の全課程を受講し、認定書を交付された時点で、当該店舗の営業を開始することができる。

　　译文　在乙方店铺属下所有员工分别依据本合同接受甲方培训的所有课程并获得认定书后,乙方方可开始该店铺的营业。

　　例4. 乙は、本契約終了後5年間、間接と直接とを問わず、甲のフランチャイズと同一分野における営業に従事してはなら

ない。

译文 在本合同终止后的5年内,乙方不得直接或间接从事与甲方特许加盟属于同一领域的业务。

例5. 乙の、店舗の改造、改装等については、乙は甲に対して、別途定める方式による計画書を提出し、承認を得なければならない。

译文 乙方对店铺进行改造和整修时,必须按照另行规定的方式向甲方提交计划书,并获得批准。

例6. 本契約に基づく乙の店舗の開設場所は、〇〇〇〇とする。(前面为体言)

译文 本合同项下乙方店铺的开设地点为〇〇〇〇。

例7. 政府は、国際機関においてマグロ資源の保存及び管理を図るための適切な措置が取り決められるように努めるものとする。(前面为用言)

译文 政府应努力推进国际组织制定有关金枪鱼资源的保护及管理的有效措施。

例8. 本契約または別途に定めた個別契約の一部若しくは全部の変更については、甲乙双方が協議のうえ文書にて合意することにより、変更できるものとする。(前面为用言)

译文 对本合同或另行制定的单项合同进行全部或部分变更时,需经甲乙双方协商并达成书面一致方可变更。

例9. 本取決めは、双方協議し、同意の上、これを修正または延長することができるものとする。本取決めに基づき締結した契約は、双方の契約当事者の同意なしに破棄することができないも

のとする。

译文 本协议经过双方协商同意，可以进行修改和延长。根据本协议签订的合同，非经双方合同当事人同意不得撤销。

例10. 甲は乙に対する本融資金債権について、乙の同意を得ない限り第三者に債権譲渡することはできない<u>こととする</u>。

译文 未经乙方同意，甲方不得将在本融资款上对乙方的债权转让给第三方。

以上几例中，例1、例2为动词终止形结句，译为相应动词，语气明确不含糊；例3～例5分别译为"可以""不得""必须"，同样地强硬明确；例6句末接在体言后的「とする」译为"为"；例7、例8句末接在动词后的「ものとする」译为"应""需"；例9、例10的「ものとする/こととする」接在「ことができる/できない」后，根据语境采取了省略不译的方法。

三、惯用表达方式及常见条款

对于合同中一般都会包含的条款，诸如合同的期限、变更及终止、不可抗力、保密条款、损害赔偿、仲裁条款等，都可通过平行文本仿写使译文更加准确、规范(详见"练习"部分)。还有一些常用的表达方式也可通过仿写掌握，如「本契約に基づく～」「本契約に定めのない事項」「～の責(せめ)に帰すべき事由」等(例11～例16)。另外，日语合同条款常将行为主体置于句首加以强调，汉语合同则无此约束。因而在翻译时，应以汉语平行文本为范例，跳出原文束缚，进行适当的变序和拆分等处理，以免译文晦涩难懂甚至产生歧义(例17～例19)。

例11. <u>本契約に基づく</u>加盟金は、金○○○○円とし、その支

払いは□□までに行うものとする。

译文 本合同项下的加盟费为〇〇〇〇日元，应在□□之前支付。

例12. 本取決めに基づく取引の契約、信用状、為替手形及び保証状にはすべて次項の符号を付することとする。

译文 本协议项下的交易合同、信用证、汇票和保函均用下列编号加以注明。

例13. 本契約に定めのない事項、または本契約の条項の解釈に関して疑義が生じたときは、甲乙誠意をもって協議の上円満にこれを解決するものとする。

译文 对于本合同的未尽事宜或对本合同条款的解释产生疑义时，甲乙双方应竭诚协商，圆满解决。

例14. 債務の不履行が債権者の責に帰すべき事由によるものであるときは、債権者は、前二条の規定による契約の解除をすることができない。（tek-law.jp/civil-code/claims/contracts/general-provisions/article-543）

译文 因可归责于债权人的事由导致债的不履行时，债权人不得因前述两条规定解除合同。

【附：检索记录】
债的不履行，亦称"债务违反"。债务人未按法律、合同或债的性质全面履行债务的行为。主要表现为履行不能、履行拒绝、履行迟延和履行不当等形态。

例15. 物品の引渡し前に生じた物品の不良、変質、減量、その他一切の損害は、乙の責に帰すべき場合を除き、甲の負担とし、物品の引渡し後に生じたこれらの損害は、甲の責に帰すべき

場合を除き、乙の負担とする。

译文 在物品交接前发生的物品的残次、变质、数量短缺及其他一切损失，除应归责于乙方的情况外，均由甲方承担；在物品交接后发生的上述损失，除应归责于甲方的情况外，均由乙方承担。

例16. 前項の加盟金は、乙の店舗の開業後、いかなる理由があっても、返還しないものとする。ただし、乙の責に起因しない事由により乙の店舗が開業できなかった場合、この限りではない。

译文 前项的加盟费在乙方店铺开业后不因任何理由退还。但因责任不在乙方的事由导致乙方店铺无法开业时除外。

例17. 甲は、開発期間の延長により納付された開発経費に不足を生じる恐れが発生した場合には、直ちに乙に書面により通知するものとする。この場合において、乙は甲と協議の上、不足する開発経費を負担するかどうかを決定するものとする。

译文 因开发期限延长，导致已缴纳的开发经费可能出现不足时，甲方应立即以书面方式通知乙方。此时，乙方应在与甲方协商后，决定是否承担不足部分的开发经费。(《实用合同日汉互译例解》第14页，略有改动)

例18. 甲は、乙が本契約に基づきなす貸付金の運用について、乙の運用を妨げる恐れのある競業類似行為又はその他一切の行為をしてはならない。

译文 对于乙方在本合同项下对借款的运用，甲方不得做出有可能影响乙方运用的类似竞业行为或其他任何行为。(《实用合同日汉互译例解》第89页)

例19. 甲は、本共同開発により生じた発明に係る知的財産権であって甲に単独帰属するものを、自己実施せず、かつ、乙また

は乙の指定する者から独占的に実施したい旨の通知があった場合
には、独占的に実施させることを許諾することとし、具体的な期
間及び条件は実施契約で定める。

　　译文 对于因本联合开发而产生的发明,其知识产权单独归甲
方所有时,如果甲方自己不使用,且乙方或乙方的指定者提出希望进
行垄断性使用时,甲方应许可其进行垄断性使用。具体期限及条件在
使用合同中作出规定。(《实用合同日汉互译例解》第16页,有改动)

　　通过以上的举例和解说,可以看出平行文本仿写在合同法规类
文本翻译中所发挥的巨大的作用。事实上涉外工作中常见的许多文
体均可通过平行文本仿写来提高译文的准确度和规范性。以商务信
函为例,近年来商务信函基本采取电子邮件等方式,写作格式也较手
写时代更趋灵活和简单,但一函一事的原则,以及大体的格式和用语
并未改变,相关写作教程中都有详细的介绍和范文,建议翻译此类文
本时加以仿写。

　　翻译的类型多种多样,除了本教程着重介绍的实用文体翻译之
外,还有文学翻译、影视翻译、网络游戏翻译、科技及其他专业领域的
翻译等,这些类型的翻译也需要尽可能地阅读同类文本,积累相关知
识及术语,模仿其写作手法及表达方式,在此基础上灵活运用本教程
所介绍的各种策略与技巧,站在译文读者的立场上进行翻译,这样才
能使自己的"输出"更加准确、地道。

课后练习

　　参考文本1、文本2及其他平行文本,翻译文本3,使之符合汉语合
同的文体规范。

【文本1】

フランチャイズ契約書

フランチャイザー株式会社○○(以下「甲」という)とフランチャイジー○○有限公司(以下「乙」という)は次のとおりフランチャイズ契約(以下「本契約」という)を締結する。

第1条(目的)

甲は商品の販売およびその販売に関するノウハウを有償で乙に提供し、乙は甲の指導に従って商品を販売する。

第2条(乙の権利)

1.乙は、本契約の有効期間中、甲の有する経営ノウハウを使用して、甲のフランチャイズチェーンとして乙の責任と計算のもと、営業することができるものとする。

2.乙の店舗名は、フランチャイズチェーン○○店とする。

3.本契約に基づく乙の店舗の開設場所は○○○とする。

4.乙は本契約期間中、甲からの指示に従うことを条件として、甲の商標を使用できるものとする。

第3条(乙の権限の制限)

1.乙は、新たに店舗を開設するときは、甲からの書面による事前承諾を得るものとし、いかなる場合においても、外販行為は行わないものとする。

2.乙は前条による店舗を、本契約の目的以外には、一切使用しないものとする。

第4条(営業時間)

乙の店舗の営業日および営業時間については、甲乙別途協議の上これを決めるものとする。

第5条（対価）

乙は甲に対して、本契約に基づいて対価を支払うものとするが、かかる対価は、加盟金、保証金、ロイヤリティーおよび広告分担金から構成されるものとする。

第6条（加盟金）

1.本契約に基づく加盟金は、金○○○円とし、その支払いは○○○までにおこなうものとする。

2.前項の加盟金は、乙の店舗の開業後、いかなる理由があっても、返還しないものとする。ただし、乙の責に起因しないものにより、乙の店舗が開業できなかった場合、この限りではない。

第7条（保証金）

1.本契約に基づく保証金は、金○○○円とし、その預託は○○までに行うものとする。

2.前項の保証金は、契約終了後に、乙の甲に対する残債務がある場合、甲がそれを計算した後にその差額を返還するものとし、保証金には利息を付さないものとする。

第8条（ロイヤリティー）

本契約に基づくロイヤリティーは、毎月末日を締切日とする乙店舗の月間総売上高の○パーセントに相当する金額とし、その支払いは翌月○日までに行うものとする。その支払期日が甲または金融機関の休日の場合、翌営業日とする。

第9条（広告分担金）

本契約に基づく広告分担金は、乙店舗の月間総売上高の○○パーセントに相当する金額とする。

第10条(店舗の設計)

1. 本契約に基づく乙の店舗の設計については、甲が別途提供する仕様書に従うものとし、当該店舗設計にかかる費用(建設、外装、内装等)については、乙が全額負担するものとする。

2. 乙の、店舗の改造、改装等については、乙は甲に対して、別途定める方式による計画書を提出し、承認を得なければならない。

(中略)

第22条(秘密保持義務)

1. 乙は本契約に基づいて知り得た甲のフランチャイズ・チェーン情報の運営ノウハウ等の営業情報を秘密にすると共に、第三者に対してその情報を漏洩しないものとする。

2. 甲は、本契約において知り得た乙に関する営業上の秘密を第三者に漏洩しないものとする。

第23条(競業避止義務)

乙は、本契約の終了後も、6か月間は、事前に甲の承認を得ない限り、甲のフランチャイズ事業と競合する事業に従事しないものとする。

第24条(フランチャイズ権の譲渡)

1. 乙は、いかなる場合も、本契約の地位を第三者に譲渡または賃貸したり、担保に供してはならない。

2. 前項のほかに、本契約から生ずる個別の権利または義務についても同様とする。

第25条(契約期間)

本契約の有効期間は、契約締結の日から5年間とする。ただし、本契約の期間満了の3か月前までに、甲乙のいずれからも書面による意思表示がない場合には、本契約は、さらに1年間、

自動的に延長されるものとし、以後においても同様とする。

第26条(契約の解除)

甲または乙は、相手方がつぎに掲げる各号の一に該当した場合には、相手方に対して何ら催告を要することなく本契約を解除することができる。

(1)本契約に違反し、相手方に対して相当の猶予期間をもって催告したにもかかわらず、是正・改善がなされない場合

(2)乙の死亡、解散、営業の廃止があった場合

(3)乙の行為が、甲のフランチャイズ・チェーンの名誉を著しく傷つけ、またはイメージダウンにつながるおそれのある場合

(4)相手方の信用を失う行為がなされた場合

第27条(契約終了後の処理)

本契約終了後、乙は本契約に基づき甲より使用許諾を得た商標等を直ちに乙の費用負担によって乙の店舗、看板等から除去することとし、以後甲の商標権を侵害する行為は一切行わないものとする。

第28条(契約終了後の競業禁止義務)

乙は、本契約終了後5年間、間接と直接とを問わず、甲のフランチャイズと同一分野における営業に従事してはならない。

第29条(損害賠償)

甲および乙は、本契約の各条項の定めに違反し、または義務の履行を遅滞したことにより、相手方に対して損害を与えた場合には、その損害を補償しなければならない。ただし、天災、火災等の天変地異などの甲および乙のいずれにも起因しない事由により、本契約に基づく債務が不履行になった場合には、その限りではない。

第30条(契約の変更)

本契約または別途に定めた個別契約の一部若しくは全部の変更については、甲乙双方が協議のうえ文書にて合意することにより、変更できるものとする。

第31条(協議事項)

本契約に定めのない事項、または本契約の条項の解釈に関して疑義が生じたときは、甲乙誠意をもって協議の上円満にこれを解決するものとする。

第32条(合意管轄)

前条の協議にもかかわらず、本契約に関し、訴訟の必要が生じた場合には、甲の所在地を管轄する地方裁判所を第一審の裁判所とする。

本契約書は一式2部とし、甲乙は記名押印の上、それぞれ1通を保管する。

年　　　月　　　日

(甲)
○○県○○市○○町○○丁目○○番○○号
株式会社○○○○
代表取締役　　　印

(乙)
○○省○○市○○区○○路○○号
○○○○有限公司
総経理　　　印

【文本2：参考译文】

特许加盟合同

特许人株式会社×××(以下称"甲方")与受许人××有限公司(以下称"乙方")签订下述特许加盟合同(以下称"本合同")。

第1条(目的)

甲方将商品销售及销售相关技术有偿提供给乙方,乙方按照甲方的指导进行商品销售。

第2条(乙方权利)

1. 在本合同有效期内,乙方可使用甲方拥有的经营专有技术,作为甲方的加盟连锁店,在自己承担责任并进行筹划的条件下展开经营活动。

2. 乙方的店名为×××加盟连锁店。

3. 本合同项下乙方店铺的开设地点为×××。

4. 合同期内,在遵守甲方指示的条件下,乙方可以使用甲方的商标。

第3条(乙方权限的限制)

1. 乙方开设新店时,应事前得到甲方书面同意,在任何情况下,都不得进行外部销售。

2. 乙方不得将前条所述的店铺用于本合同以外的任何目的。

第4条(营业时间)

乙方店铺的营业日和营业时间,由甲乙双方另行协商决定。

第5条(等价报酬)

乙方应依据本合同向甲方支付等价报酬,该等价报酬由加盟费、保证金、使用费以及广告分摊费用构成。

第6条(加盟费)

1.本合同项下的加盟费为×××日元,应在××之前支付。

2.在乙方店铺开业后,前项加盟费不因任何原因退还,但因责任不在乙方的事由导致乙方店铺无法开业时除外。

第7条(保证金)

1.本合同项下的保证金为×××日元,应在××之前存入。

2.在合同结束时,如乙方尚有债务未偿还甲方,则以前项保证金偿清债务后返还余额。保证金不支付利息。

第8条(使用费)

本合同项下的使用费金额为截止到每月最后一天的乙方店铺月销售总额的×%,并于次月×日之前支付。若上述支付日期为甲方或金融机构的休息日,则顺延到下一个营业日。

第9条(广告分摊费)

本合同项下的广告分摊费金额为乙方店铺月销售总额的××%。

第10条(店铺设计)

1.本合同项下的乙方店铺设计应符合甲方另行提供的规格书要求,与该店铺设计相关的费用(建筑、外部装修、内部装修等)全部由乙方承担。

2.乙方对店铺进行改造和整修时,必须按照另行规定的方式向甲方提交计划书,并获得批准。

(中略)

第22条(保密义务)

1.对于因本合同而知悉的甲方加盟连锁店信息,乙方应对其中的经营秘诀等营业信息保密,不得向第三方泄露该信息。

2.甲方不得将因本合同而知悉的乙方营业秘密泄露给第三方。

第23条(竞业禁止义务)

在本合同终止后6个月内,事前未获甲方许可,乙方不得从事与甲方加盟业务产生竞争的业务。

第24条(加盟权的转让)

1.在任何情况下,乙方都不得将本合同的地位转让或租借给第三方,也不得用于提供担保。

2.除前项外,本合同项下的单项权利或义务亦同。

第25条(合同期)

本合同有效期为自合同签订之日起5年。但若在本合同期满3个月前,甲乙双方均未提出书面意见,则本合同自动延长1年。其后亦同。

第26条(解除合同)

当对方出现下述任何一种情况时,甲方或乙方有权解除本合同,不需向对方进行任何催告。

(1)对方违反了本合同,虽然进行了催告,但在合理的宽限期内没有得到纠正和改进时;

(2)乙方发生死亡、解散、停业时;

(3)乙方行为严重损害甲方加盟连锁店的声誉,或有可能导致甲方形象下滑时;

(4)对方做出不守信用的行为时。

第27条(合同终止后的处理)

本合同终止后,对于依据本合同从甲方获得使用许可的商标等,乙方应立即从自己的店面、标牌中撤除,费用自理,并且从此不得出现任何对甲方商标的侵权行为。

第28条(合同终止后的竞业禁止义务)

在本合同终止后的5年内,乙方不得直接或间接从事与甲方特许加盟属于同一领域的业务。

第29条(损害赔偿)

因甲方及乙方违反本合同的各项规定或未及时履行义务,给对方造成损害时,必须对损害进行赔偿。但是因天灾、火灾等自然灾害等不属于甲方及乙方的事由,导致本合同项下债务无法履行时,则不适用本条规定。

第30条(合同的变更)

对本合同或另行制定的单项合同进行全部或部分变更时,需经甲乙双方经协商并达成书面一致后方可变更。

第31条(协商内容)

对于本合同未尽事宜或对本合同条款的解释产生疑义时,甲乙双方应竭诚协商,圆满解决。

第32条(协议管辖)

经前条协商后仍需就本合同提起诉讼时,以管辖甲方所在地的地方法院作为一审法院。

本合同一式贰份,甲乙双方署名盖章后各执壹份。

(甲方)
○○县○○市○○町○丁目○番○号
株式会社○○○
董事长 盖章
年　月　日

(乙方)

××省××市××区××路××号

××××有限公司

总经理 盖章

年　　月　　　日

【文本3】

フランチャイズ契約書

東京都千代田区○○町1—1—1 X 株式会社(以下「甲」という。)と東京都中央区○○町3—3—3 Y 株式会社(以下「乙」という。)は、スーパーマーケットのフランチャイズに関し次のとおり合意する。

第1条(目的)

1. 甲は乙に対し、本契約条件を遵守することを条件に、乙が所有または賃借している別紙1記載の店舗(以下「本件店舗」という。)において、別紙2記載の商標、商号あるいはサービスマーク等(以下「商標」という。)を使用し、甲の開発した商品販売およびスーパーマーケット経営手法を用いてその営業活動を行うことを許諾する。

2. 商標の使用にあたっては乙は次の内容を遵守しなければならない。

(1) 甲の指示に従い、かつ甲が別途作成・交付する商標使用規定に従うこと

(2) 商標は本契約に基づき実施される本件店舗における事業にのみ使用し、それ以外の事業のために使用しないこと

3. 乙は、事前の甲の書面による承諾なく、商標と同一もしくは類似する商号、商標またはサービスマーク等をいかなる国家または地域において自己のものとして登記または登録してはならない。

第2条(加盟金)

本契約締結後1週間以内に、フランチャイジーはフランチャイザーに対し、加盟金として金○○円をフランチャイザーの指定する銀行口座に振り込んで支払う。この加盟金はいかなる場合においても返却しない。

第3条(営業活動の指導)

1. フランチャイザーは、本店店舗の営業について次の指導を行う。

(1) 店舗建設・内装および改装に関する指導

(2) 店舗の販売用商品および営業用消耗品の仕入先の推薦

(3) 商品構成・配置・陳列・管理・発注等に関する指導

(4) 教育研修・販売促進活動・会計業務に関する指導

(5) その他店舗の営業に関し必要となる業務

2. 前項に定める営業指導の詳細については、甲が別途定める各種マニュアル、業務規程等において定めることとする。

3. 乙は、第1項に定める営業指導および第2項に定めるマニュアル等が甲に帰属し、乙はこれらに関しなんらの権利も保有していないことを確認する。

4. 乙は本条に定める甲の営業指導およびマニュアルに従って店舗を運営しなければならず、これらを甲の事前の書面による承諾なく改変してはならない。甲は乙が甲の営業指導およびマニュアルに従っていないと認めるときは、乙に対し改善命令を出すことができ、乙はこれに従わなければならない。

第4条(店舗営業)

1. 乙は甲の事前の書面による承諾なく別紙1記載の店舗の場所を移動してはならない。

2. 乙は、本契約締結日から2ヶ月以内に店舗での営業を開始しなければならない。

3. 乙は、本店舗営業に必要な各種官公庁への届出、認可を店舗での営業開始までに取得しなければならない。

4. 店舗の内装、レイアウト、商品陳列、看板等については甲の許諾を得なければならない。

（中略）

第7条（競業避止）

1. 乙は、本契約存続期間中、店舗以外の場所において、本店舗と同種もしくは類似の事業を行ってはならない。また、本契約と同種もしくは類似のフランチャイズ事業に参加してはならない。

2. 本条項は本契約終了後3年間は有効とする。

第8条（広告宣伝）

1. 甲は販売促進のため、マスメディアその他の方法により広告宣伝を行う。また、甲が販売促進のためのキャンペーンを行う場合乙はこれに参加しなければならない。

2. 乙が自ら企画を立てて広告宣伝活動を行う場合は、あらかじめ甲の書面による承諾を得なければならない。この場合の広告宣伝費は乙の負担とする。

第9条（ロイヤルティ）

1. 乙は、本件契約に基づくフランチャイズ付与の対価として、本件店舗の総売上の〇％をロイヤルティ（以下「ロイヤルティ」という。）として甲に対し支払う。

2. ロイヤルティは毎月月末締めの翌月〇日払いとし、甲が指定する銀行口座に振り込んで支払う。

第10条（売買代金）

乙が甲から商品（以下「本件商品」という。）を購入した場合には、乙は毎月末日締め翌月〇日までに本件商品代金を甲が指定する銀行口座に振り込んで支払わなければならない。

第11条（瑕疵担保責任）

1. 乙は本件商品の引渡しを受けた時点で直ちに検査する。その結果、引き渡された本件商品に何らかの瑕疵を発見した場合には、引渡し後1週間以内に文書をもって甲に通知しなければならない。

2. 前項の通知を甲が受けた場合、甲は本件商品を調査する。乙の通知どおりに瑕疵が存在することが確認できた場合、それが乙の責めに帰すべき事由による場合を除き、甲は瑕疵ある本件商品を瑕疵のない本件商品に無償で交換するか、瑕疵ある本件商品分の代金を減額する。

3. 本条は本件商品の瑕疵について甲の責任を定めた唯一の規定であり、これ以外のいかなる損害についても甲は負担しない。第1項所定の期間内に甲が乙よりなんらの通知も受領しない場合、本件商品の保証期間は満了し、乙は本件商品の瑕疵について甲に対しなんら請求することはできない。

第12条（守秘義務）

1. 乙は、本契約期間中およびその終了後においても、本契約に基づき甲から開示された情報を守秘し、第三者に開示してはならない。

2. 乙は本契約の目的を達成するために必要な乙の役員、従業員に対し前項に定める情報を開示することができる。この場合、乙は当該役員、従業員に対しても乙と同様の守秘義務を負わせるものとし、当該役員、従業員からの情報漏洩に関する全ての責任を負う。

3. 本契約が理由の如何を問わず終了もしくは解除された場合、乙は、甲から開示された一切の情報を甲に返還し、以後一切保有しない。

4.本条に定める守秘義務は次の場合には適用しない。

（1）公知の事実もしくは当事者の責めに帰すべき事由によらずして公知となった事実

（2）第三者から適法に取得した事実

（3）開示の時点で保有していた事実

（4）法令、政府機関、裁判所の命令により開示が義務付けられた事実

第13条（個人情報の取扱い）

1.乙は甲から本契約に基づき提供された顧客情報（以下個人情報という。）については、甲の指示に従い取り扱うものとし、甲の指示を超えて利用、内容変更、消去、第三者への開示を行ってはならない。

2.本契約の業務遂行に際し乙が自ら個人情報を取得する場合には、個人情報の保護に関する法律に従い、その利用目的を通知もしくは公表し、その利用目的の範囲内で個人情報を使用しなければならない。また、法令に定めのある場合を除き、本人の同意なくその個人情報を第三者に開示してはならない。

3.乙は甲から本契約に基づき提供された個人情報および自己が保有する個人情報について適切に管理し、漏洩防止のため必要な措置をとらなければならない。甲から個人情報管理に関し指示があった場合は、これに従わなければならない。

第14条（有効期間）

本契約の有効期間は2013年4月1日から5年間とする。期間満了の3ヶ月前までに甲または乙により本契約を更新しない旨の書面による通知がない限り、本契約は5年間更新され、以後も同様とする。

（中略）

第17条（損害賠償）

乙が本契約に違反して甲に損害を与えた場合には、乙は甲に対しその損害を賠償しなければならない。

第18条（遅延損害金）

乙が本契約上の債務の履行を怠った場合には、年〇〇%の遅延損害金を支払うものとする。

第19条（譲渡禁止）

乙は本契約上の地位もしくは本契約から生じる権利義務の全部または一部を事前の甲の承諾なくして第三者に譲渡してはならない。

第20条（不可抗力）

1. 地震、台風、津波その他の天変地変、戦争、暴動、内乱、法規の改正、政府行為その他の不可抗力により当事者が本契約もしくは個別契約の全部または一部を履行できない場合であってもその責任を負わない。

2. 前項に定める事由が生じた場合には、不可抗力事由が発生した当事者は相手方に対しその旨の通知をする。この通知発送後6ヶ月を経過しても前項の不可抗力事由が解消されず、本契約の目的を達成することができない場合には、不可抗力事由が発生した当事者は催告なくして本契約もしくは個別契約の全部または一部を解除することができる。

第21条（裁判管轄）

本契約から生じる一切の紛争については東京地方裁判所を専属的合意管轄裁判所とする。

　本契約締結の証として本書2通作成し、各自1通これを保有する。

平成○○年○○月○○日

甲　東京都千代田区○○1—1—1
Ｘ株式会社
代表取締役 ○ ○ ○ ○ 印

乙　東京都中央区○○3—3—3
Ｙ株式会社
代表取締役 ○ ○ ○ ○ 印
　（www. yoshidat. net/wp/wp-content/themes/yoshida/pdf/franchize.pdf）

参考文献

一、中文资料

[1] 冈本常男.顺应自然的生存哲学[M].潘金生,潘钧,译.北京:北京大学出版社,1994.

[2] 马祖毅.中国翻译简史[M].北京:中国对外翻译出版公司,1998.

[3] 陈岩.科技日语读本[M].大连:大连理工大学出版社,1999.

[4] 北京日本学研究中心.中日对译语料库[DB].2002.

[5] 荒井礼子.进阶日本语中级教程[M].北京:外语教学与研究出版社,2003.

[6] 孔繁明.日汉翻译要义[M].北京:中国对外翻译出版公司,2004.

[7] 林煌天.中国翻译词典[M].武汉:湖北教育出版社,2005.

[8] 翟东娜.日语语言学[M].北京:高等教育出版社,2006.

[9] D·吉尔.笔译训练指南[M].北京:中国对外翻译出版公司,2008.

[10] 高宁.日汉翻译教程[M].上海:上海外语教育出版社,2008.

[11] 梁传宝,高宁.新编日汉翻译教程[M].上海:上海外语教育出版社,2000.

[12] 简佩芝.新编基础日语第四册[M].上海:上海译文出版社,2005.

[13] 李长栓.非文学翻译[M].北京:外语教学与研究出版社,2009.

[14] 孟庆升.新编实用汉英翻译教程[M].天津:天津大学出版社,2009.

[15] 陶振孝.日汉翻译方法[M].北京:外语教学与研究出版社,2011.

[16] 吴侃.高级日语1[M].上海:上海外语教育出版社,2011.

[17] 高彦彬.实用合同日汉互译例解[M].天津:南开大学出版

社,2012.

[18] 姚灯镇.日语长定语翻译中的语序调整[J].日本学论丛(第一辑)——纪念王铁桥教授从教40周年专集,2013.

[19] 钱路红.平行文本在技术翻译中的应用——以＜汽车维修教程＞翻译项目为例[D].成都:成都理工大学,2014.

[20] 马会娟.汉英文化比较与翻译[M].北京:中国对外翻译出版公司,2014.

[21] 吴大纲.日语笔译实务2级[M].北京:外文出版社,2016.

[22] 陈岩.日语笔译实务3级[M].北京:外文出版社,2016.

[23] 李燕.新经典日本语高级教程第二册[M].北京:外语教学与研究出版社,2017.

[24] 胡壮麟.新编语篇的衔接与连贯[M].上海:华东师范大学出版社,2018.

[25] 贾黎黎.日汉笔译教程[M].北京:北京语言大学出版社,2019.

[26] 于飞.新经典日本语高级教程第一册[M].北京:外语教学与研究出版社,2019.

[27] 郭玉杰,付钦.科技日语[M].北京:北京理工大学出版社,2020.

[28] 人民中国杂志社.《人民中国》中日翻译实践系列(口笔译)培训,2021.

[29] 徐旻.新编日语口译基础篇[M].上海:上海外语教育出版社,2022.

[30] 人民网日文版(http://j.people.com.cn)

[31] 人民中国公众号

二、日文资料

[1] 加藤周一.日本の庭[J]. 文藝, 1950, 7(2).

[2] 生島治郎.暗い海くらい声[M]//吉行淳之介.奇妙な味の小説.東京:中央公論社,1988.

[3] 岡本常男.ビジネスマンのための「心の危機管理術」[M].東京:現代書林,1993.

[4] 寺村秀夫.寺村秀夫論文集1―日本語文法編―[M].東京:くろ

しお出版,1999.

[5] 大野晋.日本語練習帳[M].東京: 岩波書店,1999.

[6] 森田正馬.神経質の本態と療法[M].東京:白揚社,2004.

[7] 川崎健.イワシと気候変動——漁業の未来を考える[M].東京: 岩波書店,2009.

[8] 安部公房.箱男[M].東京: 新潮社,2010.

[9] 阿部菜穂子.チェリー・イングラム　日本の桜を救ったイギリス人[M].東京: 岩波書店,2016.

[10] 川辺みどり.海辺に学ぶ　環境教育とソーシャル・ラーニング[M]. 東京: 東京大学出版会,2017.

[11] 矢吹ソウ典子.日本語学習者の談話における視点表現—日本語母語話者との比較から—[J].Journal CAJLE，2017(18).

[12] 堀辰雄.美しい村[G/OL]//青空文庫. http://www.aozora.gr.jp/cards/001030/card4812.html.